近代日本と福澤諭吉

小室正紀
編著

慶應義塾大学出版会

まえがき

　近代日本史上の思想家の中で、おそらく福沢諭吉ほど、論文や著作で数多く取り上げられている者はないだろう。たとえば、福沢に関心を抱く各界の人々が広く集まる、福沢諭吉協会という団体があるが、この会が発行している『福沢諭吉年鑑』では、毎年「研究文献案内」という福沢研究サーベイを掲載している。そこでは、福沢に関する実に多くの単行書、論文、資料、随筆などが紹介されている。しかも、それらの著作物は、近代の理想を示した者として、福沢に肯定的な視線を向けたものばかりではない。日中戦争や太平洋戦争に続く、近代日本の誤りの思想的な象徴を福沢に見る著作・論文もある。

　しかし、肯定であれ否定であれ、このように福沢への関心が持続しているのは、やはりその存在が、近代日本思想史上で巨大であるからに違いない。否定的に福沢を見る研究者にとっても、批判攻撃の本丸ともいうべき思想家だからこそ、研究対象として取り上げ続けているのだろう。つまり、福沢は、近代日本を考える上で鍵となる存在と言って良い。

　本書では、その福沢を多面的に検討する。「多面的に」というのは、福沢を研究対象とする時には、特に、それが有意義と考えたからである。明治啓蒙期の言論人や思想家の多くは、多かれ少なかれ、百科全書派的な間口の広さを備えていたが、中でも福沢は、ずば抜けて多くのことについて論じていた。医学・物理学などの自然科学、身体論・養生論、女性論、家族論、学校教育論、児童教育論、学問論、道徳論、身分論、社会論、宗教論、経済論、経営論、法律論、国内政治論、外交論、文章論、演劇論、文明論などなど、その関心は人間の活動領域の大部分に及んでいた。

　福沢の思想を理解するには、これらの内の一分野について深く分析するのも、もちろん一つの有効な方法である。しかし、上記のような多くの分

野にわたって多面的に検討し、彼のさまざまな議論に通底しているものがあるか否かを考えることも、大きな意味があるのではないだろうか。それにより、福沢の思想の本質を把握することが可能かもしれないからである。

本書は、このアプローチをとり、以下のように、7名の執筆者がそれぞれ別の面から福沢に迫ってみた。

第1章は総論的な章であり、読者の理解を助けるため、福沢の生涯をたどった上で、そこに貫かれていた思想の核心はいかなるものでありうるかを試論的に示している。

明治維新の変革を越え、新しい時代をいかに生きるべきかは、当時の人々にとって差し迫った課題であった。その課題に最も切実に向き合わなければならなかった者は、世禄を失い新たな生き方を考えざるを得ない士族たちである。第2章では、このような士族に向けた福沢の提言を検討し、その面から福沢の近代人観を考える。

福沢は、人と人との関係の原点は、男女そして次に家族であり、その上に「人間交際」(Societyに対する福沢の訳語)が形成されると考えていた。第3章では、その原点についての所論として、女性論と家族論を扱う。

人間は、社会の構成者として智と徳を育んでいかなければならず、その智徳を獲得して行く過程が教育であると福沢は考えた。第4章から7章は、何らかの点で教育にかかわる所論を取り上げる。第4章と第5章は、明治前期における教育行政の変遷に対比しながら、福沢の教育思想を検討する。第6章では、教育や学問において福沢が自然科学を極めて重視していたことを踏まえて、医学との関係を通して福沢の自然科学観を考察する。第7章は、教育の中でも、人格形成の原点ともいうべき家庭教育や児童教育についての福沢の所論を検討する。

第8章以降は、現在の分類で言えば、社会科学系の諸領域について福沢が論じたことが対象となる。第8章と第9章は政治論であり、前者では、主に明治10年代の国内政治に関する所論を取り上げながら、イギリス型議会政治への福沢の志向と現実の政治過程との関係が説かれる。また後者

では、福沢の外交思想を、文明主義の理想追求と弱肉強食の世界情勢への現実的対応の両面を同時並行で求め続けたものとしてとらえ、その文脈で「脱亜論」を読み解いている。

第 10 章は法制史からのアプローチで、近代社会における法についての福沢の考え方が問題となる。また、その法律観がいかなる法学教育の主張と結びついたかが、慶應義塾における事例などを通して示される。

最後の 3 章は、経済・経営に関してである。第 11 章では、大蔵卿松方正義の財政政策を批判して、福沢がどのような経済論を展開したかを検討し、福沢が目指した産業化の過程を考えている。第 12 章は、近代企業の紹介者としての福沢の功績に注目し、さらにその近代企業の担い手に関して、福沢がどのような在り方を唱道していたかを考察する。そして最後の第 13 章では、福沢の影響の下で、実際にどのような経営者が生まれたかを、4 人の門下生の場合で例示している。

すでに述べたように、本書は、これらの諸章を通して、福沢を「多面的に」検討することを試みている。しかし、もちろん福沢が取り組んだ全領域をカバーしているわけではない。たとえば、宗教論などには、本書は全く触れていない。また取り扱っている分野に関しても、それぞれの筆者が重要と考える部分にのみスポットライトを当てて紹介をしている。経済論を例に取れば、紡績・養蚕、貿易、海運、地租、貧富の問題など、本書で取り上げてない福沢の議論はいくらでもある。

また本書では、福沢の議論の本質を理解することの難しさにもあまり触れていない。特に、『時事新報』創刊後では、同紙の論説・社説を介して福沢の思想を考えなければならないが、これらの論説・社説を取り扱う場合には、そこに書かれている議論を字面のみからナイーブに受けとると、同紙の真の狙いを読み誤ることが往々にしてある。同紙に出されている論説は、読者がどのように反応し、いかなる社会的影響を与えるかを、常に考慮して書かれている。しばしば言われているように、社会が右に振れすぎていると考えれば、同紙は、狙いより左を主張し、左に走り過ぎている

と考えれば敢えて右を論じる面があった。このため、『時事新報』の論説は、常に同時代の現実状況に中に置いて考えてみなければならない。しかし本書では、紙幅の制限もあり、「脱亜論」を扱っている第9章を別とすれば、福沢や『時事新報』の真の狙いを分析してゆく過程は必要最小限しか示してない。

　このように、本書では言及されてない論説や課題も多く、また各章は、それぞれの執筆者の限られた視角から論じられている。従って、他の福沢論も、いくらでもありうるのである。

　執筆者7名としては、結果として、福沢の思想に関してある種の通底するものを浮かび上がらせることができたと考えている。しかし、読者には、本書の内容を十分に理解していただいた上で、さらに進んで、「はたしてこれが福沢の思想なのだろうか」と疑問を持ち、自ら福沢の著作を手にとって考えていただきたい。福沢は、「信の世界に偽詐多く、疑の世界に真理多し。」(『学問のすゝめ』15編)と述べている。先人の言を盲信する所には進歩はないということだ。本書への疑問を契機にし、読者が近代日本と福沢諭吉についての理解をさらに深めることがあれば、これに勝ることはないと考えている。　　　　　　　　　　　　　（文責　小室正紀）

平成25年4月1日

＊福沢諭吉の著作からの引用は、原則として『福沢諭吉著作集』（全12巻、慶應義塾大学出版会、2002～3年、以下『著作集』と略す）から、書簡は『福沢諭吉書簡集』（全9巻、岩波書店、2001～3年、以下『書簡集』と略す）から、いずれにも掲載されていないものは『福沢諭吉全集』（全21巻＋別巻、岩波書店、再版1969～71年、以下『全集』と略す）から行った。また、注記の中では、『時事新報』は『新報』と略す。

目　次

まえがき　i

第1章　福沢諭吉の生涯と「独立自尊」　　　　　小室正紀　1
1. 福沢諭吉の生涯　1
2. 生涯の課題：「独立自尊」と「実学」　16

まとめ　22

第2章　福沢諭吉の士族観　　　　　西澤直子　27
はじめに　27
1. 一身独立・一家独立・一国独立　29
2. 士族たちの変革　30
3. 「中津留別之書」の執筆　32
4. 『分権論』と人脈の育成　36
5. 士族社会の変容と不変容　38

まとめ　43

第3章　福沢諭吉の女性論・家族論　　　　　西澤直子　47
はじめに　47
1. 一家独立　48
2. 福沢諭吉の女性論、家族論に見られる今日的課題　49
3. 福沢女性論への反響　53
4. 女性論・男女関係論の特徴的な論点　55
5. 家族論　60

まとめ　64

第4章　福沢諭吉の教育思想（1） ………………………… 米山光儀　69

はじめに　69

1. 「被仰出書」の理念　69
2. 『学問のすゝめ』の編纂過程　72
3. 『学問のすゝめ』における「学ぶ」とは　74
4. 儒教批判から見る『学問のすゝめ』と「被仰出書」の類似点　76
5. 『学問のすゝめ』と「被仰出書」の相違点　78
6. 「一身の独立」と「一国の独立」　82

まとめ　83

第5章　福沢諭吉の教育思想（2） ………………………… 米山光儀　85

はじめに　85

1. 教育観の変遷　85
2. 学制に対する態度　88
3. 学制批判　89
4. 学制の廃止、教育令の発令　91
5. 新たな教育論争　93
6. 儒教主義批判　94
7. 福沢諭吉と『教育勅語』　96

まとめ　98

第6章　福沢諭吉と医学 ………………………………………… 山内慶太　101

はじめに　101

1. 親友、長与専斎　101
2. 『蘭学事始』の再版　103
3. 日本の洋学の学問水準　108
4. 北里柴三郎への支援　112
5. 医友の小集と福沢諭吉の逝去　118

第7章　福沢諭吉の子供向けの本　　　　　　　　　　山内慶太　123
　はじめに　123
　1．ひゞのをしへ　124
　2．子供向け著作を執筆した背景　128
　3．子供向け著作の数々　132
　まとめ　143

第8章　福沢諭吉の政治思想　　　　　　　　　　　　都倉武之　149
　1．福沢諭吉の目指した社会とは　149
　2．福沢諭吉の国家構想　152
　3．構想実現への模索　162
　4．政変の挫折から『時事新報』の時代へ　167
　5．福沢諭吉の選んだ道　172

第9章　福沢諭吉の外交思想　　　　　　　　　　　　都倉武之　175
　はじめに　175
　1．福沢諭吉における二つの世界観と「外交」　175
　2．脱亜論を例として　187
　3．研究史上の問題　197
　4．福沢諭吉のジレンマ　200

第10章　福沢諭吉と法文化　　　　　　　　　　　　岩谷十郎　203
　はじめに　203
　1．福沢諭吉の法思想　205
　2．慶應義塾における法学教育：その初期の諸相　218
　まとめ：現代的課題への架橋　229

第11章　福沢諭吉の経済論　　　　　　　　　　　小室正紀　235

はじめに　235
1. 不換紙幣整理の問題　237
2. 外債導入による景気刺激　240
3. 米価について　242
4. 銀貨下落について　246
5. 福沢諭吉の経済論の基本はどこにあったか　248

まとめ：なぜ完全雇用を重視したか　250

第12章　福沢諭吉の経営思想・近代企業論　　　　平野　隆　255

はじめに　255
1. 「会社」という新知識の紹介：『西洋事情』　255
2. 所有と経営の分離：丸善　259
3. 会社の普及と発展　263
4. 会社の目的とは　265
5. 実業の社会的地位の向上：「尚商立国論」　267
6. 新時代の実業の担い手としての「士流学者」：『実業論』　270

まとめ　274

第13章　福沢諭吉と「福沢山脈」の経営者　　　　平野　隆　277

はじめに　277
1. 財閥とは：門下生たちの活躍の場　278
2. 中上川彦次郎：三井財閥の改革者　280
3. 荘田平五郎：三菱財閥の総帥　286
4. 高橋義雄と日比翁助：日本最初のデパートの創始者　290

まとめ　298

あとがき　301

本書関連福沢諭吉年譜　305

索引　314

第 1 章

福沢諭吉の生涯と「独立自尊」

　この章では、福沢諭吉の一生をたどりながら、彼が全生涯をかけて取り組んだ最も基本的なテーマは何であったのかということについて考えてみたい。

1. 福沢諭吉の生涯

(1) 大坂生まれ中津育ち

　福沢諭吉は、天保5年12月12日（西暦換算1835年1月10日）に生まれ、明治34（1901）年2月3日に満66歳で亡くなっている[1]。明治維新のあった慶応4（1868）年には満33歳であり、人生の前半33年は江戸時代、後半33年は明治時代に生きた。

　父親は、中津奥平家（現在の大分県中津市にあった大名家）の家臣で福沢百助（ひゃくすけ）。母は順といった。福沢家も母の実家も、ともに家禄十三石二人扶持の下士であった。諭吉の誕生当時、父百助は、藩の米を扱う大坂蔵屋敷に赴任しており、諭吉は同所で生まれた。このことは、諭吉の原点を考える上でかなり重要なことと思われる。

　福沢の両親は、新婚後まもなく百助が大坂蔵屋敷詰めとなったため、共に過ごしたのはほとんど大坂の11年間のみであった。諭吉は、兄1人姉3人の5人兄弟の末子であったが、この兄弟5人は、全員大坂で生まれて

いる。しかし、諭吉が生まれた18ヵ月後に百助が45歳で亡くなり、遺された母子6人は、郷里の中津に帰り、11歳の長兄が家督を嗣いだ。

この家族にとって、夫婦と子供達全員が揃っていたのは、唯一11年間の大坂暮らしの時だけだったのである。それだけに、母の順や年長の兄姉たちにとっては大坂の暮らしは忘れがたいものであり、家族の中には大坂の思い出や感覚が強く伝わっていたに違いない。

一方、帰郷した中津は、大坂とは非常に異なった社会であった。大坂は、日本の都市の中で最も武士の色合いの少ない町である。当時、大坂の人口は約40万人で、そのうち武士人口はせいぜい8,000人程度と推計され、町全体の2%程度であった[2]。

一方、中津は、当時の記録では町方の家数が1,162軒であるのに対して、武士の家数は1,562軒であった[3]。つまり武士人口の方が多い町であり、おそらく町全体に武家社会の雰囲気が濃厚であったと思われる。福沢が明治10（1877）年に著した「旧藩情」によれば、旧幕時代の中津では、たとえば、足軽が往来で上士に会えば、雨の中であっても下駄を脱ぎ路傍に平伏しなければならなかったという[4]。そのような光景が日常的に見られる町であった。

それに対して大坂は、武士が刀を差して歩くことさえ恥ずかしいと感じるような町であった[5]。福沢家の母子は、そういう町の生活経験をした後に、封建の門閥制度ががっちりと生きている中津に戻ってきた。福沢は中津に戻ってからの子供時代について、「私共の兄弟五人はドウシテも中津人と一所に混和することが出来ない」と述べ、その一因として大坂育ちであったため言葉や服装が違っていたことを挙げている[6]。しかし、言葉や服装より大きな問題として、大坂と中津の社会の根本的な相違も考えなければならないだろう。福沢家の母子は、大坂と比較して醒めた目で中津を見る視点を持っていたに違いない。

(2) 儒学の影響

　福沢が師匠について勉強をはじめるのはかなり遅く、14、5歳ぐらいからであった。当時の勉強は漢学儒学であり、福沢が最も多く習ったのは白石常人（号は照山、1815－1883）という儒者であった。遅いスタートではあったが、たちまち先輩の能力を抜き、「一ト通り漢学者の前座ぐらいになっていた」[7]という。

　このように漢学儒学を、本人が「やかましい先生に授けられて本当に勉強しました」[8]と言う程に学んだことは、その後の福沢の能力と思想を考える上で重要であったと思われる。第一に、福沢は後に著述家として、近代漢文調とも呼ぶべき独特のリズム感と明解さを備えた文章を生みだしたが、これは漢学儒学の高い能力があったからこそ可能であったと言えるだろう。また、第二に、師の白石常人を介して、特に荻生徂徠の系統の儒学を学んでいたことも忘れてはならない。徂徠学は、儒学の中では、事物を思弁的にではなく経験的に見ようという姿勢が強い。後の福沢の言論や文章を見ても、この徂徠学の系統の儒学の影響は無視しがたく[9]、それにより、その後の学問の基礎ができたと考えても良いだろう。

　その一方で、儒学に対する批判的な目も、儒学を学ぶことによって培っていった。福沢は、漢学の批判者としての自分のことを、漢学にとって「獅子身中の虫」[10]と表現しているが、それは漢学を熟知しているがゆえの批判者であるということであった。

(3) 蘭学の修学

　嘉永6（1853）年にペリーが浦賀に来航した。この前後にはどの藩も、海防のため西洋砲術や蘭学を学ぶことが必要と考えるようになった。そのような雰囲気の中で、福沢もオランダ語を学ぶことに決し、嘉永7年に長崎に赴く。長崎で、オランダ流の砲術家の所で雑役書生として1年間ほど学んだ後に、安政2（1855）年に長崎を去って大坂に上り、緒方洪庵の適塾に入門する。

この適塾で学んだ蘭学も、後の福沢諭吉の思想を考える上で決定的に重要だと思われる。江戸時代の蘭学は、この時、すでに100年以上の伝統があったが、その最大の特色は、幕府の規制により自然科学書しか読めなかった点にある。そのため、蘭学者の間には、ヨーロッパよりはるかに自然科学に片寄った思考が育まれた。緒方洪庵も蘭方医であり、適塾で読まれていた蘭書も、ほとんどは医学書と物理書であった。

　もっとも吸収力のある時期に、このような蘭学を無我夢中で学んだことにより、福沢は、自然科学的なものの考え方を非常に強く刷り込まれたに違いない。このことは、福沢の書簡集からも良く見て取れる。たとえば、自分の子供や孫が病気になった時に、福沢が医者に症状を伝えた手紙が何通も残っている。その時の文章は、医者のカルテと言っても良いような客観的な書き方であり[11]、福沢が、非常に自然科学的な素養がある人であったことが窺える。

(4) 福沢塾の開塾と洋行

　このような蘭学の勉学が買われ、安政5（1858）年には藩の命令で、江戸築地鉄砲洲にあった中津藩江戸中屋敷で、自分の蘭学の塾をはじめることになる。この塾が、現在の慶應義塾の起源となっている。

　なお、その後この福沢の塾は、慶応4（1868）年には、現在の浜松町駅付近の芝新銭座という場所へ移される。その際に、塾の制度を近代的な理念で整備し、また、時の元号にちなみ、仮に「慶應義塾」と命名した。

　芝新銭座に移って間もなく、同年5月に上野で彰義隊の戦いが勃発し市中は騒然とした。その時にも福沢が、塾に残った学生たちとともに、ウェーランドの経済書を講読していたというのは、慶應義塾草創期の伝説的とも言える光景として有名である。その後、さらに、明治4（1871）年には慶應義塾は、三田に移り、現在に至っている。

　さて、話は戻るが、鉄砲洲で蘭学塾を始めた翌安政6（1859）年、福沢は開港した横浜を見て、蘭学ではなく英語が必要なことに気づき、独力で

英語の勉強をはじめた。

　また、オランダ語や英語の能力が買われ、幕末に３回に亘って海外へ行く経験することになる。安政７（1860）年には、遣米使節の軍艦奉行木村摂津守喜毅の従僕にしてもらい、サンフランシスコへ渡った（出発から帰国まで約４ヵ月半）。文久２（1862）年には、今度は翻訳方として幕府の遣欧使節に加わりヨーロッパ各国を回った（同約１年）。さらに幕末ぎりぎりの慶応３（1867）年には、幕府の軍艦受取委員一行に翻訳方として加わり、再渡米し、東海岸のニューヨークやワシントンを訪れた（同約半年）。

　これらの洋行は、現代の留学に比べれば必ずしも長いものではなかったが、福沢は、西欧文明の本質がどこにあるのかを非常に鋭く把握したようだ。たとえば、遣欧使節の際には、原書に書いてあるようなことではなく、「外国の人に一番わかり易い事でほとんど字引にも載せないというような事」[12]、つまり欧米で当たり前のことが自分たちにとって一番難しいと考え、そのようなことを質問して理解することに勉めたという。欧米文化の本質を的確につかむことができたのは、こうした接し方にもよったと言えるだろう。

　なお、この間、万延元（1860）年には、木村摂津守の推薦により翻訳御用として幕府外国方に雇われ、さらに、元治元（1864）年には外国奉行配下の翻訳御用として、中津奥平家家臣のまま、幕臣となった。

　また、文久元年には、奥平家で代々江戸詰めであった上士の娘、錦と結婚した。錦の実家は禄高二百五十石役料五十石で、十三石二人扶持の福沢家とは全く家格違いの縁組みであった。このような縁組みが可能となったのは、やはり時代が変わってきた一つの現れであった。

（５）維新前後の著作

　維新前後には、上記の欧米体験の上に、さらに原書を調べて、海外の事情を紹介する書物を著し始めた。そのようにして書かれたのが、福沢の最

初のベストセラーとなる『西洋事情』[13]で、初編は慶応 2（1866）年に刊行された。

その後、『雷銃操法』、『西洋旅案内』、『条約十一国記』、『西洋衣食住』などの刊行が続き、慶応 4 年には、『西洋事情 外編』が出された。これは、英国スコットランドのジョン・ヒル・バートン（John Hill Burton, 1809－81）が書いた入門的な経済学教科書の前半部分を、他の書物で多少補って翻訳をしたもので、日本で最も早い時期の翻訳経済学教科書の一冊である。

また、明治維新とはなったものの、日本では公の場での議論・議事の進め方が分からなかった。そこで明治 2（1869）年には、諸書から抄訳して『英国議事院談』[14]という書物を出している。

さらに、明治 3 年には、『西洋事情 二編』を出版する。この他にも、この時期には、多くの書物を出し、欧米における制度文物の翻訳紹介を盛んに行っている。

（6）経済活動のすゝめ

明治 6 年から 9 年には秩禄処分が実施されたが、福沢は、それよりはるかにはやく武士の身分を捨てた。慶応 4 年にまず幕臣を辞し、明治 2 年には奥平家から受けていた家禄扶持も辞退し平民となった。同時に、この時期、明治新政府からたびたび出仕の要請があったが、それをいずれも断っている。

平民となると同時に、禄を受けずに自から稼いで生きることの見本も示そうとした。たとえば、門下生の早矢仕有的に、丸屋商社という輸入貿易商社を起こすことを勧め、その設立（明治 2 年）や以後の経営に関して、さまざまな協力を続けた。ちなみに、この丸屋商社は後の丸善であり、現在でも洋書などを扱う書店として有名である。

また、自らの収入確保と門下生たちの実業経験のために出版事業に乗り出し、明治 5 年にはそれを慶應義塾出版局として組織化し、さらに明治 7 年には慶應義塾出版社という合資会社に改組している。

このような企業活動を行うとなると、近代的な簿記が必要となる。その知識を翻訳紹介したのが、明治6・7年に出版された『帳合之法』[15]である。「帳合」というのは、Bookkeepingの訳語で、現在で言う簿記のことだが、同書は1871年にアメリカで商業学校のために出版された最新の簿記教科書を翻訳したものであった。

(7)『学問のすゝめ』と『文明論之概略』
　明治一桁の後半には、福沢の思想の根幹が明らかになる。その全貌を示す代表的な著作は『学問のすゝめ』[16]であり、明治5年から9年にかけて17編に分けて順次刊行された。ここで述べられているのは、一言で言うならば、近代社会の基本をなす個人の独立であり、その重要性の主張であった。
　また明治8年には『文明論之概略』[17]という、もう一つの福沢の代表作が刊行された。この書では、「文明」を、物事を客観的に見られる精神が多くの人々の間に発達することととらえた。また、そのような精神の発達を歴史的に妨げてきたのは、誰かが強い権力を握って他の人を抑える状態――「権力の偏重」[18]――であると断じた。そのような観点で「文明」を論じたのが『文明論之概略』であり、この書と『学問のすゝめ』の二つの著作で福沢の思想の根幹が出来上がったと言っていい。

(8) ジャーナリズムの試行
　このような自らの文明観をふまえ、同時期にジャーナリズムへの進出も試みた。明治7年には『民間雑誌』という雑誌を創刊。この雑誌は翌年の第12編で終わるが、明治9年には、月10回の刊行を目ざして雑誌『家庭叢談』を創刊、それを翌年には新聞形式に改め、さらに以前と同じ誌名の『民間雑誌』と改題し、明治11年には日刊化した。しかし、政府の規制を受け入れることを潔しとせず、同年廃刊にしている[19]。
　その後、明治15年には『時事新報』という本格的な新聞を創刊するこ

とになるが、『民間雑誌』や『家庭叢談』は、その先駆をなす経験であった。洋学塾の創設により、すでに福沢は教育者としての活動をはじめていたが、この時期から次第にジャーナリストとしての側面も示しはじめたと言って良いだろう。

(9) 国会開設へ世論を喚起

　明治10年代前半には、政治状況を考えながら執筆された著作が多い。

　その一つとして士族の問題があった。維新の熱が一段落すると、旧藩の感覚が残る地方社会では、変革の意味が不鮮明になり、場合によっては古い時代に戻るような雰囲気さえあった。そこで、明治10年に「旧藩情」（当時未発表）[20]を著し、福沢は、維新以前の藩における上士下士間の厳しく理不尽な身分差別を詳述した。同書により、士族が持っていた品格は維持しなければならないが、決して古い社会に戻るべきではないとのメッセージを伝えようとしたのだろう。

　一方、同年には、西南の役を起こした西郷隆盛に関して、「丁丑公論」（当時未発表）[21]も執筆した。当時の新聞には、政府に媚び世間の噂におもねるかのように、西郷を罵詈誹謗する記事が溢れていた。そうした中で福沢は、武力に訴えること自体は批判しながらも、政府と異なる意向を勇気を持って示そうとした西郷の抵抗の精神を高く評価し、それは文明の精神にもつながるものであると訴えようとした。また士族反乱の続発をふまえ、その士族の力を「改進」の方向に進ませるためには近代的な地方分権が必要と考え、同年に『分権論』[22]も著している。

　さらに、社会の不満を吸収するためには、福沢は国会の開設が必要だと判断した。明治12年には、門下生2人の名前で『郵便報知新聞』に「国会論」[23]を発表させ、早期国会開設が必要であるという点で世論を刺激し、同時に、『民情一新』[24]を著し、英国型議院政党内閣制による政権交代が政治の安定につながることを説いた。

　とはいえ、社会の意識改革を等閑にし政権の転覆や獲得にのみ強い関心

を示す自由民権運動には批判的であり、広く人々に民権の真の意味を理解させる必要を感じていた。『民情一新』の前年、明治11年にセットで著した『通俗民権論』と『通俗国権論』[25]は、近代社会における民権と国権のあるべき姿と、両者のバランスの必要性を啓蒙するための著作であった。

　なお、このように政治的課題が続出していた時期でも、経済の重要性を忘れていたわけではない。西南の役の余燼さめやらぬ明治10年には、10代後半の若者に読まれることを想定して『民間経済録』[26]という経済学の教科書を著した（好評に応え13年に2編が出ている）。また、11年には、当時の貨幣問題に関して、不換紙幣を文明社会における最も優れた通貨と評価する『通貨論』[27]も著している。

（10）交詢社設立・明治十四年政変・『時事新報』創刊

　明治13年から15年は、福沢の一生の中でも大きな出来事が続いた時期であった。まず13年には、交詢社という日本最古の社交クラブを発足させている。福沢は、活発な人間交際（じんかん）が人々の能力を高め文明を進め、「民権」を担いうる人民の気力を充実させると考えていた。交詢社は、その考えに基づき、広範な人々が交流交友を通して知識見聞を交換できる場として組織された。これは、慶應義塾や『時事新報』とともに、福沢の大きな事業となった。

　ところで、当時、憲法を作成し国会を開くべきという世論が強くなっていたが、その中で交詢社の社員も研究を重ね、14年4月に交詢社の憲法案、「私擬憲法案」を発表する。この案は、当時参議であった大隈重信の早期国会開設案と軌を一にするもので、英国流の議院内閣制を主張する先進的なものであった。

　ところが、この「私擬憲法案」の発表も一因となり、明治十四年政変が起こった。当時、政府内では、大隈重信、伊藤博文、井上馨の3人が進歩派だった。これに対して守旧派が、3人の分裂を謀り、大隈陰謀説を流したと言われている。その陰謀説は、大隈が、福沢や三菱の岩崎弥太郎と組

んで民権運動を取り込み、伊藤や井上などの薩長勢力を政府から排除することを目論んでいるというものであった。その結果、同年 10 月に伊藤や井上らにより、突然、大隈が参議を罷免された。大隈のブレインとして活躍していた政府官僚には慶應義塾の出身者が多かったが、同時に彼等も政府から追放された。この明治十四年政変で、福沢は政治に影響を与えうる政府内とのパイプを失ったのである。

　この政変以前に、国会開設を目指すという大隈・伊藤・井上からの要請で、福沢は政府広報紙の発行を担うことを約束し、人材や資材の準備をしていた。しかし、政変によりこの話がなくなったことも一因となり、その人材・資材により明治 15 年に『時事新報』という新聞を実質上の社主兼主筆として創刊する。当時の新聞は、政府系、各政党系に別れ党派性が強かったが、それに対して同紙は、「無偏無党の独立新聞」「独立不羈」の立場を採り、また、「官民調和」を目指した[28]。この「官民調和」とは、政権闘争を主眼としていたずらに政局をもてあそぶことなく、政府と民間が「相互に主義の細目を問ふて相互に弁論する」[29]という姿勢であった[30]。同紙は、やがて、代表的な全国紙に育ち、福沢の後半生の言論の舞台となる。

　なお、明治十四年政変により財政政策も変わり、大蔵卿となった松方正義が厳しいデフレ政策を執っていく。これに対して福沢は、『時事新報』紙上で、終始真っ向から反論を唱え続けた。

(11) 教育の復古化と慶應義塾

　この間、実は、慶應義塾は経営の危機に陥っていた。その大きな原因は、士族を取りまく環境の変化と考えられる。初期の義塾の学生の多くは士族だったが、秩禄処分により家禄がなくなり士族の収入は不安定となっていた。また、県から学費を貸与する公費制度の対象から私学が外され、学費を自弁できない士族の入学は、困難さを増した。さらに、西南の役が起き、士族たちが国許へ帰郷してしまったことも学生数を減らす要因となった。加えて、明治 10 年ぐらいからインフレ傾向が強くなり、それが士族の生

活を圧迫し、より一層入学者を減らす反面、義塾の出費も増加させ、経営が苦しくなったのである。

　これに対して、福沢は、多額の私財を投じ、また教員たちは、給与を3分の1にまで減らして、何とか経営を維持しようと努力を重ねた。しかし福沢は、結局、再建の見通しは難しいと判断し、明治13年に廃塾を決意し、教員など関係者に諮った。

　ところが、門下生や教員は、卒業生や支援者から寄付を募り何とか維持することを強く希望した。その寄付のための制度として同年に定められたのが、「慶應義塾維持法案」である。また、寄付を募るためには、義塾の運営主体や組織のあり方を明らかにするべきだと考えられ、14年には「慶應義塾仮憲法」が制定された。これにより、義塾の運営は、寄付を行った人々からなる維持社中の選挙によって選ばれた理事委員に任されることになり、福沢の手を離れたのである。

　一方、義塾の外に目を転じると、明治十四年政変の後、政府の文教政策は、さまざまな面で保守化していった。たとえば、道徳のため儒学教育を重視するという動きが出てきたり、維新以来主に摂取してきた英米流の学問ではなく、国家主義的色彩の強いドイツ流の学問が推奨されたり、あるいは、天皇の臣下としての意識を教育する傾向が強められていった。

　また、慶應義塾をはじめとする私学に対する圧迫政策も加わってきた。たとえば、12年には、義塾に与えられていた徴兵免除の特典が廃止され、16年の徴兵令改正の際には官公立学校には認められた徴兵猶予が私学には適用されなくなっている。さらに、17年には公立の中学校や師範学校の校長や教頭には、私学出身者がなれないことになり、義塾の卒業生は教員になりにくくもなった。

　そのような中、福沢は文教政策の保守化を批判し、15年には『徳育如何』[31]、16年には『学問之独立』[32]を著す。いずれも『時事新報』に公表された社説を単行書としたものであった。前者においては、古今不変の孝弟忠信を説く儒教教育は時代に適せず、「自主独立」の教育こそが現代が求

めるものであると主張した。また後者においては、たとえ公立学校であっても、教育が政府の直接指揮下にあるのは望ましくなく、学問は独立させ政治と分離するべきだと主張した。このような時代状況であったが、慶應義塾は何とか経営を維持し、23年には大学部を設置し、今の慶應義塾大学の基を作ることになる。

(12) 朝鮮開化派への支援と女性論

　明治10年代には福沢は、日本に倣って近代化をしようという韓国開化派との関係を持ちはじめた。両者の接触は13年に始まり、14年には、兪吉濬（ユギルチュン）、柳定秀（ユジョンス）が慶應に入学し、さらに翌年には、開化派の中心的な人物である金玉均（キムオッキュン）が福沢のもとを来訪し、両者の交流はさらに深まった。以後、福沢は開化派を物心両面で、晩年に至るまで支援し続けることになった。

　朝鮮では、14年以降、開化派寄りの政策が採られていたが、15年には、軍の反乱に乗じて守旧派が開化派の一掃を企てた壬午事変が起きた。反乱は清国軍の介入で鎮圧されたものの、事変後は清国の影響力が強まり、結局開化派は力を失うことになった。これを機に福沢は朝鮮問題への関心をさらに深めたのである。

　こうした状況の中で、17年12月には甲申事変が起きる。これは力を失っていた開化派が日本政府の支援を期待して起こしたクーデターで、その中心人物は、上述の金玉均や、朴泳孝（パクヨンヒョ）、徐光範（ソグァンボム）、徐載弼（ソジェピル）といった、福沢とも交流のある人々であった。しかし、このクーデターは清国軍の介入によりわずか3日で失敗に終わり、上記の金ら4人は日本に亡命し、一時は福沢家にかくまわれたのである。

　翌年の18年2月には、事件の処分として、開化派とその三親等親族が、老人から幼児までが残虐な方法で処刑された[33]。その報に接し、翌月3月に『時事新報』に掲載されたのが、有名な「脱亜論」[34]である。この論説は、処刑に対する憤激や開化派支援についての挫折感の中で書かれたもの

で、アジアの非近代的な古い体制・体質への決別宣言とも解されている[35]。また、本書第9章では、新発見の書簡などに基づき、「脱亜論」は甲申事変解決のための外交交渉を配慮して、実際のアジアに対する思いとは裏腹に、故意に強硬論を唱えた論説だと分析している。

なお、福沢は「脱亜論」の3ヵ月足らず後から、『時事新報』に「日本婦人論」、「日本婦人論後編」[36]を発表し、本格的に女性問題に取り組み始めていることに注目したい。福沢は、人間関係の最小単位は男女・夫婦であり、そこでの女性差別は、社会における「権力の偏重」の原点であり、女性の解放ということが近代化の最も重要な鍵になると考えていた。福沢の女性論では、この点で儒教的男尊女卑の観念から抜け出せない日本社会を厳しく批判し続けることになる。

こう考えると、「脱亜論」に見られるような、アジアにおける事大的で非個人主義的な体制への批判と、日本における男女差別批判は、儒教的な旧体制・旧体質批判という点で、同じ視点から発していたと考えられる。福沢は、アジアの旧体制を切り、返す刀で日本国内の旧体質を切ったのである。また、その後も、19年には『男女交際論』、21年には『日本男子論』を、亡くなる直前の32年には『女大学評論・新女大学』を刊行し[37]、当時の先進国の水準に比較しても進歩的と言える議論を展開し続けた。その詳細は、第3章で詳しく述べられるが、男女差別の問題は福沢生涯のテーマであった。

(13) 明治国家確立期の著作と活動

日本は明治20年代には、松方デフレからも脱し、経済は工業化へ向けて軌道に乗り出した。22年には大日本帝国憲法が発布され、23年には帝国議会が開かれ、政治体制も確立した。このため、維新前後に生まれた若い世代の中には、自国に対する自信を背景にした国粋主義的思潮も生まれていた。しかし、福沢は必ずしも、そのような情勢に満足していたわけではない。

24年に福沢は「瘠我慢の説」（当時非公開）[38]を執筆した。これは、幕臣であった勝海舟や榎本武揚が、官軍に最後まで抵抗せず、維新以降に高位高官になっていたことを批判した論説で、福沢の思想が武士道的な方向に復古したことを示す書としばしば言われる。しかし、本書の趣旨は、当時、国家を絶対的な「公」とする傾向が出てくる中で、地球という規模で考えれば、国家も私的な団体に過ぎないと相対化した上で、私的であるからこそこだわる必要があることを述べた書だとも考えられている[39]。私的なものを重視し、その積み重ねの上により大きな団体ができてくるというのが福沢の思想の基本である。その観点からは、勝も榎本も私的な団体であった幕府にこだわるべきであったということになる。「公」を絶対化し「私」を下位に置く国家主義を批判し、市民的ナショナリズムを主張した書だとも考えられる。

また26年には『実業論』[40]を著し、産業革命直前の経済界へメッセージを送っている。同書で福沢は、日本の工業化の可能性を実証しつつも、その担い手に対して憂慮を示した。品位があり、かつ科学的な知性を備えた人々が実業を担っていく必要があることを主張し、また、政府はそのような実業に対して必要以上に干渉をするべきではないと論じたのである。

産業化の進展の中で、開発と自然の問題も出て来る。27年には、郷里中津に近い耶馬溪の競秀峰という景勝地が開発される恐れがあるということを聞き、福沢はそれを匿名で買い保護をしている。これはいわば日本におけるナショナルトラストの最初の一例と言っても良いだろう。

(14) 晩年

晩年にも福沢は、「安閑としては居られず」という気持ちで、「出来してみたい」と思うことに関わり[41]、亡くなるまで後進へのメッセージを送り続けた。

「出来してみたい」と思うことの一つは、資金を出して「高尚なる学理を研究させる」[42]ことであったが、それが具体化したものが北里柴三郎へ

の支援であった。25 年には、北里に資金的にも精神的にも協力し伝染病研究所を設立させている。また翌 26 年には、北里に結核の療養施設として土筆ヶ丘養生園を開設することを勧め、その開設を全面的に支えた。

　30 年前後の最晩年には、唱え続けてきた文明の本質を、再度平易な表現で訴えている。29 年には、それまでのさまざまな談話をまとめて、『時事新報』紙上に「福翁百話」として連載（翌年に単行本として出版）した。本書は、「老生の心事は千緒万端なるも、なかんずく俗界のモラルスタンドアルドの高からざること、終生の遺憾」[43]という想いで、自らの文明論を平易な言葉で再度語ったものであった。

　福沢は、31 年には最初の脳溢血の発作を起こしたが、翌年には発作前にすでに口述筆記しておいた『福翁自伝』[44]を出版した。この著作も、単なる自伝ではなく、30 年に出版した『福沢全集緒言』[45]とともに、自分の人生を語ることにより、維新変革期の理想と日本社会が到達した現実との乖離を示し、あらためてその原点に帰るべきことを訴えた著作とも考えられている[46]。

　さらに、33 年には門下生と共に、「修身要領」[47]という 29 ヶ条からなる道徳規範をまとめて発表した。これより 10 年前、「教育勅語」が出され、その国家主義的な道徳が徐々に影響力を持ちはじめていた。それに対して「修身要領」は、独立した個人を原点とする社会形成の倫理をあらためて説くものであった。

　そのような「修身要領」に対しては、たちまちにして「教育勅語」の側に立つ学者からは猛烈な批判が出た。しかし福沢は、この「修身要領」を非常に重視し、慶應義塾を売り払って、その資金で「修身要領」普及のための全国キャンペーンを行うことさえ主張した。

　このような想いの中で、翌 34 年に 2 度目の脳溢血症の発作を起こし、2 月 3 日に亡くなった。

2. 生涯の課題:「独立自尊」と「実学」

(1) 福沢にとっての個人の独立

　前節で福沢諭吉の生涯を概観したが、そこに貫かれていた課題は何であったか。一言で言うならば、個人の独立、「独立自尊」[48]ということに尽きるだろう。また、そのように「独立」を強く求め続けた原点はどこにあったかと言えば、中津藩の下士としての原体験が考えられる。すでに紹介した「旧藩情」では、上士と下士との間の厳しい身分差別が詳述され、また、士農工商あらゆる人々に分を守らせる圧政のシステムが社会の隅々にまで行き渡っていたことが指摘されている。中でも下士は全ての身分の中で、最も個が抑圧された階層とも言える。農工商であれば、それぞれの職業で成長し富むことはできたが、下士は代々の貧しい家禄から脱け出せず、家格に応じた役職にしか就けなかった。福沢の父も、そうした封建制度に束縛され何もできず空しく世を去った。その父の気持ちを察して、『福翁自伝』では「私のために門閥制度は親の敵(かたき)で御座る」[49]という有名な言葉を記している。また、その差別は福沢自身の前半生における切実な経験でもあった。『福翁自伝』を口述するためのメモには、下士であった時の屈辱を、「旧藩小士族の家に生まれてあらん限りの軽蔑を受けて心窃(ひそか)に不平を懐くと同時に、元来人を侮辱すると云う其事柄を悪んで恥ずかしきこと〻思ひ」[50]と記している。福沢の場合、蒙った侮辱は、自分より下位の者であれ他人を侮辱することへの嫌悪となった。その先には、各人が誇りを持って独立できる社会への希求があっても不思議ではない。これが独立を求める一つの原点であったと考えられる。

　福沢が思想家である由縁は、この屈辱を単なる怨みの思い出に止まらせず、近代社会における個人の「独立」の重要性を理解する原動力にした点だろう。近代社会では、なぜ「独立」が必要なのか。第一の理由は、文明とは、つまるところ個人が独立していることだと考えたためである。そのことを、『文明論之概略』では次のように述べている。

人の気風快発にして旧慣に惑溺せず、身躬からその身を支配して他の恩威に依頼せず、躬から徳を修め躬から智を研き、……学問の道は虚ならずして発明の基を開き、工商の業は日に盛にして幸福の源を深くし、人智は既に今日に用いて其幾分を余し、以て後日の謀を為すものゝ如し、これを今の文明と云う。[51]（傍点は筆者）

　ここで、「身躬からその身を支配して」、「身躬から徳を修め」、「躬から智を研き」、と繰り返し「躬から」を強調しているように、福沢によれば、個人が独立していることが「文明」の出発点であった。

　個人の独立が必要な第二の理由は、日本の独立のためである。当時、欧米による植民地化が進み、アジアの中に完全な独立国はほとんどなく、日本の独立も非常にあやういと意識されていた。そうした中で、福沢は、国の独立のためには個人が独立する必要があると訴えた。個人が独立していれば文明が発達し、文明が発達すれば国力が備わるからだ。そのことを『学問のすゝめ』では、「一身独立して一国独立する」[52]という言葉で明確に述べた。また、『文明論之概略』には、「国の独立は目的なり、国民の文明はこの目的に達するの術なり」[53]とある。この著作では、個人の独立を文明の出発点としたが、その文明を国の独立のための手段とさえ位置づけたのである。

　しかし福沢は、個人の独立を国の独立の手段としてのみ唱えていたわけではない。独立を、人間の本質であると考えていた点も見逃してはならない。『学問のすゝめ』第8編の冒頭部分は、この点で注目に値する。そこでは、ウェーランドの *The Elements of Moral Science* によりながら、「人の一身は、他人と相離れて一人前の全体を成し、自からその身を取扱い、自からその心を用い、自から一人を支配して、務むべき仕事を務むる筈のものなり」[54]と述べている。これは、日本人を主語とした文章ではない。主語は「人の一身」であり、福沢は、人間一般の独立について語っている。

また「筈のものなり」という結びには、個人の独立こそが、人間の本来の姿であるにもかかわらず、現実はそのようにはなっていないという想いが込められているのだろう。日本国の独立という課題がなかったとしても、人は独立しなければならないのである。

では、個人が独立をするにはどうすれば良いのか、独立の要件は何か。これも『学問のすゝめ』に、次のように非常にわかりやすく述べられている。

　　独立とは、自分にて自分の身を支配し、他に依(よ)りすがる心なきを云う。自(みず)から物事の理非を弁別して処置を誤ることなき者は、他人の智恵に依らざる独立なり。自ら心身を労して私立の活計を為(な)す者は、他人の財に依らざる独立なり。[55]（傍点は筆者）

独立というのは、「他人の智恵に依らざる独立」と「他人の財に依らざる独立」から成る。自分で物事を適正に判断できることと、自分で働いて自立した暮らしを営めることが独立だと言う。つまり、独立というのは知的な独立と経済的な独立の双方から成り、知力と経済力が独立の要件だというのである。

(2) 福沢諭吉の「実学」

この知力と経済力を支えるものは何か。福沢はそれを「実学」と考えた。実学というと、たとえば、各種学校で教えているコンピュータの使い方や英会話などを思い浮かべるかもしれない。しかし、福沢の「実学」は、実はそういうものではない。

明治30（1897）年に刊行された『福翁百話』の第34話は、「実学」をわかりやすい例で説明している。まず、「我輩の多年唱導する所は文明の実学にして、支那の虚文空論に非ず」と述べ、自分が永年に亘り唱え勧めてきた「実学」は西洋で発達した学説であり、「支那の虚文空論」すなわ

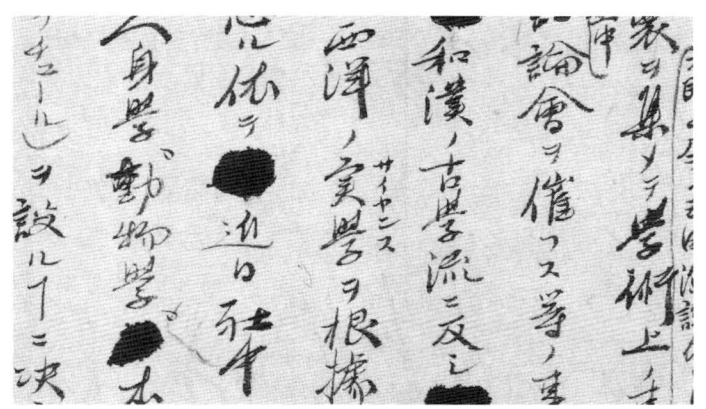

図1-1 「慶應義塾紀事」自筆原稿
原写真：慶應義塾福沢研究センター蔵

ち東洋の儒学・漢学ではなく、その対極にあるものと位置づける。その上で、「彼れ」（東洋の「虚文空論」）と「此れ」（西洋の「実学」）を対比して以下のように述べている。

　　今東洋西洋の学説を比較してその大意の在る所を見るに、両者おのおのの由て来る所の根本を異にし、彼れは陰陽五行の空を談じて万物を包羅し、此れは数理の実を計えて細大を解剖し、彼れは古を慕うて自から立つことを為さず、此れは古人の妄を排して自から古を為し、彼れは現在のまゝを妄信して改むるを知らず、此れは常に疑を発してその本を究めんとし、彼れは多言にして実証に乏しく、此れは有形の数を示して空を云うこと少なし。根本の相異なる大凡斯の如くにして、その文明の事実に発しては諸科推究の実学となり……56

　西洋で発達した学説は、数理的な実証により徹底的に分析し、昔の人や先人の誤りを否定して新たな考えを切り開き、自分自身が先例となるようにする。また、常に物事を疑って、その疑いの根本を突き詰め、具体的な

第1章　福沢諭吉の生涯と「独立自尊」　　19

数を示して空論は言わない。西洋の学説の根本をこのようにとらえ、その根本に基づいて文明の中で具体的な形を取ったものが、それぞれの学問分野を究めてゆく「実学」だと述べている。

　明治16（1883）年に福沢は慶應義塾の創立25年史とも言える「慶應義塾紀事」を著した。その中で、それまでの義塾の教育が「実学」を目指していたことを、「本塾の主義は和漢の古学流に反し、仮令い文を談ずるにも世事を語るにも西洋の実学(サイヤンス)を根拠とするものなれば、常に学問の虚に走らんことを恐る」[57]と書いている。

　「文を談ずる」というのは今でいう文学系学問、「世事を語る」は社会科学系と言って良いだろうが、そのような学問であっても、西洋で発達した「実学(サイヤンス)」に基づいて行うのが義塾の姿勢だと言う。そしてここで注目すべきは、図1-1のように「実学」のところに「サイヤンス」（"science"の福沢による発音）とわざわざルビを振っている点だ。

　つまり、福沢の言う「実学」とは、「虚文空論」のような「虚」な学問に対して、実証的な「実」な学問のことであり「サイヤンス」であり、要するに近代科学のことであったと言って良い。

(3)「実学」と実業

　ただし、注意しなければならないが、福沢の「実学」観には、その運用についてのメッセージも込められている。「実学」は、同時に「実業」も含めて人間の実生活に関係していかなければならないというメッセージである。

　明治19（1886）年の「慶應義塾学生諸氏に告ぐ」という学生向け演説（10日後に『時事新報』掲載）では、「慶應義塾の教育法」は「実学」であり、きわめて「真理原則を重ずる」ものであり、その点では細い毛一筋であっても譲らないと宣した上で、次のように展開している。

　　　［義塾の教育法は］又一方より見れば学問教育を軽蔑することも亦

甚だし。蓋しそのこれを軽蔑するとは、学理を妄談なりとして侮るに非ず、唯これを手軽に見做して、如何なる俗世界の些末事に関しても学理の入るべからざる処はあるべからずとの旨を主張し……事の大小遠近の別なく、一切万事、我学問の領分中に包羅して、学事と俗事と連絡を容易にするの意なり。語を易えて云えば、学問を神聖に取扱ずして通俗の便宜に利用する義なり。[58]([　]内は筆者の補遺)

「実学」は、徹頭徹尾「真理原則を重ずる」近代科学でなければならないが、同時に、運用については、それを「神聖」化し学問のための学問にしてしまうべきではない。象牙の塔の中だけのものにしてしまってはいけない。家庭日常のことから、社会のことや、商工業のことまで、どんな「俗世界の些末事」であっても、そこに科学を持ち込んでいける。「実学」すなわち科学の知性を身につけた者が、それを実業などの俗事にも生かしていかなければならないというのが、もう一つの福沢のメッセージであった。

(4) 個人の独立と「実学」

福沢諭吉の生涯の課題は、「独立自尊」という言葉に象徴される個人の独立だと述べた。その独立と「実学」とは、どのように結び付くのかを最後に考えてみたい。

まず、自分でものを考えるためには、客観的・数理的にきちんと対象を観察して把握する能力が必要である。そうでなければ、先入観や周囲の噂に左右され、冷静に客観的に物事を自分で考えて把握することはできない。

同時に、独立をするためには経済的な収入が不可欠であり、それには実用に即した知識が役立つだろう。その知識にも「実学」は無視できない。筆者なりの例で説明すれば、昔から水車大工という職業はあって、彼等は水車を造る技術は親方から教えられて持っていた。それは実用に即した知識で実用学と呼んでも良いもので、その技術で生活は成り立つ。しかし、

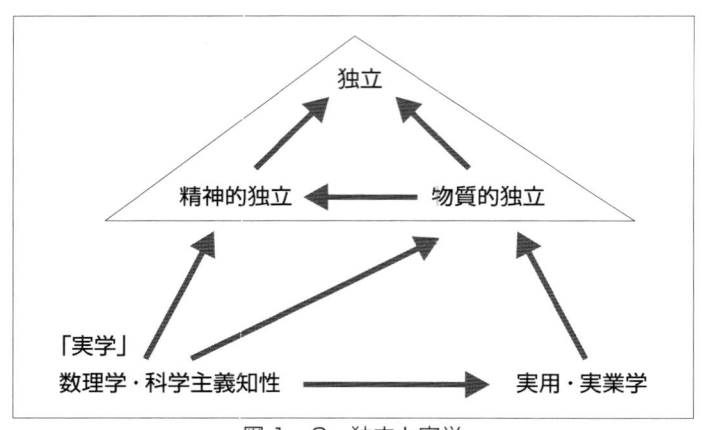

図1−2　独立と実学

彼等は、流体力学などの物理学は知らないので、原理的に計算して次々と水車を改良していくことはできない。福沢の言う「実学」は、この物理学に当たるものである。新しい時代においては、この「実学」に基づいた技術や実用学によってこそ、経済的に独立した生活を営むべきだし、またそれが可能となる。

このように、「実学」を学ぶことによって知的独立と経済的独立を達成するというのが、福沢の主張であり夢でもあったと言えよう。

まとめ

最後に、上に述べたことを図1−2のように図式化して確認しておきたい。福沢にとって「個人の独立」は、さまざまな意味で最大の目標であった。その個人の独立のためには、精神的独立と物質的独立の双方の独立が必要である。その二つがあってはじめて独立が成り立つというのが福沢の考え方であった。ただし、福沢は決して夢想家ではなく、精神的独立に関しても、実は物質的独立が非常に大きく影響を及ぼすと考えていた。殿様から禄をもらっている限り、自分の思慮判断では「右」であっても、殿様

が「左」と言えば、「左」と言わざるを得ないというのが、多くの場合、現実となっている。しかし経済的に独立していれば、自分で判断したとおりのことが言える。従って、精神的独立のためにも、実は物質的独立が必要と考えていた。

その精神的独立と物質的独立を支えるものは何か。精神的独立は物事を客観的に見て、自分で思慮判断できる能力であり、それはまさに「実学」によって可能になる。一方、経済的独立は、技術あるいは実用学や実業学があれば可能だが、新しい時代においては、その実用学や実業学も「実学」によって支えられなければならない。さらに明治時代においては、新しい科学主義的な知性を備えていることだけで、物質的独立が可能になる場合も往々にあっただろう。

このように整理すると、個人の独立を支える最も根本、根源にあるものは「実学」だということになる。福沢は、自分を貶めることなく気品と誇りを持って独立していることを「独立自尊」という言葉に集約した。この「独立自尊」を支えるものが「実学」であり、そのような形での個人の独立が福沢諭吉の生涯を貫くテーマであった。

1　本章で、福沢諭吉に関する伝記的事項は、注記がない限り、『福翁自伝』、石河幹明『福沢諭吉伝』（岩波書店、1932年）による。
2　藪田貫『武士の町　大坂』（中公新書、2010年）p.28
3　黒屋直房『中津藩史』（碧雲荘、1940年）pp.433〜437
4　「旧藩情」（『著作集』9巻）p.7
5　河北展生編著『「福翁自伝」の研究　註釈編』（慶應義塾大学出版会、2006年）p.13
6　『福翁自伝』（『著作集』12巻）pp.4〜5
7　同上 p.12
8　同上 p.260
9　徂徠学と福沢の思想の関係については、小室正紀「江戸の思想と福澤諭

吉」(『三田評論』2005 年、3 月号) pp.30 〜 41

10　前掲『福翁自伝』p.261

11　そのような手紙は多いが、たとえば明治 22 年 10 月 21 日の印東玄得宛(『書簡集』6 巻、書簡番号 1414、pp.179 〜 180)

12　前掲『福翁自伝』p.163

13　『西洋事情』初編・外編・二編 (『全集』1 巻 pp.275 〜 608)、なお『著作集』1 巻には、外編は全巻収録されているが初編と二編は抄録

14　『全集』2 巻 pp.485 〜 535

15　『全集』3 巻 pp.331 〜 550

16　『著作集』3 巻

17　『著作集』4 巻

18　『文明論之概略』第九章 (『著作集』4 巻) p.233

19　『民間雑誌』、『家庭叢談』、再刊『民間雑誌』の記事は『全集』19 巻 pp.507 〜 658 に収録されている。

20　前掲、『著作集』9 巻

21　『著作集』9 巻 pp.31 〜 74

22　『著作集』7 巻 pp.1 〜 98

23　同上 pp.249 〜 296

24　『著作集』6 巻 pp.1 〜 89

25　『通俗民権論』は『著作集』7 巻 pp.99 〜 139．『通俗国権論』は同 pp.141 〜 247

26　『著作集』6 巻 pp.91 〜 207

27　『著作集』6 巻 pp.210 〜 252

28　「独立不羈」という語句は、「本紙発兌之趣旨」(『新報』明治 15 年 3 月 1 日、『全集』8 巻 pp.5 〜 10) で使われており、またこの記事で「無偏無党の独立新聞」の主旨も述べられている。「時事新報の一周年日」(『新報』明治 16 年 3 月 1 日、『全集』8 巻 pp.561 〜 564) では、「無偏無党の独立新聞」「独立不羈」「官民調和」の 3 語を使い『新報』の姿勢を主張してい

る。
29 福沢諭吉立案・中上川彦次郎筆記『時事大勢論』明治15年（『全集』5巻）p.253
30 「官民調和」に関するこの観点については、小室正紀「福沢諭吉の経済論における「官民調和」」『日本経済思想史研究』2012年、12号
31 『著作集』5巻 pp.312〜329
32 同上 pp.223〜257
33 この処刑については「朝鮮独立党の処刑」（『新報』明治18年2月23・26日、『全集』10巻 pp.221〜227）
34 同上 pp.238〜240
35 丸山真男「『福沢諭吉と日本の近代化』序」1992年（『福沢諭吉の哲学』岩波書店、2001年、所収）、坂本多加雄『新しい福沢諭吉』（講談社、1997年）、坂野潤治「解説」（富田正文編『福沢諭吉選集』7巻〔岩波書店、1981年〕）などがある。
36 「日本婦人論」は『新報』明治18年6月4〜12日（『著作集』10巻 pp.11〜53）、「日本婦人論後編」の初出は『新報』明治18年7月7〜17日（『著作集』10巻 pp.55〜100）
37 『男女交際論』（『著作集』10巻 pp.101〜136）、『日本男子論』（『著作集』10巻 pp.157〜204）、『女大学評論・新女大学』（『著作集』10巻 pp.237〜338）
38 『著作集』9巻 pp.109〜152
39 松本三之介「解説」『福沢諭吉選集』12巻（岩波書店、1981年）
40 『著作集』6巻 pp.289〜364
41 いずれも『福翁自伝』最終段の言葉、前掲『福翁自伝』pp.405〜406
42 同上 p.406
43 明治29年3月31日、日原昌造宛（『書簡集』8巻）p.173
44 『著作集』12巻 pp.1〜406
45 同上 pp.407〜501

46 松崎欣一「解説」『福翁自伝 福沢全集緒言』(『著作集』12巻)

47 「修身要領」は、慶應義塾編『慶應義塾百年史 中巻(前)』(慶應義塾、1960年) pp.463〜468所収

48 この言葉が初めて使われたのは、「尚商立国論」明治23年(『著作集』6巻 p.278) においてである。

49 前掲『福翁自伝』p.10

50 「「福翁自伝」に関するメモ」(『全集』19巻) p.275

51 『文明論之概略』(『著作集』4巻) pp.23〜24

52 『学問のすゝめ』第三編 (『著作集』3巻) p.27

53 前掲『文明論之概略』第十章 p.330

54 前掲『学問のすゝめ』第八編 p.84

55 同上書第三編 p.28

56 『福翁百話』(『著作集』11巻) p.87

57 「慶應義塾紀事」(『著作集』5巻) pp.62〜63

58 「慶應義塾学生諸氏に告ぐ」(『全集』10巻) p.552

第2章

福沢諭吉の士族観

はじめに

　本章では、主に中津の士族社会との関係を通して、福沢諭吉が士族に何を期待したのかについて考察する。

　周知のとおり、明治維新は近世から近代への変革であった。政権交代によって政治制度が変化し、教育あるいは軍事などの制度、また経済構造や産業構造も変化した。しかし変化を遂げなければならないものは、そうした様相が見えるものだけではない。『文明論之概略』の中で福沢は、「恰も一身にして二生を経るが如く」という[1]。福沢の約66年間の生涯は、明治改元の年である1868年を中心に、江戸時代を生きた33年と明治時代を生きた33年の、ちょうど二つにわかれる。もちろん『文明論之概略』執筆時には、自分の人生が明治元年で真半分に分かれるとは思っていないが、それでも明治になるまでの自身の生活と、明治維新後『文明論之概略』を書くまでの8年間程の人生では、全く異なるものであった。まるで一つの身にして二つの人生を生きているようであり、そのため「二生を経る」という表現を使ったのであろう。それ程異なる、それだけ違うという、二つの時代の最も大きな相違は何であったのか。

　明治維新を経て、日本は四民平等の世の中になり、江戸時代において特権階級であった武士階級は解体された。明治政府は「五箇条の御誓文」を

図2-1　福沢諭吉旧邸
提供：中津市

出し、「万機公論に決すべし」（万機すなわち国の政治も、公の世論によって決定する）と宣言する。それまでの江戸時代には「由らしむべし知らしむべからず」という言葉があった。政府は人々をただ従わせていればいい、政治は政府が意のままに決めればよいことで、人々に意見を尋ねる必要はないという考えであった。極言すれば、近世は固定化された社会で、人々は何事も決められた枠の中でしか生きることができなかった社会であったと言えよう。

『福翁自伝』の中に、福沢諭吉の父親は、諭吉が生まれた時に元気な男の子だったので、この子を僧侶にしたいと言ったというエピソードがある[2]。当時僧侶の世界だけが、唯一自分自身の努力で上の位に進むことができた。父親は我身を省みながら、子どもだけは自分の力で人生が切り開けるように、僧侶にしたいと言ったのであろう。福沢はその心中を察し、親の心を思って涙したという。それが明治維新を経た新しい社会では、人々は職業や住むところの自由が与えられて、一人一人が自分の意志で生き方を決めることができる、つまり自己決定ができる社会になったのである。

しかし自己決定をするためには、自己判断する力が必要になる。人々が自分で判断する力を身につけなければ、せっかく手に入れた自由も、それを維持することができず、再び失って、新しい社会へと変わることができない。そのようにならないために、明治維新を迎えて福沢が掲げた命題は、「一身独立して一家独立し、一家独立して一国独立し、一国独立して天下も独立すべし」というものであった[3]。まず一身が独立し、自己決定する力を身につける。これこそが近代社会、そして近代国家成立の条件になると考えたのである。

1. 一身独立・一家独立・一国独立

　では、福沢諭吉が考えた一身独立、一家独立、一国独立とはどのような道筋なのか。福沢は、近代社会においては、人々が客体として存在するのではなく、主体として自ら社会に参加しなければならないと考えた。まず一身独立した個人が存在し、その一身独立した個々人が主体的に社会を構成することによって、人々の自由や独立が保障される。主体化した個人から展開するのでなければ、近代的な社会は成立しないととらえた。

　では基礎となる「一身独立」とは何か。福沢が考える一身独立には、二つの要素がある。一つは精神的な自立である。何か物事を決めなければいけない時、その判断を他人、あるいはすでに定まっている権威に委ねるのではなく、自分自身の中に拠るべき判断力を備え、自分の意思で決定する力を持つ。そうでなければ、自由や独立を維持することができない[4]。

　もう一つは、経済的な自立である。福沢は、精神的な自立は経済的な自立をともなってこそ成立すると考えた。経済的に自立せず、衣食住を常に誰かに頼るのであれば、最終的には衣食住を提供してくれる人の言うことを聞かなければならない。自分の意思でやりたいこと、いいと思うことを決定するためには、経済的に自立する必要がある。すなわち福沢のいう近代社会に必要な一身独立とは、自己判断力を養い精神的に自立し、さらにそれを維持するための経済的な自立を果たすことと言える[5]。

　福沢は新しい社会において、人々に一身独立することを求めた。しかし、これまで決められた枠組みの中で過ごしてきた人々にとって、それは容易ではなかった。明治に至るまでは、自由ではないが、逆に言えば自分で判断せずとも、決められた道の上をつつがなく歩むことを考えていれば、それだけで十分な社会でもあった。明治改元後になると、今度は自分自身で決めていかねばならない。一身独立は必須であったが、簡単に成し遂げられるものでもなかった。そしてそのことを、福沢は理解していた。

　福沢は人々が大きな変化を遂げるためには、人々を牽引する、リーダー

シップを執る存在が必要であると考えていた。福沢はそれを「ミッヅルカラッス」（ミドルクラス）に求め、そのミドルクラスを形成する人々は、旧武士層や地域で産業や教育を担っている地方名望家が適切であると考えた[6]。士族やあるいは各地域で発展を担っている地方名望家たちが、率先して自分たちの考えを転換していくことによって、一般の人々も思考を変え、近代社会が誕生していくと目論んだのである。なかでも、前近代における教養の蓄積という点から考えれば、士族たちの変容が、近代化の鍵を握ると考えたのであった。

2. 士族たちの変革

　福沢諭吉は明治維新後、それまで中津に残っていた母親や姉たちを東京に呼び寄せようと考えた。中津と東京の2箇所に分かれて生活していては、家計も倍になる。家計を節約し、福沢を中心に家族がひとつになって新しい時代を生きていくためには、東京で揃って生活をしようと考えたのである。しかし、その計画はなかなかうまくはいかなかった。中津にいる友人築紀平や、あるいは四書五経を習った服部五郎兵衛に宛てた書簡によれば、中津にいる母や姉たちは、最初、上京することに同意しなかった。その理由は、当時中津で「福沢の名跡御取建」の風聞があったからである[7]。

　福沢家は十三石二人扶持という下士階級の家柄であったが、諭吉がアメリカへ行き、また幕府使節団の一員となってヨーロッパへも行ったことによって、世間からも注目を集め、書いた本も非常に売れているので、出世した福沢に対して、中津藩もおそらく厚待遇をするであろうという風聞であった。諭吉が中津に戻って来れば、上士階級の扱いを受けるのではないかとささやかれていたのである。

　福沢はこの話を聞いて、大いに驚いた。確かにまだ明治時代を迎えたとはいえ、藩の組織が完全になくなったわけではなく、武士たちの俸禄も明治9（1876）年に秩禄処分が終了するまでは支給されていた。そのため、

このような噂が生まれる要因がないわけではなかったが、しかし、幕府がなくなり大名もなくなったのである。自分たちの生活がこれまでと同様の形で保障されるとは、普通は考えない。武士たちは、これからどのように生きていけばいいのか、自分たちの力で生き方を根本から変えていかなければならない、と考えるのが当然であろう。しかし、中津の人々はそうではなかった。幕府が崩壊したと言いながらも、それぞれの個人の生活は、昨日と今日で大きく変化していったわけではないので、何となくこれまでの生活がそのまま続くような気持ちになっていた。

　福沢は彼らに対して、次のように憤る。確かに今は、旧来の知行にかじりついて、心ならずもその米を食い、一日の安楽をむさぼることは可能である。従来と同様の生活をすることは可能と言えば可能ではあるが、大名であっても自分の領土を手放さなければならなくなり、これまでの10分の1の家禄しかもらえなくなってしまった。世の中の大きな変化の中で、その変化を感じ取ることをせず、これまで通り藩から手当をもらえるだろうと考えるのは「天下の喰ひつぶし」でしかない[8]。

　福沢は、社会的価値の変化に対する士族たちの意識の欠如に接して、愕然とした。彼は、武士は「無産の流民」になると言う[9]。農民や職人たちが自らの手でモノを作り出しているのに対して、武士は何も生産的なことを行わないにもかかわらず、これまでは武士であるということだけで食べて来ることができた。しかし時代が変わり、四民平等の世の中になって、武士という階級はなくなってしまった。もう武士は何も生み出さないただの流民になると言うのである。士族たちは、自分たちが「無産の流民」になってしまうことを十分に理解して、これから自分たちがどのように生きるべきかを考えなければならない。その大切な時期に、福沢はあれだけ出世したのであるから、たくさん禄をもらえるであろうなどと噂しているのである。中津の士族たちの現状に対して、福沢は憤りを感じるとともに、何とかこの意識を変えない限り、一身独立した個人が作り上げる近代社会は成立し得ないと考えた。

福沢は「世禄ハ頼むべからず、門閥ハ貴ふへからず」、人々は「才徳」に応じ「独立不羈之生計」を求めるより他にないと言う[10]。今までもらっていた禄をあてにしてはいけないし、これまで自分の家が、どれ程家格が高く人々の上に立っていたかという門閥についても、意識してはいけない、そしてそれらを貴んではいけない。これからは各人が自身の才能や徳に応じて、自分たち自身の食い扶持を稼いでいくことを考えなければいけないと説く。福沢は彼らが俸禄による生活をしようと考えている限り、近世的な考え方、前近代的な思惟体系から逃れることはできず、そこから逃れることができなければ、新しい社会を作り出すことができるはずがないと考えたのである。

3.「中津留別之書」の執筆

　結局、福沢諭吉の母は明治3（1870）年に上京することになる。福沢は母を迎えに中津に一度帰るが、その折に、いよいよこれで中津との別れだという気持ちを込めて「中津留別之書」を記す[11]。「留別之書」とは、去り行く人がその地に残る人に対して与える書のことを言う。「中津留別之書」は11月27日の執筆で、現在2種類の自筆本が残っている[12]。農、工、商の人々にとっては当然のことである、自ら労して自ら食らう、働かざる者食うべからずの主張に多くの紙幅をさいていることから、特に士族層を念頭に置いて執筆したものと想像できる。

　この「中津留別之書」の中で福沢は、まず人間はなぜ万物の霊と呼ばれるのかというところから説き始める。人間が万物の霊、つまり、生きとし生けるものの中で一番偉いと考えられるのは、見聞を広めて一家の生計を立て、一身独立するからである、それゆえに万物の霊であるのだと言う。人間は知徳を深める。さらに福沢は、自主自由の大切さを説く。自由と聞くと、どうしてもわがままなような気がするがそうではない。自由は他人の妨げをしない、他人に迷惑をかけないという前提で存在する。自分の自

由を守りたいと思えば、自分自身も他人に迷惑をかけたり、他人の自由を奪ってはいけない。近代社会は、この自由や独立が尊重される社会でなければいけないと言う。

そしてまた「中津留別之書」の中で、前述のように一身独立して一家独立し、一家独立して一国独立し、一国独立して天下もまた独立すると主張する。一身独立した個人の誕生が、まず近代社会形成の第一歩であり、一身独立した個人が集まって一家を形成し、その一家が集まって一国を形成し、天下が独立する。

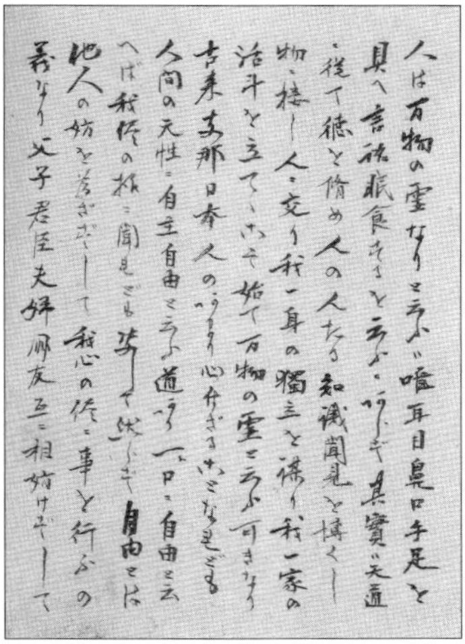
人は万物の霊なりと云ふは唯耳目鼻口手足を
具へ言語眠食するを云ふにあらず其実は天道
に従て徳を脩め人の人たる知識聞見を博くし
物に接し人に交り我一身の独立を謀り我一家の
活計を立てゝこそ始て万物の霊と云ふ可きなり
古来支那日本人のあまり心付かざることなれども
人間の天性に自主自由と云ふ道あり一口に自由と云
へば我侭の様に聞ゆれども決して然らず自由とは
他人の妨を為さずして我心の儘に事を行ふの
義なり父子君臣夫婦朋友互に相妨げずして

図2－2
福沢諭吉自筆草稿「中津留別之書」
慶應義塾福沢研究センター蔵

ここで「一国独立」をどう理解するかという点について触れておきたい。この部分は、解釈に相違が生じている。周知のように、江戸時代は武蔵の国や備前の国のように、それぞれの地方が「○○国」と呼ばれていた。「中津留別之書」は、当然その時代を生きてきた人々が読んでいるのであるから、この時代に「一国」と言われると、たとえば中津の人々であれば豊前の国を思い浮かべるのではないか、「一身」「一家」「一国」の一国は地方社会、ひとつの地方を指しているのではないかと言われる。さらに福沢は続けて天下もまた独立すると言うので、この「天下」こそが今私たちが考える一国であるという解釈もできる。儒教の有名な「修身斉家治国平天下」という言葉を思い浮かべれば、天下が一国、すなわち日本を指すという解釈が正しいようにも思われる。

しかし、私自身は「一国」は日本国を指すと解釈する。「中津留別之書」の全文を読めば、他の部分でも福沢が「一国」を日本国として使用しているからである。この部分だけが「一国」を地方という意味で使ったとは考

えにくい。「一身」「一家」「一国」の一国は日本国を指し、「天下も独立すべし」の「天下」は、少し飛躍するが、国際社会を想定しているのではないかと私は考えている。福沢が、自由や独立は他人の自由を妨げないところで成立すると述べていることは先述したが、それは国の単位であっても同様と考えられ、各国が各々の独立を保とうとすれば、他国の独立を妨げないことが重要である。ゆえに各国が一国の独立を保つことができれば、天下、すなわち国際社会もそのまま独立する、平穏を保つと主張したのではないであろうか。

　繰り返しになるが、福沢はこの「中津留別之書」の中で、新しい時代において最も重要かつ根本となるのは一身の独立であり、一身を独立させることが、近代社会を作り、近代国家を作るための第一歩だと述べる。

　さらに、この「中津留別之書」の中で、男女に重軽の区別はなく、平等であると説く。福沢が自身の言葉で、女性も男性と等しい存在だということを述べたのは、この「中津留別之書」が最初であろう。この中で福沢は、非常にわかりやすい平等論を述べる。男女同数論と呼ばれるもので、開闢以来、男性も女性もほぼ同じ数でこの世の中に生まれてくるという事実が、一夫一婦であるべきことを示し、つまり男性も女性も等しい存在であることを表しているという、単純明解な理論である。福沢自身は権利について敏感であり、また日本人に権利の存在を紹介しようと考えていたが、男女の関係という問題の一般性を考えると、そこにこれまでの日本人に馴染みのない難しい権利の議論を持ち込むよりも、まずは男女がなぜ等しいのかということを、誰にでもわかりやすい言葉で説くことが重要であると考えたのである。ほかに「中津留別之書」では親子関係のあり方についても述べており、また人と人との交わり、人間交際が社会を形成していくとも主張している。すなわち一身の独立は、男女がともに成すべきもので、人と人の交わりが一家独立、一国独立へと展開していく。

　そして、新しい社会の基礎となる一身独立を果たすために、一番必要なものは何かと言えば、それは学問であると主張する。「中津留別之書」を

書いた目的も、まず学問をすること、一身独立への道は学問によって開けるということを中津の人々に伝えるところにあった。ここで言う学問とは、それまでの儒学のような、先哲の言葉を覚え、書物の読み様を考えるものではなく、洋学によって物事の本質や理を学ぶことである。先述のように中津の人々、特に士族層は、世の中が180度変わり、価値観が全く変わったことを、なかなか実感としてとらえることができずに、いつまでも身分制度や家禄、家格といった家柄にとらわれていた。福沢は、新しい社会においては一身独立が必須であることを伝えたかったが、ただ一身独立を主張するだけでは、人々は何をどうすればいいのかわからない。ゆえに「中津留別之書」を執筆し、その中で、突破口は洋学であり、西洋の学問を勉強することで、新しい思惟体系を得ることであると主張した。

　「中津留別之書」における主張は、その後、福沢の生涯を貫くものとなった。すなわち一身独立することを近代社会の根源とし、そのためには学問が重要であることを述べ、男女は軽重なく同等であり、等しい存在としてともに社会を作っていかなければいけないというものである。この書の主張は、福沢の思想の本質であり、福沢がとらえた近代化、文明化を端的に表している。

　「中津留別之書」の目的は、中津の特に士族層に対して、変わってほしいという想いから、これからの新しい社会、新しい時代をどう生きていけばいいのかを伝えるところにあった。新しい社会への変革には、ミドルクラスの牽引力が必要であると考えていた福沢は、その一翼を担う士族層が役割を果たすだけの力を身につけることを望んだのである。

　また福沢は、近代社会への転換のためには、地方の人々が大きく変わっていくことが必要であると考えていた。地方の改革においては、地方を指導する人々の役割が大きい。福沢は中央以上に、各地の士族や地方の産業や教育を担っている名望家と言われるような人々に対し、ミドルクラスとして社会の牽引力となることを期待した。

4.『分権論』と人脈の育成

　福沢諭吉は、地方にもミドルクラスが育つ契機があると考えていた。彼は明治9（1876）年11月に、『分権論』を執筆し、翌年11月に慶應義塾出版社から出版した。この中で、士族には3種類あると述べている。士族と言っても必ずしも武士だけを指しているわけではないと断っているので、士族以外の地方名望家も含まれよう[13]。1種類目は政府の中ですでに地位を得ている人たち、2種類目は地位を得ることができなかった民権家たち、そして3種類目は、守旧的な士族の気風を全く変えていこうとしない古いタイプの人々である。福沢は、明治9年の時代状況を「守旧者流は旧を求めて旧を得ず、改進者流は新を求めて新を得ず」と表現している。守旧派の人々は古いものにこだわるが、世の中は変化しているので、古いものを十分に守ることはむずかしい。また改進派は新しいものを求めていくが、どうしても変わり切れない部分、変化することがない部分が残っていくので、必ずしも全部新しいものを得られるわけではないというのである[14]。

　士族社会の中でも、そしてまた社会全体においても、明治維新によって次々と変化していくものと、簡単には変化しないものが存在した。明治9年に『分権論』を執筆した時点においては、まだまだ守旧的で近世的なものも残っており、福沢はその両方が衝突している状態にあると考えていた。守旧的なものが残り、完全に新しいものを手に入れることができないという状況が、なぜ起こってしまうのか。福沢は、そこにはまず活計の問題があると考える。経済的に自立をすると言っても、自立をする術はそう簡単に手に入るわけではない。加えて四民平等になり、士族は特別な階級ではなく他の階層と等しい存在であると言われても、なかなか士族の面目を捨て去ることはできない。それは武士間の上下だけではなく、士農工商の四つの身分の間においても確執となっている。士族は、三つの身分（農、工、商）がレベルアップして自分たちと同じ身分になったと考えるよりは、士族が政治から遠ざかり、レベルが下がることによって、農、工、商と同じ

になってしまったと考えることが多い。それゆえ、思惟体系を変化させていくことが難しいのであろうと、福沢は『分権論』の中で分析している[15]。

　福沢は他の要因として、たとえば地方新聞などが販売部数を伸ばすために、人々がスキャンダルとして喜びそうな話題を提供している点にも、問題があるのではないかと指摘する。新聞の態度は「姑氏の心事を知らずして」「温柔嬌艶なる新婦」の味方をしているようなものであるという。姑は姑なりに古くさいことばかり言っているわけではなく、守らなければいけないことは何かと考えているのであるが、各新聞は若々しくて活気がある嫁の肩ばかり持つ記事を書いている[16]。だから、古いものを求める人たちと新しいものを求める人たちがうまく融合して、全体的に新しい社会に変わっていくことがなかなかできずにいると言う。

　福沢は、変革を進めるためには、士族の力が十分に発揮できるように、これらの原因を改善しなければいけないと考えていた。特に、すでに新しい政府の中で社会的な地位を得ている人たちにとっては、大きな問題ではないが、まだ地位を得ることができないでいる士族たち、あるいは社会の変化にうまくついていけず、福沢の「名跡御取建」の噂をしていたような人々には、社会の変化を感じとれるような場を与えていくことが重要であると考えたのである。

　福沢はそういった人々に、活計と面目を与える活躍の場として、地方分権を進めることが良策であると考えていた。中央集権で進めていかなければいけない事柄も多いが全てではなく、地方分権で進めるべき案件もある。福沢は行政上の諸権利を、中央と地方で分けなければいけないと考えていた。『分権論』の中で、国権には政権「ガウルメント」と治権「アドミニストレーション」の2種類があり、政権に関わることとは、法律を制定することや軍事、租税、外交、通貨を発行することなどで、これらは中央集権で進めていかざるを得ず、そうでなければ改良も進んでいかない。しかしその一方で、治権である警察、道路工事、学校、神社、衛生といった案件は、地方の利点を生かし、生活に密着して臨機応変に対応できるよう、

地方主体で取り組むべき事柄である[17]。たとえば学校は、教育を受ける権利の視点で見れば、中央集権で全国画一的な学校を作り、同じカリキュラムで学ぶことも必要ではあるが、それぞれの地域には特有の事情もある。養蚕が非常にさかんな地域であれば、ある時期は養蚕にたくさんの人手が必要になる。それならば、その地方は当該期を休校とし、別の時期に多く勉強させればいい。教育効果をあげるために柔軟な対応をとるには、地方の裁量を認めて運用した方が良いこともある。

地方政治の役割とは、実情に合わせて臨機応変に対応することができる柔軟性や機敏性にある。そうした利点を発揮するには、それを担うべき存在が必要であり、福沢は士族層や地方名望家がそれを担当すべきであると考えた。重要な点は、彼らが治権を担当することによって、新しい思惟体系のもとに行動するようになることである。福沢は、それが人々を牽引する力となり、社会が変化する契機となると考えた。

地方で教育や産業を担う人々には、慶應義塾から輩出された人材も多かった。明治初期に慶應義塾は英学の一手販売と言われ、全国各地に英語の教員を派遣していた[18]。また多くの卒業生たちが実業界に入っていった。福沢が育て、慶應義塾を卒業してさまざまな分野で活躍した門下生たちは「福沢山脈」と呼ばれることがある[19]。福沢からすそ野が広がり、連なっているようなイメージを持たれるのであろう。初期の慶應義塾は、士族や地方名望家出身者が多く、福沢は彼らを、人々が一身の独立を成し遂げるための牽引力となるミドルクラスに育成しようと考えたのである。地方の教育界や実業界で慶應義塾出身者が活躍した背景には、福沢の意図もあったと言える。

5. 士族社会の変容と不変容

福沢諭吉は、明治10（1877）年ごろには、すでに世の中は大きく変わってきたと考えていた。しかし、実際はそう簡単ではなかった。次に福沢

の認識と現実の差異について考えてみたい。

　先述のように、福沢は変革の鍵として、学問の重要性を強調した。特に洋学を学ぶことによって、近世的な価値体系に代わって、自分自身の中に拠るべき新たな価値体系や思惟体系を作ることができる。また精神的自立だけでなく、経済的自立が対になって果たされないと、結局は衣食住を与えてくれる人に従うことになり、自己決定力に結びつけていくことができないが、この経済的自立においても、重要になるのは学問の有無であり、学問をすることが自立への道につながる。

　彼はこの主張を、『学問のすゝめ』初編に著した。さらに同時期の明治4（1871）年11月には、福沢の尽力で中津に「中津市学校」という洋学校が誕生する[20]。中津市学校の設立資金は、旧藩主であった奥平家の家禄と、中津藩の藩士たちの積立金から拠出された。積立金と言っても、実際は本来藩士が受け取るはずであった家禄を、藩が借り上げて貯えていたものである。中津藩は、天保年間から藩財政の立て直しのために、飢饉などの非常時用に藩が貯蔵しておくという名目で、家禄として支給すべき金の一部を藩士たちから借り上げ、藩庫に収めていた。版籍奉還の折に、その資金をどうするかが問題になった。基本的に藩の財政は明治政府に移管され、現石高（実際の収入）の10分の1だけが旧藩主の私的な財産であると判断された。しかし借り上げと称して集められた分は、本来であれば各個人に与えられていたはずのいわば給料で、それを藩の金として明治政府に差し出さなければならないのは、おかしいのではないかという議論が起こった。明治政府に申し立てたところ要求が通り、返却する必要はないという判断が下った。そして、その資金をもとに、士族たちの互助組織である「天保義社」が誕生した[21]。名前は、天保年間から借り上げが始まったことに由来する。まとまった資金が得られたことで、福沢が以前から主張していた洋学を学ぶ学校の設立が具現化した。

　中津市学校は資金の拠出元を考えれば、士族たちの力によって設立されたと言える。学則類は慶應義塾に準じ、教員は慶應義塾から派遣された。

そして、明治8、9年頃までには、「関西第一の英学校」と呼ばれるまでに発展した[22]。中津市学校の発展は、何をもたらしたのか。福沢は同校によって、中津の士族社会に刷新が起こったととらえている。学校という閉鎖的かつ平等な空間が、どうしても上下関係にとらわれがちな士族社会を変化させた。明治10年5月に著した「旧藩情」の中で福沢は、身分間の差別感情が学校という空間において、古い証文に横に1本線を引いて皆済や清算を示すように、すっとなくなっていったと書いている。学校が媒体となって、士族の意識や思惟体系に変化が生じた。福沢は、長い太平の時代の中で武士たちが培ってきた士族固有の品行については評価していた。中津市学校ではその品行を維持しながら、社会的関係が改まっていったと言う。中津市学校の成功を受けて、福沢は、変革には学校が非常に有効に作用すると考えた。学校を通じて、人々は新しい社会をどのように受容し、またその中で生きていかなければいけないのかを学ぶことができる。

　福沢は著作を通して学問の重要性を訴え、『学問のすゝめ』に代表されるように、それらが数多く売れたことで、人々が福沢の考えを受けとめてくれたと考えた。また世の中を牽引するミドルクラスとなるべき士族たちも、士族固有の品行を維持しながら、学校を通じて社会関係を改める新しい思考を受け入れるようになったと考えたのである。

　ところが、そう簡単に士族社会は変容しなかった。明治16（1883）年に、福沢が認識を改めなければならない事件が起こる。先述の天保義社をめぐり騒動が生じたのである[23]。天保義社の資金は、中津市学校に拠出するほか、預金や小口の抵当貸付、投資などを行う銀行類似業務にも運用されていた。この天保義社の運営をめぐって、中津の士族間に亀裂が入ることになる。明治10年ごろまでには、前近代の上下関係に由来する士族中での争いはなくなり、それぞれ自分の実力に応じて考え、行動するようになったと福沢は考えていたが、実はそうではなかった。

　この天保義社をめぐる騒動には、いくつかの要因があるが、端的に述べるならば、封建制度下である程度恩恵を蒙っていた守旧的な人々が、近代

的な経営のあり方をなかなか理解できず、近代的改革を進め、資金を有効に利用しようとする新興層の人々と対立を強めていった結果と言える。そこには身分的対立の要素があった。頭では理解しても、旧来の身分関係にとらわれてしまうと、心情としては承服しがたい。旧藩時代に自らのアイデンティティを家禄や家格に求めていた人々が、低い身分だった人々と全く対等な感覚を抱くことは、想像以上に困難であった。福沢は「旧藩情」の中で、旧藩時代は上士階級に生まれたか下士階級に生まれたかによって、行くことができる学校も異なり、道で出会ったら、どんなに雨がひどい日でも、下士階級は道端に座って上士階級に挨拶し通さなければならない、窮屈な社会であったと回想している。本来であれば明治以降はそうした関係はなくなり、もし対立が起こったとしても、純粋に業務に起因する対立であるはずであった。

　ところが近代的な経営のあり方が理解できない背景には、依然として前近代的な思惟体系があった。たとえば出資金は、出資した時点では個人の資産ではあるが、一旦会社や会社に類似した組織に入れば、それは組織の資金として運用される。出資した分を、急に返却するように求めても無理である。ところが本来自分のものであるから、自由に使えるものであると考えている人々にとっては、そのことが理解し難く、だまし取られたのではないかとすら考える。経営を巡って、守旧的な思考にとらわれる人々と、新しく得た資金を有効に使って展開させようとする人々との間では、対立が起こらざるを得ない。

　では、この対立はどのような決着を見たのか。対立は激化し、福沢もその仲裁を求められるが、最終的に仲裁を成し遂げた人物は、旧藩主の奥平昌邁であった[24]。聡明な人物ではあったが当時28歳という若さであり、この一件は、彼の交渉力が非常に優れていて両者間を調停したと考えるよりも、「奥平」という名前のもとに争いを収めたと考えるのが妥当であろう。つまりは、旧藩主の威光である。天保義社をめぐる対立の深刻化は、その運営をビジネスとして考えることができず、武士たちが近世的な意識

を引きずったことに起因しているのであるから、それを収めるためには、やはり権威が登場せざるを得なかった。しかしそうした旧藩主の威光に従うという行為、旧藩主の権威が自分たちの判断基準になるということは、人々が「一身独立」を果たしてはいないことになる。判断するその基準が、身分や格式といった近世的なものであっては、近代社会を形成するための一身独立とは言えない。

　福沢は、士族層がいまだ身分や格式にとらわれ、旧主に依存をし、かつ封建制度の枠組みにとらわれ、前近代的な思惟体系を引きずってしまっていることを、この一件を通して理解した。彼は中津の士族社会が変容したと考え、学校という平等な空間において、古証文に墨を引くように、身分意識がなくなっていったと信じていた。しかし、実はそれぞれ心の内には、未だ近世的な意識を抱いていて、何かひとつ対立が起こってくると、それが前面に出るのである。結局、思考の根本においては何も変わっていなかったことを知り、愕然としたであろう。

　また天保義社の騒動後の明治21（1888）年に、再び中津に学校を設立する話が持ち上がる。中津市学校は、明治8、9年ごろには西日本最大の洋学校になったが、その後西南戦争や公立学校の設置など、さまざまな要因によって学生数が減少し、明治16（1883）年に閉校となっていた。しかし、やはりまた、自分たちの手による学校がほしいという意見が、士族たちの中から出てきたのである。福沢は当初、新しい学校を作ろうという気運について評価していた。学問は一身独立を成し遂げるための根源であり、ゆえに学問をするという意欲のもとに、新しい学校を作ろうとする態度は歓迎すべきであると考えていたのである。しかし設立が具体化すると、士族たちはまた「奥平」様に資金を拠出してもらおうと言い出す。中津市学校は、前述のように奥平家の家禄から一部を出し、さらに天保義社からの出資によって設立された。それと同様に、今度もまた奥平家からの拠金をあてにしたのである。福沢は、強い憤りを感じ、明治21年4月5日付けで、旧藩時代の重臣であった山口広江という人物に宛てた書簡の中で、

「気楽なるは中津の士族、兼て忠義々々と口に唱へながら、此明なる物の数を知らずして、むかしの大名の如くに思ふとは実に驚くの外なし」と書いている[25]。近世封建制度のもとでは、藩主は家臣を保護し、家臣はその代価として武力をもって藩主に奉仕するのだが、そうした主従関係がなくなって久しくたってもまだ、旧藩士たちは、主君が自分たちの面倒を見てくれるのは当たり前であるから、奥平家がお金を出してくれて学校を建てることができると考えたのである。そうした中津の士族たちに対し、福沢は「明なる物の数を知らずして」「実に驚くの外なし」と批判する。つまり彼らは、明治21年になっても、思考の根本が変化していない。どこかで身分制度や門閥意識に引きずられている士族社会の現状を、福沢は直視せざるを得なかった。

まとめ

　人々が真に一身独立し、近代社会を形成するために必要なものは、人々の変革を牽引すべき存在としてミドルクラスが成長し、社会を変えていくことである。福沢諭吉の構想において、ミドルクラスを形成するのは士族層であり、地方名望家の人々であった。すなわち士族層や地方名望家の人々が、福沢が期待するところでは、学校教育や地方行政を通じ、近世的な規範から抜け出して近代的な思惟体系を確立し、自分たちの手で新しい社会を作っていこうと考えることによって、体制が変化していく。

　近代的な社会の担い手として、ミドルクラスの一翼をなす士族層に期待していた福沢であったが、しかしながら期待は裏切られ、変容しない士族社会を目の当たりにせねばならなかった。福沢は、武士たちが変わるためには、何が必要であるのかを考えざるを得なかった。近世的な武士という身分を成り立たせているものは何であるか。基幹をなす一つは、大名家などに召し抱えられて禄を食む、つまり家禄によって生活をするということであり、もう一つは、家柄や家格に対する意識であった。門閥にとらわれ

れば、近世的な人間関係を意識せざるを得ない。

　それでは家禄や家格にとらわれないためにはどうしたらいいのか。家禄も家格も「家」と結びついたものである。近世的な「家」のあり方が、家禄や家格への意識を持続させる。逆に言えば家禄や家格の観念は、「家」のあり方が変化すれば維持することができず、消滅せざるを得ない。近代社会における家や家族が、近世から変化を遂げることができれば、自ずと変容する。それでは真の文明化のために必要とされる家や家族とは、一体どのように形成すればいいのか。福沢は「一身独立」から「一国独立」へ直接的につなげるのではなく、その中間に「一家独立」を置く。福沢が考える一家の独立とは何か。福沢の近代化構想における家や家族について考察することによって、真に一身独立した人々が社会を形成するためには、何が必要であったのかを明らかにすることができよう。

1　「一身にして二生を経る」は、『文明論之概略』『著作集』第 4 巻 p.6

2　『著作集』第 12 巻 pp.9 〜 10

3　書簡は明治 2 年 2 月 20 日付松山棟庵宛、同日付浜口儀兵衛宛、3 年 1 月 22 日付九鬼隆義宛（『書簡集』第 1 巻 pp.114 〜 115、pp.117 〜 118、pp.156 〜 157）ほか。「中津留別之書」『著作集』第 10 巻 p.2

4　「中津留別之書」『著作集』第 10 巻 p.2、『学問のすゝめ』第 3 編『著作集』第 3 巻 pp.27 〜 34

5　「中津留別之書」『著作集』第 10 巻 p.2、p.8、「中津市学校之記」『福沢諭吉年鑑』4（福沢諭吉協会、1977 年）pp.6 〜 9

6　『学問のすゝめ』第 5 編『著作集』第 3 巻 pp.56 〜 57、『分権論』『著作集』第 7 巻 pp.48 〜 49

7　明治 2 年 6 月 19 日付簗紀平宛、8 月 24 日付服部五郎兵衛宛（『書簡集』第 1 巻 pp.132 〜 134、pp.138 〜 140）

8　前掲服部五郎兵衛宛（同上 pp.138 〜 9）

9　前掲簗紀平宛（同上 p.133）

10　明治 2 年 4 月 17 日付藤本元岱宛（同上 p.127）
11　『著作集』第 10 巻 pp.2 〜 8
12　福沢家に残されていたものと、中津藩で家老を務めた桑名豊山のもとに所蔵されていたもの（現在は慶應義塾に寄贈されている）で、前者が初稿であり、加筆訂正したものが後者と思われる。若干の語句の違いのみで、内容に差異はない。
13　「余輩が所謂士族とは、必ずしも双刀を帯して家禄を有したる武家のみを云うに非ず」『分権論』『著作集』第 7 巻 p.48
14　同上 pp.9 〜 12、pp.16 〜 17
15　同上 pp.33
16　同上 pp.29 〜 30
17　同上 pp.49 〜 51
18　『慶應義塾百年史』上巻（慶應義塾、1958 年）pp.567 〜 582
19　『未来を開く福沢諭吉展』図録（慶應義塾、2009 年）第 4 部きりひらく実業 pp.149 〜 176
20　西澤直子「中津市学校に関する考察」『近代日本研究』16、2000 年。中津県が大蔵省に提出した「洋学校開業願」p.104
21　天保義社については、三木作次郎編・発行『旧中津藩士族死亡弔慰資金要覧　天保義社及中津銀行の由来　奥平家の系譜と藩士の現状』（1927 年）に詳しい。
22　広池千九郎著『中津歴史』（防長史料出版社、1976 年　初出は 1891 年）下 p.307
23　西澤直子「天保義社に関わる新収福沢書翰（鈴木閑雲宛）」『近代日本研究』13 pp.123 〜 144、1997 年
24　前掲『旧中津藩士族死亡弔慰資金要覧』、『中津歴史』ほか。逸見蘭畹・鈴木閑雲・山口広江・菅沼新・末貞友年・中野松三郎宛小幡篤次郎書簡『近代日本研究』13 pp.140 〜 141
25　『書簡集』第 6 巻 p.6

第3章

福沢諭吉の女性論・家族論

はじめに

　明治維新後もなかなか近代社会は現われず、変容しがたい前近代的な社会が存在していた。特に福沢諭吉の構想では、士族社会はミドルクラスの一翼を担って改革を牽引すべき存在であったにもかかわらず、中津の例でも明らかなように、前近代的な思惟体系から脱却することが難しかった。彼らが封建制度の遺物である門閥制度や家禄、家格による束縛から抜け出すために必要なものは何であったのか。

　近代社会形成のための必須条件として、福沢は一身独立を主張する。新しい社会の成立要素を個人の確立に見て、まず一身が独立して一家が独立し、それによって一国が独立するという。一身独立の意味するところは、第2章で見たように、ひとつは精神的な自立であり、もうひとつは経済的な自立であった。それらは明治維新後、どのようにして成し遂げられていったのか、あるいは成し遂げられなかったのか。

　福沢は、一身と一国の間に、一家の独立を置く。「一家」を介在させたのは、近代化過程において「一家」に託す役割があったからである。彼は「一家」に何を求めたのであろうか。本章では福沢の描く家族やその基となる女性論について考察し、福沢の近代化構想の一面を考察したい。

1. 一家独立

　一身独立の二つの要素のうち、まず精神的な自立について考えてみよう。江戸時代に人々の思考の根本を成していたのは、儒学に基づく考え方であった。明治改元後に、儒教あるいは儒学に取って代わる精神的な支柱は生まれたのであろうか。明治初期、人々は西洋思想を歓迎し、知識層は多くの著作を通じて優れた思想として紹介した。しかし西洋思想は、果たして日本人の中に根付いていったのであろうか。「寄らば大樹の陰」という言葉のように、寄りかかってさえいればよかった封建的枠組が取り去られた時に、福沢はそれに代わる大樹を、自己の中に育てることを説いた。しかし人々にとって、それは困難な道であった。

　人の行動を規定するものとして、知と徳がある。福沢諭吉も『文明論之概略』の中で「知」と「徳」について何度も論じているが、「知」すなわち知識は、学問によって得ることができる。しかし「徳」すなわちモラルは、学問によって自然と身につくというものではない。だが「知」と「徳」双方が同じように発達してこそ、自分の中に拠るべきものが作り上げられる。知識ばかり得ても、前近代までの行動規範に代わる、大きな精神的な支柱を作り出すことは難しい。

　制度や法律、生活様式など形式的な近代化が進む中で、同じようなスピードで「徳」を発展させていくことは難しかった。福沢は晩年、日本人のモラルが非常に低いことを嘆いていた。たとえば、信頼を寄せていた門下生日原昌造に宛てた、明治29（1896）年3月31日付の手紙には、「俗界之モラルスタントアルドの高からざること、終生之遺憾」と書いている[1]。また『福翁自伝』最終章でも、残り少なくなってきた人生の中でやりたいことのひとつとして、「全国男女の気品を次第々々に高尚に導いて真実文明の名に愧かしくないようにする」ことを挙げる[2]。いくら学問的に発達し、西洋の技術が流入して人々の生活が向上したとしても、その生活の中で守られるモラルが高尚でなければ、文明の名に恥ずかしい行為である。

真実文明の名に恥ずかしくないようにするために、全国の男性、女性の気品を高尚に導きたいと言う。精神的な自立を達するには、「知」のみならず「徳」、モラルスタンダードをどのように育てることができるかが大切である。

　次に経済的な自立について考えれば、近世において自分たちの生活を支えていた俸禄や家禄に頼る限り、前近代的な思惟体系から抜け出すことはできない。福沢は、士族たちがそれまでの「家」から抜け出して新たな経済的な基盤を求め、自らの活計を自ら立てようとしないかぎり、経済的自立は果たせず、経済的自立を果たすことができなければ、人々を引っ張っていく存在にはなり得ないと考えていた。

　しかしすべての人間が、個人として簡単に経済的に自立できるわけではない。明治改元後、外国の資本や商人が流入する混乱した経済の中で、新たに自分たちの生計を立てていくことは、容易ではなかった。もし個々人が経済的に自立することが難しければ、一身独立を成し遂げることは不可能になるのか。近世的な「家」は経済的な単位でもあったが、福沢はそれに代わる存在を個人にだけ求めたのであろうか。

　福沢は、精神的自立においても経済的自立においても、「一家」が有効に働くと考えたからこそ、「一身独立」と「一国独立」の間に「一家独立」を置いた。彼は個人と国家、「一身独立」と「一国独立」をつなぐ存在として、「一家」に着目した。しかしそれは、近世的な「家」であってはならない。新しい「一家」の創出が「一身独立」から「一国独立」への展開の鍵となる[3]。

2. 福沢諭吉の女性論、家族論に見られる今日的課題

　福沢諭吉の家族論およびその基となる女性論を見るために、まず彼の論説の中から、今日的な観点においても興味深い指摘を取り上げたい。

　最初は姓の問題である。福沢は、結婚によって女性が男性の姓を名乗ら

なければならなくなるのはおかしいという。男性の「家」と結婚するわけではないのに、なぜ女性は男性の姓に変えなければいけないのか。同じ理由で、男性が女性の姓に変えるのもおかしいという。結婚は「家」から「家」に移るのではなく、1人の男性と1人の女性が出会って、新しい家族を作るものである。福沢は次のように言う。

> 子が長じて婚すれば又新に一家族を創立すべし。……即ち二家族の所出一に合して一新家族を作りたるものなればなり。この点より考うれば人の血統を尋ねて誰れの子孫と称するに、男祖を挙げて女祖を言わざるは理に戻るものゝ如し[4]

では、どうすべきなのか。福沢は男女の姓を合わせて、新しい姓を作るべきであるという。たとえば畠山さんと梶原さんが結婚したならば、畠山の「山」と梶原の「原」を取って「山原」と名乗り、その山原さんが今度は伊東さんと結婚するならば、山原の「山」と、伊東の「東」を取って山東さんと称すればいい。思いつきのように思えるかもしれないが、これこそが新しい家族の名前として最適であるという。福沢自身が思いつきと言っているように、実現には墓や遺産などさまざまな問題があるが、ただ福沢が言いたいことは、そういう細かな事柄を考える前に、まず根本として家族はどのようにしてできるものなのかを考えれば、1人の男性と1人の女性の意志による新たな創出であることが重要であって、一方の出自だけが重視される姓ではなく、当然姓も新しくなるべきだという発想である。

選択的夫婦別姓については、長い間議論が重ねられてきた。導入に賛成か反対かだけではなく、令和元（2019）年からパスポートや運転免許証に旧姓の併記が認められるようになり、令和4（2022）年に法務部民事局が発表した「夫婦の氏に関する調査結果の整理」では、旧姓の通称使用の法制度を設けるという意見も42.2％あった。依然、夫婦の姓が異なれば、家族間の絆は弱まり家族が崩壊する、子どもに混乱が生じ不利益をもたらす

といった反対意見も展開されている。しかし令和6（2024）年5月のNHKの世論調査によれば、賛成意見は62％に達した。福沢は家族の実体とその名称との関係性にいち早く問題点を見出し、新たな姓のあり方を提唱した。彼が家族の本質を見据えていた証左であろう。

　また福沢は、今日の言葉で言えばジェンダーバイアスに相当する意識についても述べている。

> 儒者の流儀の学者が婦人を見て、何となく之を侮り何となく男子より劣りたる様に思込み、例の如く陰性として己が脳中にある陰の帳面に記したるものなり[5]

　儒学者たちが女性に対し、理由もなく男性より劣っている、何となく男性より弱い存在であると考えるのは、男性は陽で優れた存在であり、女性は陰で劣った存在として生まれてくるという儒学的発想を、己が脳中にある陰の帳面に記しているからであるという。勉強して自分で考えたことを書き留めていく帳面ではなく、頭の中に持っている陰の帳面に、育っていく過程の中で、理由もないまま記録していく。それに基づいて行動するがゆえに、女性を侮る考えから抜け出せないと指摘する。こうした偏見の増長は、まさに現代でも解決できずにいる問題であろう。

　もちろん年代ごとに状況は変化し、男児は黒、女児は赤が定番であったランドセルも、21世紀になると様々な色のものが自由に選ばれるようになった。女子生徒がスラックスの制服を選ぶことができる学校も増えてきている。しかし男子生徒はスカートを選ぶことはむずかしく、トランスジェンダーの問題が取り上げられるようになっても、まだまだ日常生活の中では女性や男性であることを意識せざるを得ない。特に子どもが接する雑誌やテレビ番組では、ステレオタイプな男女像が描かれやすい。

　福沢は子育てについても、以下のように述べる。

> 世間或は人目を憚りて態と妻を顧みず、又或は内実これを顧みても表面に疎外の風を装う者あり。たわいもなき挙動なり。夫が妻の辛苦を余処に見て安閑たるこそ人倫の罪にして恥ずべきのみならず、その表面を装うが如きは勇気なき痴漢(ばかもの)と云うべし[6]

　子育ては大変な作業である。世の中には妻が大変であることを充分に理解していても、他人の目を気にして、わざと妻を顧みない人物がいる。また妻が大変そうだから手伝ってあげたいと思っても、妻の尻に敷かれていると言われそうで、わざと考えないようにする。福沢は、心の中で思っても人から非難されるのが嫌で行動に移せないなど「たわいもなき挙動」であると言う。妻が大変であることがわかっているのに、それに対して何の手助けもしないのは、人倫の罪であり恥ずかしい行為である。さらに「表面を装うが如き」は、「勇気なき痴漢(ばかもの)」であると言う。世間体にとらわれず、勇気を出して自己の価値判断で行動することが、現状の改善すなわち文明化、近代化につながるのである。

　現在は随分子育ての事情は変わってきたが、世界的に見れば夫が子どもに接する時間は、日本の場合はまだ短い[7]。勤務体制や職住環境の違いもあるが、同僚たちの顔色を窺いながらで、思い切った行動ができないという指摘もある。たとえば男性の育児休業の取得率は上昇しているものの、その日数は令和5（2023）年の取得者の15.7％は5日未満で、実態が伴っているかは疑問である。

　また福沢のいう「勇気なき痴漢」は男性だけでなく女性も同様である。彼が主張するように、男女ともにステレオタイプな概念や社会の評価に左右されず、自分たち自身で状況に応じて判断することが重要であろう。

　福沢の女性論や家族論は、現代でも自身をとりまく問題意識と結びつけて読むことができる。彼の議論は、なぜ今日性を保っているのであろうか。次に、現代に至るまでに、彼の女性論や家族論が、時代時代でどのように読まれていったのかについて見ていきたい。

3. 福沢女性論への反響

　ベストセラーとなった『学問のすゝめ』をはじめとし、福沢諭吉の著作は多くの読者を獲得し、また『男女交際論』や『女大学評論・新女大学』をめぐっては、多くのメディアが反響を取り上げた[8]。福沢と同時代の人々の中では、たとえば自由民権運動の活動家で、女性で初めて政治犯として投獄された福田英子は、男女平等について演説した時のことを、「次はいよいよ私の演題「人間平等論」で、福沢諭吉先生の著「学問の勧め」といふ本の受け売りで、男女同権論を主張した」と回想している。福田の母は、福沢の『学問のすゝめ』に書かれている男女同権、男女の平等に大きく影響を受けたという[9]。
　さらに福島四郎という人物は、夫の素行に苦しむ自分の姉を見て、なぜ世の中の女性たちはこんなに苦しまなければいけないのかと疑問を抱いていた。ある時新聞で福沢の女性論を読み、この考えが世間にもっと浸透し、皆が福沢の女性論のように考えたら、自分の姉のように苦しむ人はいなくなると考えて『婦女新聞』を立ち上げ、福沢の女性論だけでなく、多くのさまざまな女性論を紹介し、また問題を世の中に問いかけようと考えた[10]。横浜にある高木学園女子高等学校の創立者高木君も、福沢の講演で独立自尊について聞いて感動し、女性でも経済的に自立することが人格の独立につながると、福沢の没後の明治38（1905）年、自力で学校を開くことになる[11]。さらに社会主義者で『青鞜』の理論的指導者の1人であり、戦後初の労働省婦人少年局長となった山川菊栄は、最初に福沢の著作を読んだのはまだ10代にもならない頃であったが、それでも福沢の著作に「胸の晴れる思い」がしたと述べている[12]。
　没後も、福沢の女性論はさまざまな人物に影響を与えた。社会主義者の堺利彦も、「家庭に関する我輩の意見は、多くの点において福沢先生の感化を受けて居る」と述べている[13]。
　また歌人で文筆家でもある与謝野晶子は、次のように述べる。

〔感傷的に男女論を論じてはいけないということは〕十数年の昔に福沢諭吉先生が既に警告せられた所であるのですが、私は今に到つて先生の卓見にしみじみと同感を禁じ得ないのです。

我国に於て最も早く男女同権説を唱へて婦人の独立を激励せられた偉人は福沢先生でした[14]

のちに全国地域婦人団体連絡協議会の会長を務めた山高しげりは、昭和9（1934）年に福沢の女性論を取り上げ、「明治の婦人論として否日本の婦人論として、今日尚その名著たるを失はず」と評価している[15]。

一方で福沢の女性論は、強い批判も受け続ける。雑誌『太陽』において、慶應義塾が定めたモラルコードである「修身要領」を批難した井上哲次郎（東京帝国大学教授）は、福沢の女性論についても批判し、福沢の女性論を実践すれば弊害が生じ、むしろ福沢の意見とは相反する美徳が、日本が近代国家として成立するためには重要であると主張する[16]。ほかにも、もともとは数学者である川谷致秀は、福沢の説は極めて不親切なる利己主義の説であり、家庭をかき乱し波乱を起こすだけで、家を治め身を保護する手段にはならないと述べている[17]。

女性の立場であっても、棚橋絢子は、福沢の女性論は余りにも極端な議論であって、そのために、遂に貞淑和順な日本女性の行く道を誤らせることになった。むしろ福沢が批判する「女大学」の規範を守り、従順という日本女性の美徳を生かすべきであると、昭和13年になって述べている[18]。ちょうど戦局が厳しくなり、アジア・太平洋戦争に突入していく時期で、歿後40年ちかくたっても福沢の女性論は批判を受けていたのである。

このように賛否いずれの立場であっても、福沢の女性論が常に俎上に乗せられ続けるのは、なぜなのであろうか。それは彼が提起する問題が、常に今日性を保ち続けたからである。その時代その時代で、自分たちが置かれている立場、自分たちが抱えている課題に引きつけて考えることができ

る。そのために福沢の論説は繰り返し読まれ、彼の主張が必要な変革であると考える人にとって賛成となり、そうであってはいけないと思う人たちからは批判されることになる。

つまりは福沢が提起した問題は、日本の近代化過程で根本的に解決されることがなかったと言える。根本的に解決されることがなかったがゆえに、どの時代においても、その時々の課題を示唆することができた。

次に彼の女性論および家族論の主張には、どのような特徴が見られるのかを検討する。

4. 女性論・男女関係論の特徴的な論点

(1) 主要著作

福沢諭吉の主な女性論、家族論は表に掲げたとおりである。明治初期には「中津留別之書」、『学問のすゝめ』において論じ、明治10年代後半から明治20年代前後になると、体系的な女性論あるいは男性論として「日本婦人論」、『日本婦人論後編』、『品行論』を著わす。「日本婦人論」と

時期	主要著書	刊行年
慶応年間〜 明治10年ごろ	中津留別之書	明治3
	学問のすゝめ 第8篇	明治7
	学問のすゝめ 第13篇	明治7
	学問のすゝめ 第15篇	明治9
明治10年代後半〜 明治20年前後	婦女孝行論・婦女孝行余論	明治16
	日本婦人論・日本婦人論後編	明治18
	品行論	明治18
	男女交際論・男女交際論余論	明治19
	婚姻早晩論	明治19
	日本男子論	明治21
明治20年代末〜 明治32年	福翁百話	明治30
	福沢先生浮世談	明治31
	女大学評論・新女大学	明治32

『日本婦人論後編』は前後編のように見えるが、「日本婦人論」の文章が少し難しすぎたと考えた福沢が、より簡単な言葉で書き直したものが『日本婦人論後編』になる。『品行論』や『日本男子論』は、女性論に呼応して男性の行動規範や倫理を論じた著作である。さらにそれらを踏まえ『男女交際論』を執筆し、近代社会において男女がどのような関係を構築することが重要であるかを述べる。晩年には集大成として、『学問のすゝめ』執筆時から儒教的女性観の代表的な著作として批判し続けた「女大学」を徹底的に攻撃し、新しい女性論を提唱した『女大学評論・新女大学』をまとめあげる。

(2) 男女同等

　福沢の女性論の根本にあるのは、第一に男女同等の主張である。明治3（1870）年の「中津留別之書」の中では、「男といい女といい、等しく天地間の一人にて軽重の別あるべき理なし」と述べ、また『学問のすゝめ』においては「抑も世に生れたる者は、男も人なり女も人なり。この世に欠くべからざる用を為す所を以て云えば、天下一日も男なかるべからず又女なかるべからず」と述べる[19]。『学問のすゝめ』の冒頭は「天は人の上に人を造らず、人の下に人を造らずと云えり」で始まるが、この「人」について、明治5年当時に読んだ人々は、まず成人男性のことであると考えたであろう。未成年の男子や老人は含まれない、ましてや女性が含まれると考えた人は、ほとんどいなかったに違いない。なぜならば、前述のように儒学では、女性は男性より劣った存在として教えられていたからである。ゆえに福沢は「男も人なり女も人なり」と当たり前のことを論ずる。「天は人の上に人を造らず」の「人」とは、男だけではなく女も含まれることを強調するのである。

　男女は同等であるから、男性と同様に女性もまた「一身独立」しなければならない。精神的自立とともに、当然経済的に自立することが必要になる。福沢は明治5（1872）年に書いた手紙の中で「小生の姉などは江戸へ

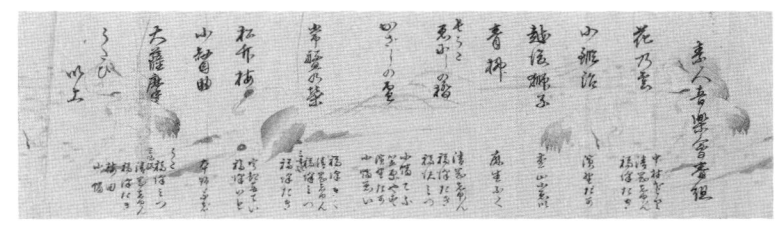

図3−1　福沢家素人音楽会プログラム
慶應義塾福沢研究センター蔵

同道、何か活計の道を得せしむる積り」、すなわち自分の姉たちも東京へ呼び、自身の生活が維持できるような収入の道を与えたいと言っている[20]。

同じ明治5年に福沢は、慶應義塾衣服仕立局を設立する。開業時に配布した広告文を読むと、女性が男性に依存して生き、経済的に自立できないのは、女性に適した職業が少ないからであり、女性が自立するためには、職業の創出が必要であると言う。「せめて我慶應義塾の社中丈けには一人として斯る無頼の婦人あるべからず」、慶應義塾の中だけでも男性に頼らなければ生きていけないというような女性は作りたくない、そのために衣服仕立局を設立すると書く[21]。女性の自立とそれを支援する実践が、2番目の特徴として挙げられる。

(3) 人間交際と女性

福沢は、社会は人と人とが交際をすることによって形成されていくと考えていた。社会が人と人との交際によって形成されるのであれば、その人と人との交際は、男性と男性の交際だけではなく、男性と女性、女性と女性の交際も含まれなければならない。前近代までの交際の場は、男性だけが集まり、女性を侍らせながら酒を飲むという集会であった。それに対し福沢は、男女の別なく人と人とが身近に交際をし、その輪を広げていくことによって、社会を形成していくことが重要であると考えた。『男女交際論』の中で福沢は「人の世に在る、往来交際せざるべからず。往来交際せざれば社会存すべからず、社会存せざれば人間無きなり」、つまり交際が

第3章　福沢諭吉の女性論・家族論 —— 57

なければ社会はなく、人間そのものが存在しないに等しいという[22]。さらに次のように述べる。

> 婦人をば人間交際の外に擯斥して有れども無きが如きの地位に陥らしめたるは、我日本国の一大不幸と云うべきものなり[23]

酒を飲み女性が侍る場所でのみ交際をして、女性が人間交際から排除されてしまうのは、わが日本国にとって一大不幸である。近代社会は、男性も女性もともに交際することによって形成されなければならない。

福沢は著作において主張するだけではなく、実践的な活動も行った。たとえば、福沢家においてしばしばパーティを開いている。まずは慣れるために女性同士が交際の場として集会を持ち、家の外で人と交際をする機会を得られるようにした。一例を挙げれば、明治19（1886）年５月１日に50名ほどの女性を集めて行った、和洋食のビュッフェスタイルの集会がある。それについて、福沢は次のように語っている。

> 事新らしけれ共、衆婦人実ニ歓を尽したるが如し。取持ハ内之娘共と外ニ社友中之バッチェロル八、九名を頼み、誠ニ優しく且賑ニ有之候。此様子ニては婦女子も次第ニ交際之道ニ入る事難からずと、独り窃ニ喜ひ居候[24]

新しい試みではあるが、女性たちは十分に楽しんでおり、今後女性の交際も発展していくだろうとひそかに喜んでいる。人間交際と社会形成を結びつけ、女性の参加を重要視するのも福沢の特徴的な論点である。

(4) 男性論の視点

さらに４番目として最も注目すべきは、女性論は同時に男性論であるという視点である。福沢は男性の意識改革がなければ、女性の地位向上はあ

り得ないと考えていた。根拠のないことがステレオタイプとなり、人々がそれらを鵜呑みにして自分の中の価値基準の中に加える。特に男性の中でそのような出来事が繰り返される限り、女性がいくら頑張って地位を向上しようとしても、なかなか改善され得ない。必要であるのは、男性たちの意識改革であり、男性が変わらない限り、女性たちの立場は変えられない。男性に対する男性論として、女性の社会的立場を説く視点は特徴的であり、彼の女性論の根源のひとつである。また今日でも、福沢の言説を分析する価値をそこに見出だすことができる。

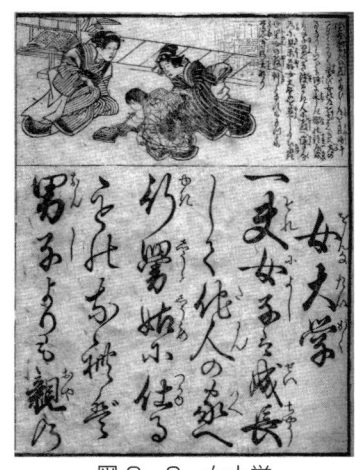

図3-2 女大学
慶應義塾大学図書館蔵

たとえば、福沢は「世間ニ女大学と申書有之、婦人のミを罪人之よふニ視做し、これを責ること甚しけれとも、私之考ニは婦人え対しあまり気之毒ニ御座候」と述べている。世間では女性の行状ばかりを問題にしているが、むしろ男性たちを責めるために男大学というものを著すことが必要なのではないかとすらいう[25]。福沢存命中に起こった彼に対する批判の多くは、福沢が女性論を通じて男性論を説くことに対してであった。男性たちは男性論として説かれなくても、四書五経などを小さい時から覚え込まされることによって、自分の行動規範を作り上げている。ゆえに男性が女性のことを慮り、女性の行動規範の是非を考え、女性の立場になったならばどうなるかなどと考える必要はないという批判である。福沢は、それでは近代社会への変容は遂げられず、女性論は実は男性論であるという視点がない限り、女性の立場は変わっていかないと主張した。一方の杭をいくら引き上げようとしても、突出している杭の頭を下げない限り平均化しないと主張したのである。

第3章 福沢諭吉の女性論・家族論

女性論と男性論は表裏一体であるという視点は、たとえば「女大学評論」の福沢の自筆原稿からも窺うことができる。「女大学」は当時高名な儒学者貝原益軒の著作と信じられていた女訓書で、「女大学評論」はその一条々々に対し、論評を加えたものである。この著作は原稿がすべて残っており、それらを分析してみると、福沢は推敲過程で、女性に対して求めることは、男性に対しても同じように求めなければいけないのではないか、同じ行動でも女性は批難され、男性は批難されないのはおかしいといった男女の対比を多く加筆している。女性論は男性論でもあるという視点を常に持ちながら、執筆していたことが窺える。

　また男性読者を意識して書いたものであるから、福沢は男性たちにも読んでもらいたいと考えた。『女大学評論・新女大学』には珍しく贈答用の上製本があり、福沢は「男子も亦この書を読むべし」とサインをして多くの友人や門下生たちに贈っている。

5.　家族論

(1) 家族のかたち

　次に福沢諭吉の家族論について見てみよう。福沢は家族を夫婦2人と、扶養が必要とされる子どもの単婚小家族の単位で考えている。従来の家族は子どもが成長し、さらにその子どもが生まれても、孫も一緒になってひとつの家、ひとつの家族を形成するのであるが、福沢は子どもが成長して扶養の必要がなくなれば、子どもはまた別のひとつの家を作るものであると説く。息子たちに宛てた手紙の中でも「何時までも子供ニあらず、注意可被致。拙者ハ行末夫婦両人、らくニして質素ニ暮らす而已」と、いつまでも子どもではない、自分たちは将来夫婦2人で楽に質素に暮らすと記している。親子関係は継続するが、それぞれ別の家として存在し、家が大きくなっていくことはないと主張する[26]。

　また福沢は家族を論じる時に、一家団欒、家族団欒という言葉を非常に

よく使う。家族は、団欒を楽しむものであると考えていた[27]。

　福沢が考えた明治改元後の課題は、先述のようにまずは一身独立であり、精神的に自立をし、経済的にも自立をすることである。そして一身から一家一国へと展開していく。一方『日本男子論』では、「国の本は家に在り」「家族あらざれば国も亦あるべからず」と述べ、国のもとは家族にあるという。根本にあるのは一身の独立であるが、一家の独立がなければ、国の独立もあり得ないと言うのである[28]。

(2) 精神的自立における家族の役割
　では具体的に福沢が家族に求めた役割は、いったい何であろうか。一つは前述のように、明治改元後、精神的な自立と経済的な自立がバランスよく発展せず、思ったように一身独立が進まないでいた。特に精神的な自立においては、拠るべき支柱を見つけ出すことが困難であった。福沢は、各人が自己の中に精神的支柱を持ち、それに基づいて判断ができるようになるまでの間は、家族が重要な役割を担うと考えた。慶応4（1868）年の著作『西洋事情　外編』で家族について紹介しているが、西洋の家族は精神的な支えになると見ている[29]。

　もう一つは、別の側面から、家族が公共のモラルを涵養していく場にもなると考えている。親の姿を見て子どもは育つので、親が子どもに見せて恥ずかしくない姿を見せていれば、子どもも同様になる[30]。福沢は、公徳は私徳より生まれるという。つまり公のモラルは、それぞれの個人の家のモラルが確立するところから生まれ、発展すると考える。逆のルート、すなわちまず公のルールが定められ、そのルールに従うことを強制されることによって、人々の中にモラルが育つのではなく、公の場でのモラル、公徳を発展させていくためには、まず私徳、自分の身の回りの範囲でのモラル確立が重要であると考えていた。

　つまり福沢が「一家」に求めた役割は、精神的な自立という点から考えれば、家族は仲睦まじく、喜びを2倍にしてくれる存在であり、個人の精

神的な自立を支えるものになるということ。また一面では、親が立派な姿を見せその「家の美風」を確立することで、家という単位でモラルを涵養し、社会における公徳を形成するということ、この二つである[31]。換言すれば「一家」には、一身独立を精神的に支える補完的機能と、一国独立のための公徳の土台となる機能があると言える。

(3) 経済的自立における家族の役割

　次に経済的な自立という点から考えれば、家業の存在がある。「自ら労して自ら食らう」（働かざる者食べるべからず）ということを、論理的には理解しても実践することはむずかしい。しかしながら、1人ではできないことでも家族でやればできる。たとえば副業として幅広い地域で行われていた養蚕製糸業は、近世には各家において行われていた。養蚕業や製糸業は、日本が外貨を獲得するための非常に重要な産業であり、生産性の維持は重要である。周知のように明治になると、産業革命後の新しい技術が次々と輸入され、たとえば製糸業でも富岡に官営の機械製糸工場ができる。しかしいくら機械化が進んでも、日本のような後進国の場合は、それにともなう流通網がいかに整備されていくかによって、産業構造の変化は左右される。たとえば中津は機械製糸の工場を企画するが、大きな工場で毎日大量に生産をするためには、それだけ原料となる繭が必要になる。良質の繭が充分に確保できればよいが、無理な場合はむしろ、近世において各家で行われていた座繰りという方法の方が、不揃いの繭でも糸を取ることができ、生産性が高い。またたとえ作業を行う場が家から離れたとしても、家族内での調整によって捻出される労働力であるから、状況によって家族は有効な生産活動の単位と言え、経済的な自立を支える機能を持つことになる。

　また遅れて資本主義社会に入った日本は、独立を維持するためには、経済的な成長を遂げることが必須条件であった。経済的に力をつけない限り、植民地化される危機から逃れられない。経済的に力をつけるために必要と

されるものには、物資を輸送するための鉄道や、人々を教育するための学校がある。ところがこうした鉄道や学校は、投資した分だけすぐに回収できるような収益を生む事業ではない。多くの初期投資が必要であり、時間をかけて整備した上で、初めて利益が上がっていくことになる。常に利潤を追求せねばならない商業資本に、大きな期待は抱けない。

　それではまとまった資産を持ち、投資できるのは誰であろうか。もちろん最大は国費の投入であるが、最も有力な一つは、旧大名家の財産である。中津の人々が明治20年を過ぎても、学校建設に旧主君の資金拠出を期待し、それに対し福沢は憤っていたが、そうした国益事業になるようなものには、旧大名家などのまとまった資金を持っている人々の投資が必要であったことも事実である。旧大名家の財政が全て良好であった訳ではないが、少なくとも明治10年頃までは、奥平家や三田藩の九鬼家など、運用に関わる旧家臣たちに経済的な展望があれば、大藩でなくとも有効な投資ができる資本であった。華族資本の中には、優良な資本が含まれていて、日本が近代化を進めていく上で重要な役割を果たしたと言える[32]。

　経済的な自立において「一家独立」の果たす役割は、一つには家族を単位として活計を成り立たせることであり、もう一つは、近代国家形成過程で、家単位の財産が有効な資本になることである。個人の持ち分としては財産が少なくても、家として集めて考えれば、かなりまとまった資産になる。小規模な資金ではなく、まとまった資産として運用していくことが、遅れて産業革命を迎え、遅れて資本主義社会に入る日本の近代化にとって重要であったと言えよう。

（4）一家独立の役割

　福沢が「一家」に求めた役割は、一つには「一身独立」の補完である。本来であれば一身で行うべきことを、長い伝統と培われた習慣の中で急激な変革は成し難く、家族という単位で助け合いながら行う。たとえば精神的には一家団欒が、経済的には生産活動の単位としての家族や家業が個人

を支える。

　もう一つには、一国独立成立のための核としての役割である。精神的な面では一家が「家の美風」を形成し、それによって人々の徳を成長させ、公徳を形成する基礎を涵養していく。また経済的な面では、国の発展を支える単位として投資活動などを行う。

　そして重要なことは、この一身独立を補完し、また一国独立の核となる家族が近世的なものではいけないということである。前述の機能を持った、新しい家族を形成していかなければいけない。福沢は新しい近代的家族の形成が、一身独立の促進につながる、すなわち近代社会形成の基礎固めになると考えたのである。

まとめ

　最後に、福沢諭吉が構想する近代社会における個人と家族について、もう一度まとめておきたい。

　まず大前提は「一身独立」にある。各個人が精神的かつ経済的に自立して独立する。その独立した個人である１人の男性と１人の女性が、対等な関係で家族を作ることによって、一家が独立する。そしてその一家が一身独立を補完し、また一国独立を維持するための核を担う。

　反対にまず国家が存在し、その構成単位として一家、家族が作られ、家族によって規定される個人が作られるという方法もある。しかし福沢は、それでは近代化は成し得ず、近代社会の基本はまず個人が存在し、その個人が一身独立を保つことが最優先であるとする。しかもそれは男性だけではなく、女性も同様である。女性も同じように、一身独立すべき重要な存在であり、女性に自己犠牲を強いる家、たとえば男子が生まれないなら、妾を持って男子誕生をはかるような家は否定される。最初に帰属すべき家族が存在しているのではなく、まず一身独立すべき個人があり、その個人が主体的に家族を形成する。

福沢が構想する近代社会は、対等な男女が個人から国家への媒介を成す家族を形成する。ミドルクラスを形成しなければいけない士族層も、新しい家族像を受け入れることができれば、前近代的な思惟体系とつながる「家」の観念を捨て去り、新しい社会を作ることができる。福沢はこのように考え、生涯を通じて多くの女性論・家族論を執筆した。すなわち日本が独立を維持するために、いかなる近代国家となるべきかという、彼の近代化構想と、彼の女性論や家族論には、密接なつながりがあった。彼の議論は賛否両論を受けながら読まれ続け、彼が掲げた課題は常に今日的意義を示しつつ、現代にまで至っている。彼の女性論や家族論を検討することは、近代日本の道のりを考えるひとつの指標となるであろう。

1　『書簡集』第 8 巻 p.173
2　『著作集』第 12 巻 pp.405~406
3　一身独立から一家独立、一国独立への構想については第 2 章参照のこと。
4　「日本婦人論」『著作集』第 10 巻 p.43
5　『日本婦人論後編』『著作集』第 10 巻 p.61
6　「新女大学」『著作集』第 10 巻 p.306
7　総務省の「令和 3 年社会生活基本調査　生活時間及び生活行動に関する結果」によれば、6 歳未満の子供を持つ夫婦で夫婦と子供のみの世帯の場合、夫の育児に費やす時間は週 1 時間 5 分と以前よりは増しているが、妻が費やす 3 時間 54 分とは隔たりがあり、また妻にとって家事全体に費やす時間が減少するなかで、育児に費やす時間は増加している。

　また男性の育児休業の取得率は、令和 5（2023）年には厚生労働省の調査で 30.1％にまで上昇しているものの、女性の 84.1％とは大差があり、またその休業期間は女性の 92.5％が 6 か月以上であるのに対し、男性は 37.7％が 2 週間未満、5 日未満も 15.7％と短い（厚生労働省　雇用環境・均等局　職業生活両立課「令和 5 年度育児休業取得率の調査結果公表、改正育児・介護休業法等の概要について」）。

8 西澤直子『福沢諭吉と女性』（慶應義塾大学出版会、2011年）p.23、pp.121〜124、pp.207〜218

9 市川房枝編『日本婦人問題資料集成 第二巻政治』（ドメス出版、1977年）p.97、絲屋寿雄「解説」『妾の半生涯』（岩波文庫、1958年）p.150

10 石崎昇子「福沢諭吉と福島四郎―『婦女新聞』の創刊―」『福沢手帖』第99号、1998年、pp.9~14

11 『神奈川新聞』1998年6月12日付

12 『山川菊栄集第九巻 おんな二代の記』（岩波書店1982年）pp.106〜107

13 『家庭雑誌』第1号 1903年4月3日発行

14 『定本与謝野晶子全集』第15巻（講談社、1980年 初出1916年）p.289

15 『婦人問題の知識』『近代婦人問題名著選集』第9巻（日本図書センター、1982年 初出1934年）p.186

16 東亜協会編『女大学の研究』（弘道館、1910年）、特にpp.102〜125、p.111〜113、p.117、p.124

17 『女大学新旧問答』（天野利三郎、1925年）p.62

18 『評釈女大学』（婦女界社、1938年）

19 「中津留別之書」『著作集』第10巻p.3、『学問のすゝめ』第8編『著作集』第3巻p.88

20 明治5年5月11日付福沢英之助宛書簡『書簡集』第1巻p.239

21 明治5年8月慶應義塾衣服仕立局開業引札「日本西洋衣服仕立せんたく」『全集』第19巻p.387

22 『著作集』第10巻p.102

23 同上p.120

24 明治19年5月2日付福沢一太郎宛書簡『書簡集』第5巻p.59

25 明治3年2月15日付九鬼隆義宛書簡『書簡集』第1巻p.161、「女大学評論」『著作集』第10巻p.258

26 明治17年2月1日付福沢一太郎・捨次郎宛書簡『書簡集』第4巻p.91、

明治 22 年 11 月 7 日付近藤良薫宛書簡『書簡集』第 6 巻 pp.189 〜 190
27 「早く帰京し家族団欒一処ニ楽しみ度存候」（明治 23 年 11 月 4 日付福沢捨次郎宛書簡『書簡集』第 6 巻 p.365）、「老余之楽事ハ孫子之団欒たるを見るのみ」（明治 25 年 3 月 25 日付清岡邦之助宛書簡『書簡集』第 7 巻 p.159）
28 『日本男子論』『著作集』第 10 巻 p.168、p.187
29 『西洋事情 外編』『著作集』第 1 巻 p.87
30 「中津留別之書」『著作集』第 10 巻 pp.5 〜 6、「新女大学」『著作集』第 10 巻 p.312
31 『福翁百話』『著作集』第 11 巻 pp.59 〜 60、『福翁百余話』『著作集』第 11 巻 pp.297 〜 299、「新女大学」『著作集』第 10 巻 p.312
32 明治 6 年頃「内債論」『全集』第 20 巻 pp.87 〜 89、明治 23 年「華族の財産」『全集』第 20 巻 pp.364 〜 367

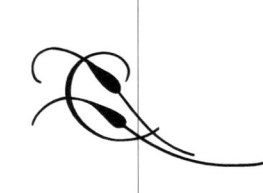

第4章

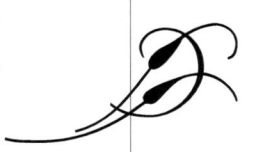

福沢諭吉の教育思想（1）

はじめに

　この章では、「近代教育の成立と福沢の教育論」というテーマで論じていく。近代教育の成立とは、近代学校制度の成立とほぼ同義であるが、日本においては明治5（1872）年の学制が近代教育、近代学校制度のスタートと言われている。その前年に、教育行政を担う文部省という中央官庁ができ、約1年かけてどのような学校制度を作っていくのかということを検討した。そして明治5年に学制を出すに至ったのである。

1.「被仰出書」の理念

　学制は非常に壮大な構想であった。全国を八つの大学区に、それぞれの大学区を32の中学区に、さらにそれぞれの中学区を210の小学区に分け、大学区には大学を、中学区には中学を、小学区には小学校を設置するという計画であった。要するに全国に八つの大学、8×32＝256の中学、8×32×210＝53,760の小学校を作ろうという構想である。現在の小学校数は20,000弱なので、その倍以上の数の小学校を全国に作っていこうという壮大な計画だったのである。
　この学制が出されて、日本の近代学校制度はスタートした。その際、

「学制につき被仰出書」、「学制序文」などといわれる学制の理念を語った文書が出された。この章では、『日本近代思想体系』第6巻「教育の体系」（岩波書店）という教育に関する資料集から文書を引用する。この資料集の校注者は山住正己氏で、文書の解題も書いている。また、同氏は『福沢諭吉選集』（岩波書店）でも、福沢の教育論の解説をしている[1]。その彼が、その文書の解題で「学制は、明治政府が日本の学校教育を欧米流の近代的な形に組織するため、5年8月3日（1872年9月5日）に公布した、学校制度に関する最初の総合的な規定。その前日に、学制のいわば前文として出されたのがこの文書である。」[2]と記し、それに続けて「5年2月に刊行され、多くの人に読まれた福沢諭吉の『学問のすゝめ』の影響を受けていることが明らかである。」[3]と書いている。

どのように明らかなのかを、実際にその文書と『学問のすゝめ』と比較して見ていきたい。「学制につき被仰出書」（以下「被仰出書」）には、以下のように記されている。

　　　人々自ラ其身ヲ立テ其産ヲ治メ其業を昌ニシテ以テ其生ヲ遂ル所以ノモノハ、他ナシ、身ヲ修メ智ヲ開キ才芸ヲ長ズルニヨルナリ。而テ其身ヲ修メ智ヲ開キ才芸ヲ長ズルハ学ニアラザレバ能ハズ。是レ学校ノ設アル所以ニシテ、日用常行言語書算ヲ初メ士官農商百工技芸及ビ法律政治天文医療等ニ至ル迄、凡人ノ営ムトコロノ事、学アラザルハナシ。人能ク其才ノアル所ニ応ジ勉励シテ之ニ従事シ、而シテ後初テ生ヲ治メ産ヲ興シ業ヲ昌ニスルヲ得ベシ。サレバ学問ハ身ヲ立ルノ財本共云ベキ者ニシテ、人タルモノ誰カ学バズシテ可ナランヤ。夫ノ道路ニ迷ヒ飢餓ニ陥リ家ヲ破リ身ヲ喪ノ徒ノ如キハ、畢竟不学ヨリシテカヽル過チヲ生ズルナリ。[4]

引用文中に「学問ハ身ヲ立ルノ財本」とあり、学問というのは「立身」のためにあるということになる。さらに最初のところに「其身ヲ立テ其産

ヲ治メ其業を昌ニシテ」とあり、「被仰出書」では学問は「立身、治産、昌業」のためにある、と書かれている。その先を見てみよう。

　従来学校ノ設アリテヨリ年ヲ歴ルコト久シト雖ドモ、或ハ其道ヲ得ザルヨリシテ人其方向ヲ誤リ、学問ハ士人以上ノ事トシ、農工商及ビ婦女子ニ至ツテハ之ヲ度外ニヲキ学問ノ何物タルヲ弁ゼズ。又士人以上ノ稀ニ学ブ者モ動モスレバ国家ノ為ニスト唱ヘ、身ヲ立ルノ基タルヲ知ラズシテ或ハ詞章記誦ノ末ニ趨リ空理虚談ノ途ニ陥リ、其論高尚ニ似タリト雖ドモ之ヲ身ニ行ヒ事ニ施スコト能ハザルモノ少カラズ。是即チ沿襲ノ習弊ニシテ、文明普ネカラズ才芸ノ長ゼズシテ貧乏破産喪家ノ徒多キ所以ナリ。是故ニ人タルモノハ学バズンバ有ベカラズ。之ヲ学ブニハ宜シク其旨ヲ誤ルベカラズ。之ニ依テ今般文部省ニ於テ学制ヲ定メ、追々教則ヲモ改正シ布告ニ及ブベキニツキ、自今以後一般ノ人民（華士族農工商及婦女子）、必ズ邑ニ不学ノ戸ナク家ニ不学ノ人ナカラシメン事ヲ期ス。人ノ父兄タル者宜シク此意ヲ体認シ、其愛育ノ情ヲ厚クシ、其子弟ヲシテ必ズ学ニ従事セシメザルベカラザルモノナリ（高上ノ学ニ至テハ其人ノ材能ニ任カスト雖ドモ、幼童ノ子弟ハ男女ノ別ナク小学ニ従事セシメザルモノハ其父兄ノ越度タルベキ事）。

　但従来沿襲ノ弊、学問ハ士人以上ノ事トシ国家ノ為ニスト唱フルヲ以テ、学費及其衣食ノ用ニ至ル迄、多ク官ニ依頼シ、之ヲ給スルニ非ザレバ学バザル事ト思ヒ、一生ヲ自棄スルモノ少カラズ。是皆惑ヘルノ甚シキモノナリ。自今以後此等ノ弊ヲ改メ、一般ノ人民他事ヲ抛チ自ラ奮テ必ズ学ニ従事セシムベキ様心得ベキ事。

　右之通被仰出候条、地方官ニ於テ辺隅小民ニ至ル迄不洩様便宜解訳ヲ加ヘ精細申諭、文部省規則ニ随ヒ学問普及致候様、方法ヲ設可施行事[5]

ここには、学問というのはこれまで士人以上の者が行うことだと考えられていたと書かれている。さらに、その士人以上の人はなぜ学ぶのか、それは「国家ノ為ニ」学問をするということである。しかも、その学問の中身は、「詞章記誦ノ末ニ趨リ空理虚談ノ途ニ陥リ、其論高尚ニ似タリト雖ドモ之ヲ身ニ行ヒ事ニ施スコト能ハザルモノ少カラズ」というのである。

つまり非常に難しいことを学んでいるが、その難しいことは「身ニ行ヒ事ニ施スコト」、すなわち自分の身の回りで学んだことを実用することができない、役に立たない内容を学んでいることが多かったと書かれている。

要するに、この文書では学問というのは、立身を目的とし、その目的をよく理解して、誰もが学ぶようにすべきであると言っている。「邑ニ不学ノ戸ナク、家ニ不学ノ人ナカラシメン」というのは、国民皆学の理念をうたっているわけである。

その国民皆学にあたって目指したレベルは、少なくとも小学校までは、誰もが学べるようにしようというものであった。子供たちを学校に通わせないのは、保護者（ここでは「父兄」とある）の落ち度であるということも書かれている。

また、これまでずっと学問は国家のためにすると考えられてきたが、そうではなく立身のためにするのだから、自ら奮って教育を受けるようにしなさいということが「被仰出書」の主張となっている。

山住氏の解題には「被仰出書」の内容は『学問のすゝめ』の影響を大きく受けているとある。『学問のすゝめ』の冒頭の部分を見ることで、どの部分がどのように影響を受けているのかを確認しよう。

2. 『学問のすゝめ』の編纂過程

『学問のすゝめ』は、もともと「初編」の部分だけだったので、現在「初編」となっているところは、当初単に『学問のすゝめ』と言われていた。2編以降が書かれたことによって、最初に出版された部分が「初編」

とされ、最終的には全部で 17 編構成のものとなったのである。今日主に検討するのは、この初編の最初の部分だけであるが、初編の最後に、端書があり、そこには以下のように書かれている。

　　この度余輩の故郷中津に学校を開くに付、学問の趣意を記して、旧く交りたる同郷の友人へ示さんがため一冊を綴りしかば、或人これを見て云く、この冊子を独り中津の人へのみ示さんより、広く世間に布告せば、その益も亦広かるべしとの勧に由り、乃ち慶應義塾の活字版を以てこれを摺り、同志の一覧に供うるなり[6]

　『学問のすゝめ』のもともとは中津に中津市学校という学校を作るにあたって、福沢諭吉が学問をすることの意義を説いた文書を記したのがはじまりであった。その内容は必ずしも中津の学校だけに当てはまるものではなく、学問をすることの意味は普遍的で、その当時の日本のどこにおいても有効な内容であったため、印刷物となり、広く出版されたのである。
　そして出版された『学問のすゝめ』は非常に多くの人たちに読まれることとなった。最初「慶應義塾の活字版」で出され、その後木版のものも出るなど、当時のベストセラーとなった。慶應義塾で正規に印刷したものだけではなく、海賊版、偽版も出るほどであった。海賊版というと、非常に粗悪なものをイメージしがちだが、当時は著作権という概念がなかったため、悪いことをしているという意識なしに、海賊版を作り、それが多くの人たちに読まれるということなったのである。県が海賊版を出している例もあり、その一冊に『学問のさとし』という題名の本がある。「天は人の上に人を造らず、人の下に人を造らずと云えり」という言葉から始まり、基本的に『学問のすゝめ』初編と同じであり、最後に県の教育政策についての説明がついていて、最後に「壬申五月　愛知県」とある。「壬申五年」というのは明治5年で、その年の5月に愛知県が出しているものであることがわかる。愛知県の学校では『学問のすゝめ』が学制前に読まれている

形跡が確認できるが、県が出しているということは、著作権に違反するという意識そのものがなかったことの証拠となろう。

『学問のすゝめ』初編のところでもう一つ解説しなければならないのは、著者福沢諭吉の名前の横に小幡篤次郎という人の名前があるということである。小幡篤次郎は中津の人で、福沢が元治元（1864）年中津に帰郷したとき、何名か有為な若者を江戸に連れて出た際の1人で、いわば福沢の右腕として慶應義塾の経営・発展にとって非常に大きな力となった人物である。

この小幡が中津市学校の校長として赴任している。福沢は中津では身分の高い武士ではない下士の出身であったが、小幡は上士の出身であり、家の身分は福沢より高かった。その小幡が中津市学校の校長として赴任しているということもあり、この2人の名前で『学問のすゝめ』の初編が出された。実際にこれを書いているのは福沢だが、小幡の名前もここにあるのはこのような事情からである。『学問のすゝめ』が、当初中津市学校と密接な関係を持って書かれたということがよく分かる。

ついでに記すと、今は大分県の中津は市になっているため、「中津市学校」は「中津市の学校」と思いがちである。しかし当時中津は市ではなかったため、「市」は今でいうシティという意味ではない。では「市」という言葉で何を言い表そうとしたのか、これはかなり重要なことであるが、他にも横浜市学校など、市学校という名称を付けている学校もあるように、おそらくパブリックという意味合いを「市」という言葉に持たせていたと考えられる。

3. 『学問のすゝめ』における「学ぶ」とは

『学問のすゝめ』の初編と「被仰出書」とを比較していきたい。最初の部分の「天は人の上に人を造らず、人の下に人を造らずと云えり」は有名すぎるほど有名だが、あとに続く文章は知らない人が多いのではないだろ

うか。あとはこのように続く。

　　されば天より人を生ずるには、万人は万人皆同じ位にして、生れながら貴賤上下の差別なく、万物の霊たる身と心との働を以て、天地の間にあるよろづの物を資（と）り、以て衣食住の用を達し、自由自在、互に人の妨をなさずして、各安楽にこの世を渡らしめ給うの趣意なり。されども今広くこの人間世界を見渡すに、かしこき人あり、おろかなる人あり、貧しきもあり、富めるもあり、貴人もあり、下人もありて、その有様雲と坭との相違あるに似たるは何ぞや[7]

『学問のすゝめ』は「天は人の上に人を造らず、人の下に人を造らず」、すなわち「人間はみんな平等である」というところからスタートしている。しかし、現実を見ると、とても平等だとは思えないほどの差があるではないか、なぜそんな差があるのだろうか、というのがこの『学問のすゝめ』の最初の問いである。

　その問いに対して福沢は以下のように答えている。

　　その次第甚だ明なり。実語教に、人学ばざれば智なし、智なき者は愚人なりとあり。されば賢人と愚人との別は、学ぶと学ばざるとに由て出来るものなり[8]

人間の差は、学ぶか学ばないかによって生じてくるものであると言うのである。さらにそのあとにこう続ける。

　　又世の中にむずかしき仕事もあり、やすき仕事もあり。そのむずかしき仕事をする者を身分重き人と名づけ、やすき仕事をする者を身分軽き人と云う。都（すべ）て心を用ひ心配する仕事はむずかしくして、手足を用る力役はやすし。故に医者、学者、政府の役人、又は大なる商売を

する町人、夥多(あまた)の奉公人を召使ふ大百姓などは、身分重くして貴き者と云うべし。身分重くして貴ければ自から其家も富で、下々の者より見れば、及ぶべからざるやうなれども、その本を尋れば、唯その人に学問の力あるとなきとに由て、その相違も出来たるのみにて、天より定たる約束にあらず。諺に云く、天は富貴を人に与えずして、これをその人の働に与る者なりと。されば前にも云える通り、人は生れながらにして貴賤貧富の別なし。唯学問を勤て物事をよく知る者は貴人となり富人となり、無学なる者は貧人となり下人となるなり。[9]

何のために学ぶのかという学問の目的について、ここでは「身を立てる」という表現は使われていないが、「被仰出書」の中での「立身」に非常に近い内容が、引用した『学問のすゝめ』の部分で議論されていることが分かる。もちろん『学問のすゝめ』のほうが先に出されて、しかもベストセラーとなったので、『学問のすゝめ』が「被仰出書」に影響を与えたと考えるのが妥当であろう。

以上から、この二つの文書の類似点として、学問の目的は「立身」であるということが第一に挙げられる。

4. 儒教批判から見る『学問のすゝめ』と「被仰出書」の類似点

『学問のすゝめ』の中には以下のような記述もある。

　　学問とは、唯むずかしき字を知り、解し難き古文を読み、和歌を楽み、詩を作るなど、世上に実のなき文学を云うにあらず。これ等の文学も自から人の心を悦ばしめ随分調法なる者なれども、古来世間の儒者、和学者などの申すやう、さまであがめ貴むべきものにあらず。古来漢学者に世帯持の上手なる者も少く、和歌をよくして商売に巧者なる町人も稀なり。これがため心ある町人百姓は、その子の学問に出精

するを見て、やがて身代を持崩すならんとて、親心に心配する者あり。無理ならぬことなり。畢竟その学問の実に遠くして、日用の間に合わぬ証拠なり。されば今斯る実なき学問は先ず次にし、専ら勤むべきは人間普通日用に近き実学なり。[10]

　ここでは儒学や和学というような学問に対しては否定的で、「実のなき文学」という表現で批判した。そして学問内容としては、「人間普通日用に近き実学」というものを説いている。「身を立てる」ために学問をする、その内容というのは実学であるということを福沢諭吉は主張しているのである。では、その実学というのは具体的にはどんなものであろうか。

　譬へば、イロハ四十七文字を習い、手紙の文言、帳合の仕方、算盤の稽古、天秤の取扱等を心得、尚又進て学ぶべき箇条は甚多し。地理学とは日本国中は勿論、世界万国の風土道案内なり。窮理学とは天地万物の性質を見て、その働を知る学問なり。歴史とは年代記のくわしき者にて、万国古今の有様を詮索する書物なり。経済学とは一身一家の世帯より天下の世帯を説きたる者なり。修身学とは身の行を修め、人に交り、この世を渡るべき天然の道理を述たる者なり。是等の学問をするに、何れも西洋の翻訳書を取調べ、大抵の事は日本の仮名にて用を便じ、或は年少にして文才ある者へは横文字をも読ませ、一科一学も実事を押え、その事に就き、その物に従い、近く物事の道理を求て今日の用を達すべきなり。右は人間普通の実学にて、人たる者は貴賤上下の区別なく皆悉くたしなむべき心得なれば、この心得ありて後に士農工商各その分を尽し銘々の家業を営み、身も独立し家も独立し天下国家も独立すべきなり。[11]

　「被仰出書」は、かつての学問の内容を「其論高尚ニ似タリト雖ドモ之ヲ身ニ行ヒ事ニ施スコト能ハザルモノ少カラズ」と批判し、そうではない

学問内容を求めた。それが「身ニ行ヒ事ニ施スコト」ができる実学であり、そこが『学問のすゝめ』との類似点と言える。

　この点から見ると、確かに『学問のすゝめ』が学制の理念を語っている「被仰出書」に大きな影響を与えていることが分かる。前述のように、明治4（1871）年に文部省が作られて、そこに洋学者が集められた。文部省の役人すべてではないが、その多くは洋学者であり、彼らが議論をし、学制を作っていった。福沢ももちろん洋学者なので、非常に近い立場の人たちが学制を作ったのである。

　『学問のすゝめ』は明治5年2月に出版され、当時多くの人たちに読まれていたため、その内容はすでに多くの人たちが知っていた。洋学者が学制を作っていく、さらに当時は、福沢の『学問のすゝめ』が多くの人たちに読まれ、大きな影響力を持っていたということを併せ考えると、「被仰出書」が福沢の教育思想に大きな影響を受けていると言って良いだろう。これが前出の山住氏の解題の意味しているところなのである。

5.『学問のすゝめ』と「被仰出書」の相違点

　しかし、あえてここで違う視点を立ててみたい。確かに影響を受けているということはあるが、『学問のすゝめ』で福沢諭吉が言っていることと「被仰出書」で書かれていることに、相違点はないだろうか。あるとしたら、その相違点は何か。その相違点があるために、福沢は学制に対してどういう態度を取っていたのだろうか。相違点を確認することは、類似点を探す以上に重要なことではないかと考える。

　相違点の1番目として挙げられるのは、「天賦人権論の有無」である。「天は人の上に人を造らず、人の下に人を造らずと云へり」のところだけは有名だと前述したが、『学問のすゝめ』という本のインパクトは、やはりこの1行目にある。「人間は生まれながらにして平等だ」ということを、この時代に明確な形で主張するということは、非常に重要な意味を持って

いる。この一文こそが「被仰出書」との相違点なのである。

　「人間は生まれながらにして平等である」というのは、『学問のすゝめ』の２編でそれは「権利の平等」であることが明らかにされる。しかし、とにもかくにも人間は生まれながらにして平等だと福沢は言い、それとは違う現実というのはどこからくるのかと言うと、「学ぶ」と「学ばざる」ことからくるという。そこではじめて学問が勧められるわけである。

　福沢は、人間は平等であるということを前提にして『学問のすゝめ』をスタートさせているが、「被仰出書」にはそのような前提は書かれていない。それがあるなしというのは、決して小さなことではない。「天賦人権論」を前提として論が進められている『学問のすゝめ』と、そういったことを前提とせずにスタートしている「被仰出書」は、社会ビジョンから見て、果たして同じことを言っているのかどうかということが検討されなければならないだろう。

　相違点の２番目は、江戸時代の教育に対する評価の違いである。儒学に対する立場においては両者は同じである。「被仰出書」には「其論高尚ニ似タリト雖ドモ之を身ニ行ヒ事ニ施スコト能ハザルモノ少カラズ」とあり、福沢は「世上に実のなき文学」という言葉で儒学を批判している。その点では、江戸時代に行われていた教育内容に対する批判という類似点もあるが、一方で、福沢は江戸時代の教育を全否定しているわけではない。

　それに対し「被仰出書」には、「学問ハ士人以上ノ事トシ、農工商及ビ婦女子ニ至ツテハ之ヲ度外ニヲキ学問ノ何物タルヲ弁ゼズ」と、あたかも江戸時代の農・工・商の人々や婦女子はまったく何も学んでいなかったかのように書かれている。

　しかし、江戸時代、とりわけ幕末に近くなると、実際には非常に多くの庶民が学んでいる。一般に寺子屋と言われる庶民の教育機関において、工・商の身分の子弟は「読み書き」、時にはそろばんを学んでいた。とりわけ都市部などでは、女の先生もいて、女子も非常に多く学んでいたと言われている。それが幕末・維新期になってくると、商品経済の発達の中で、

農村においても読み書きの必要が生じ、農民も寺子屋で読み書きを学び、そこには女子もいた。

上述のことから、「被仰出書」にあるような「農工商及ビ婦女子ニ至ツテハ之ヲ度外ニヲキ学問ノ何物タルヲ弁ゼズ」という状況は、日本の教育の実態にそぐわない。しかし、「被仰出書」では江戸時代の教育を、士人以上の学問も駄目だし、それ以下の人たちは教育を受けていないという形で全否定をしているのである。そこは福沢の主張と違う点である。

それがよくわかるのは、『学問のすゝめ』初編の「譬えば、イロハ四十七文字を習い、手紙の文言」と記してある部分である。寺子屋は基本的に「イロハ」からはじまり、手紙の書き方等を含め、文字学習を行う。

すべての寺子屋で行われていたわけではないが、「算盤の稽古」もあるところもあった。この「譬えば」からはじまるところに書いてあることは、当時の庶民が学んでいた事柄なのである。とりわけ寺子屋の、イロハ四十七文字から入って手紙の書き方を学んでいく進み具合は、一般の庶民の人たちにとってなじみがあるものであった。福沢は、そのなじみがあるものを前提として、さらにたとえば地理学、窮理学、歴史、あるいは経済学、修身学などといったものをプラスしていこうという発想を持っていた。このように見ていくと、彼の発想は、過去の江戸時代の教育を全否定するのではなく、庶民の教育を評価して、それに新しいものを付け加えていこうという発想だったのである。

従って、まったく新しいことを勉強するという拒否反応は起こりにくく、これまで学んできたことの延長線上に新しい西洋の学問をつなげていくことが可能であった。しかも、それは『学問のすゝめ』に書いてあるように、必ずしも横文字を学ばなければいけないということではなく、多くの場合は翻訳で事足りると主張している。

そういう意味では、福沢が考えていた経済学、修身学へとつながっていくような学問に一般庶民が到達していく道筋は、『学問のすゝめ』初編に描かれていて、それは江戸時代の庶民たちからしても、それほど違和感は

なかったと考えられる。「被仰出書」は、学制に基づいて全く新しく学校を作り、江戸時代の教育をいったんすべて廃止し、新しいものを学んでいこうというスクラップアンドビルドの考え方であった。実際に明治５年に施行された学制では、それまであった学校は形式上いったんことごとく廃止された。

　従って、慶應義塾は学制以前から存在してはいたが、学制の考え方に従うと、あくまでも国の都合で明治５年にいったん廃止され、学制に基づいて新たに学校が作られるという形式が取られていたのである。

　福沢が当時の人々の学びを全否定せず、それに新しいものをつなげていく、徐々に進んでいくという漸進主義的な考え方を持っていたのは、この『学問のすゝめ』初編からも良くわかる。それに対し、学制というのは非常に早急で、これまであるものをすべてなくして新しいものを作っていこうという、いわば急進主義的な発想である。以上のことが２番目の相違点と言えるであろう。

　３番目の相違点について、『学問のすゝめ』初編の「身も独立し家も独立し天下国家も独立すべきなり」という一文を取り上げて述べよう。「身の独立」が、福沢にとって学問の目的となるが、「身の独立」が「家の独立」につながり、それが最終的には「天下国家の独立」というものにつながっていくということが、ここにはっきりと書かれている。

　『学問のすゝめ』第３編の中の表題に「一身独立して一国独立する事」がある。福沢にとって、基本的に「一身の独立」と「一国の独立」は不可分なものであった。しかし、「被仰出書」では、これまでは学問は「国家ノ為ニス」と唱えていたが、それは間違っている、ということが短い文章の中で二度に亘って述べられている。国家のためにする学問が二度も否定されているのである。３番目の相違点は、「身の独立」と「国家の独立」の関係をどのように考えるかにあるのである。

6.「一身の独立」と「一国の独立」

「被仰出書」では、「立身」と「一国の独立」というのはどのようにつながっているのかが分からない。立身、治産、昌業という表現で、確かに立身が治産につながり、治産が昌業につながっていくということは書いてあるが、それが「国家の独立」につながっていくかということについては触れられていない。そればかりでなく、国家のためにする学問をことさらに否定しているのである。

それはいったいどういうことなのか。「被仰出書」というのは太政官布告で、政府が出した文書である。それに対し、『学問のすゝめ』は福沢諭吉という一民間人が出したものである。一民間人が出したものに「国家の独立」の問題が取り上げられ、そのことが論じられている一方で、政府が出した文書においてはそれがないのである。

「被仰出書」の中の短い文書で学問を「国家ノ為ニス」ることが二度も否定されているというのは、何か裏があるのではないかと思われる。明治5年というのは、明治政府ができて間もないころで、その前年に廃藩置県が行われたばかりの時期であり、決して財政的な基盤は強固ではなかった。たとえば「一身の独立」が「一国の独立」につながっていくということは、当然のことながら政府が教育にお金を出すということにつながらざるを得ない。

そこで、ある意味で方便として、学問の目的を「立身」という個人の問題にして、国家のためではないと主張した。それによって、政府が教育費負担をせず、いわば受益者負担主義で個人が教育を受けることになる。「被仰出書」では、このことが「他事ヲ抛チ自ラ奮テ必ズ学ニ従事セシムベキ様心得ベキ事」と表現されている。

「被仰出書」は一般の人たちに向けて書かれた文書であるが、文部省が政府部内で出している文書[12]を見ると、そこでは国家の富強安康のため、国家が強くなるために、一般の人民の文明化が必要であるということがは

っきりと書かれている。いわば国家が強くなっていくということの手段として、一般の人民の文明化ということが言われているのである。

学制が出されたときには、受益者負担主義で自分のために学ぶのだから自分でお金を出せと言っても、全員がそのようなことをできるわけがないことも、政府は分かっていた。そこで、ある程度の補助を考えたが、実際に国がどれぐらいの補助をしていくのかということについては何も決まらないまま、学制はスタートしたのである。

政府は実際には、「国家の独立」ということを目的として教育を行おうと考えるが、財政的な問題を背景に「立身」ということを前面に出して、一般の人たちが受益者負担主義で学ぶように誘導していこうとしたのである。

国家と個人の関係の問題というのはかなり大きな問題であるが、福沢にあっては、「一身の独立」と「一国の独立」は不可分の問題として論じられるべき事柄だったのである。

まとめ

では、福沢諭吉にとって「一身の独立」と「一国の独立」は、どちらが優先事項だったのだろうか。詳細は次章で、幕末から明治にかけて福沢の教育に対する考え方の変化を見ながら考察していく。

福沢は、文久2（1862）年に文久使節団の一員として渡欧するが、ロンドンから中津藩の島津祐太郎に宛てた書簡で、「当今の急務は富国強兵にござ候」[13]と記している。その富国強兵のために人物を養成することが重要であるという、明治5年の段階で文部省が政府の部内で出している文書に近い「目的としての富国強兵、そのための人材養成」ということを言っている。富国強兵の手段としての教育という考えは、明治初年に「一身の独立」を優先する考えに転換している。その転換した結果が、この『学問のすゝめ』初編にも受け継がれている。

その受け継がれている部分で、「一身の独立」と「一国の独立」がどういう関係なのか、福沢はどのように考えていたのか、さらに福沢は学制に対して、前述の相違点からどのような考えを持っていたのか、さらには日本の教育政策の展開の中で、教育のことをどのように考えたのか、このあたりを次章で明らかにしていく。

1　富田正文・土橋俊一編『福沢諭吉選集』第3巻（岩波書店、1980年）。
2　山住正己校注『教育の体系』『日本近代思想体系』第6巻（岩波書店、1990年）pp.30〜31　以下『教育の体系』と略。
3　同上 p.31
4　同上
5　同上 pp.31〜32
6　『学問のすゝめ』『著作集』第3巻 p.14
7　同上 p.6
8　同上
9　同上 pp.6〜7
10　同上 p.7
11　同上 pp.7〜8
12　「学制実施細目につき太政官指令」『教育の体系』pp.27〜28
13　『書簡集』第1巻 p.14

第 5 章

福沢諭吉の教育思想（2）

はじめに

　前章では、「被仰出書」という文書と『学問のすゝめ』初編を比較検討をし、一般的には類似点が強調されてきたが、あえて相違点を論じてきた。教育観の変遷についても若干触れたが、重複するところもあるが、本章でもう少し詳しく論じ、さらに明治政府の教育政策の変遷、それに対する福沢諭吉の態度を見ていこう。

1. 教育観の変遷

　まず、福沢諭吉の教育観の変遷を書簡で確認しよう。安政 5（1858）年 11 月 22 日、福沢が慶應義塾のもとになる蘭学塾を開くため、江戸に出てきた時の書簡がある。誰宛てかは不明だが、おそらく適塾で一緒だった人物に宛てたものであろう。
　その中で福沢は「私もいずれ三、四年は滞遊仕り候趣に相成るべく」[1]と、3、4 年は江戸にいるつもりである、と書いている。福沢は、大阪から出てきた当初は 3、4 年ぐらいしか江戸にいるつもりはなかったということになる。3、4 年後に福沢がどのようにしようとしていたのかということは分からないが、少なくとも江戸に出てきて蘭学塾をはじめたころには、

教育を一生の仕事にしようと考えていたわけではないのである。

　しかし、その後の海外体験の中で、彼の教育に対する考えが変化していく。前章でも触れたが、文久2（1862）年に中津藩の用人・島津祐太郎に宛てた書簡がロンドンから出されている。その書簡には、「先ず当今の急務は富国強兵にござ候。富国強兵の本は人物を養育すること専務に存じ候」[2]とあり、富国強兵のためには人物を養育することが必要であると書いている。そこでは、これまでのように漢籍を用いた教育ではなくて、洋学を教えることが必要であると主張している。このことから、福沢が2回目の海外体験の中で、教育の重要性について深く認識したことをうかがい知ることができる。

　その後、福沢は慶応4（1868）年に塾を芝新銭座に移し、慶應義塾と名付けた。その塾は、福沢の私塾ということではなく、公共性を持つ学校へと変わっていったのである。明治の初年になると、そのような経過を経て、彼の書簡や書いたものから、手段としての教育からの脱却ということがうかがえる。

　明治2（1869）年2月に松山棟庵に宛てた書簡があるが、その中で福沢は「小生あえていう、一身独立して一家独立、一家独立一国独立天下独立と。その一身を独立せしむるは、他なし、先づ智識を開くなり」[3]と書いている。ちょうどそのころ松山棟庵は和歌山で学校開設に関わっており、福沢を招聘するという案があったが、福沢はその学校を開くことについては協力するとしながらも、その招聘を断っている。

　この書簡では、「富国強兵のための人物養成」ということから、「一身の独立が国家の独立につながる」ということに語りの力点が変わっている。この力点の転換が何を契機に起こったのかということについて、ここで明確にすることができないが、その間に福沢が市民社会を発見したとも考えられる。少なくとも単純に富国強兵の基としての人材養成ということから、福沢は一歩進んだ形で教育というものをとらえ直した。それが幕末から明治初年にかけての転換であったと言って良い。

前述のように『学問のすゝめ』では、「身も独立し家も独立し天下国家も独立すべきなり」と、「身の独立」から「家の独立」、それから「天下国家の独立」という論を展開することになるが、福沢は明治初年頃から、そのように考えていたのである。幕末から明治の初頭にかけての彼の教育観の変化は前述したとおりであるが、改めて、福沢にとっての個人と国家の関係を考えてみよう。

　『文明論之概略』の最終章は「自国の独立を論ず」という章であるが、そこには、「今の日本国人を文明に進るはこの国の独立を保たんがためのみ。故に、国の独立は目的なり、国民の文明はこの目的に達するの術なり」[4]とあり、「国の独立」、とりわけ日本国の独立ということが目的で、国民の文明化というのは手段であるとはっきり言っている。

　しかし一方で、『学問のすゝめ』第3編では、個人と国家の関係を「国中の人々貴賤上下の別なく、その国を自分の身の上に引受け、智者も愚者も、目くらも目あきも、各その国人たるの分を尽さゞるべからず」[5]と言っている。

　そこから考えると、確かに『文明論之概略』の最終章で、「国の独立」が目的で、国民の文明化はその手段であると言ってはいるが、一方で『学問のすゝめ』では国民の一人一人が国を自分の問題として引き受けろとも言っている。『文明論之概略』で「人或は云わん、人類の約束は唯自国の独立のみを以て目的と為すべからず、尚別に永遠高尚の極に眼を着すべしと。この言真に然り」[6]と言いながらも、現実の国際関係を考えると、自国の独立を優先せざるをない、とする。『学問のすゝめ』第3編では主客の問題が論じられ、国民は国の客分ではなく、個々の人が国の主人であり、その主人なるがゆえに、その国を一身に引き受けることで、その国の独立を達していこうと福沢は言う。福沢にあっては、「個人の独立」を媒介としない「国の独立」は考えられなかったのである。

　「国の独立」、「個人の独立」というのは非常に難しい問題であるが、福沢の中では二つの別々な問題ではなく、密接につながっている一つの問題

なのであった。

2. 学制に対する態度

　福沢諭吉は学制に影響を与えたと言われるが、彼は学制に対してどんな態度を取っていたのかということを確認しておきたい。

　まずは、「京都学校之記」という文章をみよう。学制が出される前の明治5（1872）年5月、福沢は中津への帰郷の途中にわざわざ京都に寄って、京都で設立されている小学校を見学している。京都の小学校は、明治元年から設立計画が進められ、当時、京都市内に64の小学校が作られていた。一般には番組小学校と言われているが、町組を単位としてそこに一つの番組小学校を作っていく。その町組の子どもがその学校で学び、さらに優秀な人材は上級の学校に進むことができるというシステムであった。京都で展開されていた小学校施策を見て、福沢は「この学校を見て感ぜざる者は、報国の心なき人というべきなり」[7]と言うほどであった。

　京都の学区を設け、学校を作っていくというシステムは、基本的には学制と同じである。福沢はこの京都の学校に対して非常な感激をもって語っているが、学制がスタートしても、福沢はほとんど学制に対するコメントを残していない。そこには大きな落差が存在している。

　学制期に福沢は「小学教育の事」[8]という文章を書いていて、そこで実際の小学校の教育内容についてさまざまなことを述べている。例えば平仮名と片仮名のどちらを学ばせたら良いかということについて、彼は平仮名が良いと言っている。なぜかと言えば、平仮名が日常生活の中で普通に使われていて、片仮名はあまり使われていないからだと言う。

　そのほかに、平仮名を学ぶとしたら、「いろは」で学ぶのが良いのか、「あいうえお」で学ぶのが良いのかと言うと、福沢は「いろは」が良いと言っている。「あいうえお」という五十音は文法に基づいており、学問としては「いろは」よりも五十音のほうが重要だと思われる。しかし、彼は

「あいうえお」ではなくて、「いろは」で文字を学ぶことが良いと主張した。それはなぜか。福沢自身も文字を学ぶときに「いろは」で学んだということがあるが、江戸時代を通して「いろは」で文字を学び、それで十分に文字を学ぶことができるので、「あいうえお」ではなく「いろは」で良いと言うのである。さらに言えば、筆算と十露盤（算盤）では、算盤で良いと言う。

　「小学教育の事」が書かれた背景には、学制によって平仮名より先に片仮名を学ぶ、「あいうえお」を学ぶ、筆算を学ぶなど、小学校の教育内容がそれまでの寺子屋の教育内容と大きく変わったということがあった。福沢は、江戸時代から庶民たちが実際に身に付けてきたことをやっていけば、それで良いと考えた。誰もが学校に通って学ぶということを考えると、高度なことよりもこれまで行われてきたなじみのあることを前提にして、それに西洋から入ってきたものを足していくことが有効ではないかと考えたのである。福沢はその当時の人々の「学び」の状況がどの程度のものだったのかということを考え、それに合わせた。福沢の中にはそのようなある種のリアリズムがあって、それゆえに学制で新たに導入された教育内容とは異なる、それまで一般の庶民が学んできたものを前提に学ぶことを主張したのである。

　教育内容を大きく変えようとする学制の急進主義に対する批判が福沢にはあった。福沢はその当時の人々の「学び」の状況に合わせる教育内容でないと駄目だと考えていた。当時の人々の状況というリアリティーからスタートして、段階を踏みながら学制を実践し、徐々に進んでいくという漸進主義が、彼の理念の基本にあったと言える。

3. 学制批判

　次に、学制批判について、『学問のすゝめ』第4編の「学者の職分を論ず」[9]と関わらせて述べよう。この編は一般に「学者職分論」と言われてい

るが、『学問のすゝめ』の中で、他の編とは形式が異なっている。

　明六社という知識人の集まりがあり、福沢諭吉、森有礼、加藤弘之、西周など、その当時のそうそうたる一流の学者たちが集まって、議論を交わしていた。「学者職分論」は、明六社の『明六雑誌』という雑誌に掲載される予定だったと考えられるが、福沢はそれを『学問のすゝめ』の第4編として出版した。

　明六社に集まっている学者たちのほとんどは官に勤め、政府の役人であった。それに対し福沢は、学者は官にあるのではなくて、官の外の私にあるべきであるということを「学者職分論」で主張している。これに対し、政府にいる明六社の人たちが、『明六雑誌』で反論を試み[10]、福沢が第4編の「附録」でそれに答えるという形が取られている。論争というところにまでは至っていないが、「学者職分論」は、当時の知識人の間に論争らしきものを呼び起こしたのである。

　福沢は、学者は政府ではなく民間にあって、一般の人々に模範を示していくべきであると主張した。そして、官のあり方として福沢は「今、一時の術を用て下民を御し、その知徳の進むを待つとは、威を以て人を文明に強ゆるものか、然らざれば欺て善に帰せしむるの策なるべし。政府威を用れば人民は偽を以てこれに応へん」[11]、さらに「政府欺を用れば人民は容を作てこれに従わんのみ」[12]と述べている。要するに政府が上から強制的に施策を行っても、人民はそれに従うようなふりをするだけで、上策ではない。実際に上から強制していけば、それなりの効果はあり、目に見える部分ではそれに従うかもしれないが、本当に文明化していけるのかというと、それは難しいと言っている。

　「世の文明を進むるには、唯政府の力のみに依頼すべからざるなり」[13]と、政府の力、つまり上から強制していては、文明化につながらない、ということを福沢は「学者職分論」の中で述べている。だからこそ学者は民間にあって人々に模範を示すことで、一般の人たちがそれに共感し、文明化につながるという道筋を示した。ここでも、政府が上から強制する急進主義

ではなく、民間にあって模範を示すことで、漸進主義的に人民の文明化を進めていこうと彼は考えた。福沢は学制の急進主義に対して決して賛成の立場ではなかったのである。

　実際に学制は、文部大輔の田中不二麿が中心となって進められていくが、田中はちょうど学制ができたときには岩倉使節団の一員として海外に出ており、日本にいなかった。田中は帰国後、文部省の中心に据えられ、自分がいないときに作られた学制を実施していかなければいけないという立場に立たされた。実は、田中自身は福沢に近い漸進主義的な考え方を持っていながらも、急進主義的な学制を推進しなければならなかったのである。

4. 学制の廃止、教育令の発令

　学制は非常に急進的であったがゆえに、学校の焼き打ち、学校の打ち壊しということまで起こるほど民衆の反発を受けることとなった。文部省は、明治10（1877）年に全国に官僚を派遣して、学制の実態を調査するが、うまくいっていないということが文部省幹部にもわかるようになってきた。

　そこで、文部省は、学制ではとてもやっていけないので、変えなければいけないと考え、明治12（1879）年に「教育令」を出し、学制を廃止した。この教育令は「自由教育令」と言われ、学制の失敗をふまえ、地方の状況に合わせて、学校も学制ほど強制的にではなく、緩やかに作っていくという方針であった。

　学制はフランスの中央集権的な教育行政に影響を受けていると言われるが、この教育令はアメリカの教育行政に影響を受けていると言われ、地方分権的で、自由主義的な内容であった。たとえば私立学校についても緩やかにして設立を容易にし、教育内容もその地方の状況に合わせたものとし、自由化を進めた。そこから自由教育令と言われるようになったのである。これを中心となって作っていったのは、田中不二麿であり、彼の漸進主義が良くあらわれた内容になっていた。

このように政府は、明治12年には、学制の急進主義を廃して、漸進主義に舵を切ったが、この教育令が出される少し前に、「教学大旨」という文書で天皇が教育内容に干渉するということが行われている。『日本近代思想体系』の「教育の体系」では、「教学聖旨」とされているが、中身は「教学大旨」と「小学条目二件」という二つの文書から成り立っていて、「小学条目二件」も含めて「教学大旨」という言い方がされることもある。

　「教育の体系」の解題には、「12年8月、西洋文明を積極的に取り入れて文明開化を目指す開明的教育政策の修正を、天皇の名によって求めた文書」[14]と書かれており、学制期の開化的教育政策から徳育重視の教育への転換が目指されたことが指摘されている。とりわけ「道徳ノ学ハ孔子ヲ主トシ」[15]と書いてあることから分かるように、仁義忠孝の儒教を徳育の中心に据えた内容で教育をやっていく必要があるという主旨で、天皇の名でもって出されたのである。天皇が教育に関与する最初の文書がこの「教学大旨」であった。

　このように、教育の中核を知識教育から道徳教育へと転換していこうという主張が、天皇ならびに天皇の側近から出てくるが、それに対して伊藤博文の名前で「教育議」[16]という文書が出された。そこでは、「教学大旨」にある批判に対する反論が展開されている。

　その文書は伊藤博文の名前で出ているが、実際にそれを書いた人物は井上毅であった。その「教育議」に対して、さらに「教学大旨」を起草した元田永孚が「教育議附議」[17]という反論を書いている。このように、明治12年8月から9月にかけて教育の方針をめぐる論争が政府の中であり、最終的には「教学大旨」の主張は退けられ、「教育令」が出されたのである。

　しかし、この教育令は、地方の状況に合わせて自由主義的な内容で教育をするという主旨であったので、結果として就学率は下がってしまう。学制のときは就学を強制していたが、その強制がなくなったからである。そこで政府の中で、もう少し政府が干渉しないと、一般の人々が学校に通う

ことができないのではないかという懸念が出てきて、明治13（1880）年に教育令は改正されることになる。

5. 新たな教育論争

　古い教育史の教科書では、改正教育令は反動的な内容であったと位置づけられることもあるが、必ずしもそうではなく、実際にこの改正教育令を押し進めた人々は、大隈重信に近い官僚であった。文部卿であった河野敏鎌が中心となって、実務を島田三郎が担うなど、民権派の人たちが改正教育令に関わっていったのである。

　「教育権」という言葉がはっきり書いているわけではないが、政府が干渉しないと実際に学校に通えない子供たちが増える、そうなると、子供たちの教育権が保障されないという論理が、改正教育令にはあったのである。民権派の中でも教育は自由にすべきだという立場と、教育権保障のためにもっと干渉すべきであるという立場の二つがあり、改正教育令は教育権保障という観点から政府がもっと干渉していかねばならないという立場にあったのである。

　しかし、明治十四年の政変で、大隈派の人々は政府を追われることになり、それに連なって慶應義塾の卒業生たちも政府から追われていく。この政変より前に、慶應義塾を卒業して官僚になった人々は多くいたが、政変によって、多くの人々が官界から去って、経済界等に進出していくということになったのである。

　明治十四年の政変を境にして、教育内容も儒教主義的なものに変わっていくことになる。徳育を中心とした教育は、自由教育令が制定されたときにいったんは退けられるが、政変を境にして、福沢諭吉の言葉で言うと「儒教主義的な教育」が展開されるようになっていく。それに対して福沢は、明治15（1882）年に『徳育如何』という道徳教育論を書き、その動向を批判する。

その後の教育政策の変遷を見ていこう。明治13年の改正教育令は18年に再改正されることになる。再改正の理由は財政的なものであった。松方デフレ政策の中で、改正教育令で意図した干渉主義的な教育をやっていくには、さまざまな財政的な問題が出てきて、より簡素なものにせざるを得なくなったのである。ただ、再改正教育令制定後まもなく、太政官制から内閣制度へと政府の制度も変わり、森有礼が初代の文部大臣になり、明治19（1886）年にいわゆる「学校令」が出されて、すぐに再改正教育令は改正されることになる。

　この学校令期においては、森は道徳教育を教育の中心とはしなかった。森が中心に据えたのは、わかりやすく言えば体育であった。森は集団訓練などの訓育によって、集団行動ができる国民を作っていこうとしたのである。

6. 儒教主義批判

　道徳教育を中心に教育をやっていこうと考えていた人々から、森有礼は幕末からイギリス、アメリカの海外経験があるため、欧化主義者と考えられていたこともあり、彼の道徳教育軽視の態度は大きな批判を浴びた。森は明治22（1889）年2月11日に暗殺されてしまうが、その後、道徳教育を教育の中心に据えていこうと主張をしていた人々が息を吹き返し、明治23年に「教育勅語」を作ることになっていく[18]。

　教育勅語は、戦前では小学生が暗唱できるほどの文書で、これが教育の理念の中心になっていった。森が文部大臣のときには道徳教育が中心ではなく、集団訓練などの訓育が中心に据えられていたが、この一時期を除き、明治十四年の政変以降、基本的に教育の方針としては儒教主義が執られた。それに対して福沢諭吉は、儒教主義批判を展開した。その一つが前述の『徳育如何』で、明治15（1882）年、ちょうど国が徳育を中心に据えて教育を展開して間もないころに出版された。

当時の状況を知るために、まずは明治15年2月に明治天皇が教育に対して文部卿に下した「学制に関する勅諭」を見てみよう。
　これを読むと、天皇が明治15年段階における教育に満足していることがわかる。「学制に関する勅諭」には、「初メ朕ガ、前任文部卿寺島宗則ニ論シタル以来ノ趣意、達セシ者ト看ル」[19]と書いてあり、この「寺島宗則ニ論シタル」というのは、「教学大旨」を意味していた。そこから天皇は、「教学大旨」で主張したことが明治15年の段階において達成されていると考えていたのである。
　そのような年に福沢は『徳育如何』を書いて、儒教主義に対する批判を展開した。そこには、「人心は草木の如く、教育は肥料の如し」[20]とあり、教育をしてすぐに効果が出るというものではないと言っている。「草木は肥料に由て大に長茂すと雖ども、唯その長茂を助るのみにして、その生々の根本を資る所は、空気と太陽の光熱と土壌津液（しんえき）とに在り」[21]と言い、福沢は「教育も亦斯の如し」と述べる。「人の智徳は教育に由て大に発達すと雖ども、唯その発達を助るのみにして、その智徳の根本を資る所は、祖先遺伝の能力と、その生育の家風と、その社会の公議輿論とに在り」[22]と、根本として「遺伝」と「家風」と「公議輿論」の三つのものを挙げ、教育はそれに規定されると述べた。
　とりわけ、『徳育如何』では、社会の「公議輿論」というところに焦点を当てて、今日の公議輿論というのは「自主独立」であるとし、社会は自主独立という方向に進んでいるのだから、道徳教育もその輿論に従って、自主独立の旨に合致したものにしなければならないと言う。
　儒教主義というのが、その当時の公議輿論である自主独立に合わない。そこでの言い方としては、自主独立というものに向く限りにおいては、儒教を用いても良いとされてはいるが、実際には儒教は、その当時の公議輿論、すなわち社会が進んでいく方向性としての自主独立に合致していないものであり、その観点から福沢は、当時の儒教主義教育を批判したのである。さらに、明治22（1889）年の「文明教育論」では、今日の文明が道

徳の文明ではなく、知恵の文明であるとし、徳育ではなく知育を中心に教育をしていかなければならないと述べる。

7. 福沢諭吉と『教育勅語』

「文明教育論」が書かれた時期は、前述のように、森有礼が暗殺され、徐々に道徳教育を中心に教育をしていかなければならないという議論が出てきている時期にあたる。それに対して福沢諭吉は、今の文明は道徳の文明ではなくて知恵の文明であるという言い方で、そういった動きを牽制しているのである。

そこには、「学校は人に物を教ふる所にあらず、唯その天資の発達を妨げずして能く之を発育する為めの具なり」[23]とあり、教育という言葉よりも「発育」という言葉のほうが適当なのではないかということまで言っている。

福沢がこのように「文明教育論」で、現在はすでに道徳の文明ではない、という批判をしても、教育勅語が出されるという結果となってしまった。しかし、教育勅語に対して福沢が直接に何かを言うことはなかった。そのようなことができない時代でもあったのである。

教育勅語が渙発されたのは、明治23（1890）年10月30日で、そのときの『時事新報』などを見ても、大きく扱われておらず、それほど重視されていないように見える。それがある意味で、その新聞の立場をあらわしていた。

しかし、明治25（1892）年の『時事新報』に書かれた論説「教育の方針変化の結果」[24]で、福沢は明治14年来の政府の最大の失敗は教育方針の誤り、古学主義、すなわち儒教主義を復活させたことが政府の最大の誤りであるとし、とにかく一日も早くその誤りを正さなければいけないと主張した。

明治25年に「明治14年来の」と言っているということは、教育勅語も

その中に含まれることになる。そういう意味では、この「教育の方針変化の結果」で、直接には教育勅語に触れられないが、教育勅語も含めて、14年来の流れであるところの儒教主義を批判していることになる。

福沢は、儒教主義に代わるものを提唱したのであろうか。『福翁自伝』の最後のところに「人間の欲に際限なし」という項目があって、「私の生涯の中に出来してみたいと思う所は」と書いてあり、三つのことが挙げられる。

「全国男女の気品を次第々々に高尚に導いて真実文明の名に愧(はず)かしくないようにする事」、「仏法にても耶蘇教にても孰(いず)れにても宜しい、之を引立て、多数の民心を和らげるようにする事」、「大いに金を投じて有形無形、高尚なる学理を研究させるようにする事」[25]と生涯のうちにやってみたいこととして挙げている。三つのどれが一番大事なのかを明らかにすることはできないが、「全国男女の気品を高尚に導」くことが一番目だということは注目されて良いだろう。

この福沢の「欲」は最終的には「修身要領」[26]の編纂につながっていった。「修身要領」は福沢が書いたものではなく、福沢が最初に脳溢血で倒れて回復した時に、弟子たちが「修身要領」というものを作ろうということで動き出したものである。それに福沢がどの程度関与したのかは、はっきりと分かっていないが、最終的には明治33(1900)年の2月に、前文と29条からなる「修身要領」が完成した。

「修身要領」を編纂する過程で、「独立自尊」という言葉がいわばキーワードとして選ばれた。福沢の著作の「尚商立国論」の中に出てくる言葉ではあるが、それまで多く使われていたわけではない。それが「修身要領」の編纂の過程でキーワードとして選ばれたことにより、現在でも慶應義塾の中ではほとんどの関係者が知る有名な言葉となっているのである。

「修身要領」完成後、明治33年4月からそれを普及するための講演会が全国で開かれた。慶應義塾から3、4人ほどの講師が全国に派遣され、「修身要領」の内容について全国の人々に説いて回った。その財政的な支援は

福沢がしている。福沢が自らの著作の収入を「修身要領」の普及のために使うことを申し出て、講演会を全国で実施したのである。

「修身要領」は、教育勅語に対抗するものと考えられるが、晩年の福沢は慶應義塾を廃して、「修身要領」の普及をしたいと思っていたようである。このことについては、福沢が書いたものが残っているわけではなく、福沢に近い側近の人たちの書簡から、明治33年の夏ごろ、福沢は慶應義塾を廃塾にし、その土地を売って、そのお金を「修身要領」の普及に使いたいという意向を漏らしていたことが窺えるのである[27]。

まとめ

当時、慶應義塾は大学部の不振など、さまざまな問題を抱えていて、これから慶應義塾がうまくいくかどうかということについて、福沢には不安もあったのかもしれないが、それにしても福沢が慶應義塾を廃してまで「修身要領」の普及を考えていたとは、驚きである。福沢のその意向を私たちがどのように考えるのかということは課題として残されているように思える。

明治の教育史の流れの中で、福沢諭吉は学制の急進主義に対しては漸進主義を主張し、明治十四年の政変を契機とする儒教主義への転換を批判し、儒教主義の帰結である教育勅語に対しては独立自尊主義で対抗しようとした。このように、福沢は近代日本の教育に対して、常にオルタナティブを提唱した。そのオルタナティブを提唱した福沢の教育思想をどのように受け止め、どのように再構築していくかということが、私たちの課題としてあることを確認したい。

---

1 『書簡集』第1巻 p.7
2 同上 pp.13～14
3 同上 p.114

4 『文明論之概略』『著作集』第 4 巻 p.330

5 『学問のすゝめ』『著作集』第 3 巻 p.29

6 『文明論之概略』『著作集』第 4 巻 p331

7 『教育の体系』p.28

8 『福沢文集二編』『全集』第 4 巻

9 『学問のすゝめ』『著作集』第 3 巻 pp.36 〜 47

10 『明六雑誌』第 2 号（1874 年）、山室信一・中野目徹校注『明六雑誌』（上）（岩波文庫、1999 年）pp.63 〜 83

11 『学問のすゝめ』『著作集』第 3 巻 p.40

12 同上

13 同上

14 『教育の体系』p.78

15 同上

16 同上 pp.80 〜 83

17 同上 pp.83 〜 86

18 教育勅語の成立過程については、『教育の体系』pp.365 〜 385

19 『教育の体系』pp.129 〜 130

20 『徳育如何』『著作集』第 5 巻 p.313

21 同上 pp.313 〜 314

22 同上 p.314

23 『全集』第 12 巻 p.220

24 『全集』第 13 巻 pp.575 〜 577

25 『福翁自伝』『著作集』第 12 巻 pp.405 〜 406

26 「修身要領」については、『全集』第 21 巻 pp.353 〜 356

27 慶應義塾編『慶應義塾百年史』中巻（前）pp.476 〜 478

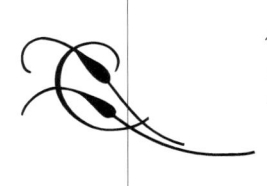

第6章

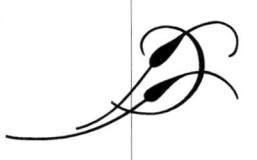

福沢諭吉と医学

はじめに

　福沢諭吉は、安政2（1855）年から安政5年の間（満20歳から23歳の頃）、緒方洪庵の適塾でオランダ語を学んだ。その勉学の様子、仲間との塾生生活の様子は、『福翁自伝』に生き生きと描かれている。緒方洪庵は、蘭学の医師で、蔵書も医学や物理学等が大半を占め、塾生はこれらを使ってオランダ語を学んだ。従って、福沢は、西洋の医学と自然科学について多くの知識を持つと共に、生涯に亘って関心を深めていったのである。

　本章では、福沢の適塾以来の親友であった長与専斎との交流を軸に、福沢と医学との関わりを見ていきたい。

1. 親友、長与専斎

　長与専斎と福沢諭吉の関係を見ることは、緒方塾時代の友情、蘭学の系譜を引き継ぐ者としての使命感等を理解する上でも、大切である。

　長与は、岩倉使節団の一員として欧米の医療制度を視察して帰国すると、明治6（1873）年から、文部省医務局長として、内務省移管後は初代衛生局長として、明治25年に後藤新平に後任を託するまで、約20年に亘って、我が国の医療制度、衛生行政の確立に貢献した人物である。

福沢は、「親友」という言葉はそれほど多くの人に使っていないが、長与については、『福翁自伝』の中で、「親友の長与専斎」[1]という7文字で記している。
　『福翁自伝』には、適塾での日々が実に生き生きと描かれているので、その一節を紹介する。

　　頃は三月、桃の花の時節で、大阪の城の東に桃山と云う処があって、盛りだと云うから花見に行こうと相談が出来た。……弁当を順持(じゅんもち)にして桃山に行て、さんざん飲食いして宜(い)い機嫌になって居るその時に、不図(ふと)西の方を見ると大阪の南に当(あたっ)て大火事だ。日は余程落ちて昔の七ツ過(すぎ)。サア大変だ。丁度その日に長与専斎が道頓堀の芝居を身に行て居る。吾々(われわれ)花見連中は何も大阪の火事に利害を感ずることはないから、焼けても焼けぬでも構わないけれども、長与が行て居る。若しや長与が焼死(やけしに)はせぬか。何でも長与を救い出さなければならぬと云うので、桃山から大阪迄、二、三里の道をどんどん駆けて、道頓堀に駆付けて見た所が、疾(と)うに焼けて仕舞い、三芝居あったが、三芝居とも焼けて、段々北の方に焼延(やけの)びて居る。長与は如何(どう)したろうかと心配したものの、迚(とて)も捜す訳けに行かぬ。間もなく日が暮れて夜になった。[2]

　ほかにも、御幣担ぎ、つまり、縁起・迷信ばかりを気にする仲間を長与と一緒に、悪戯をしかけて冷やかした話なども書かれている。
　このように適塾の日々で親しくなって以来、福沢と長与は、終生自他共に認める親友となったのである。石河幹明氏は『福沢諭吉伝』の中で、「長与専斎とは緒方塾以来最も古い親友で、その交情は兄弟親戚というも差支えないほどであった」[3]と記している。また、長与の三男で、後に東京帝国大学総長も務めた又郎も、幼稚舎生時代の回想の中で、父専斎が福沢と「兄弟、親戚といっても差支えないほど親しく往来しておった」[4]と述べている。特に専斎が駿河台に住んでいた頃は、三田山上の福沢宅を訪ね、

泊まっていくことも多かったようである。

2.『蘭学事始』の再版

(1)「多年人を悩殺」の書

　長与専斎と福沢諭吉は、適塾時代からの親密な関係に加え、共に、日本の医学の進歩、洋学の進歩の歴史とそれに貢献した先人の努力を大切にする人でもあった。

　『蘭学事始』の復刻はその端的な例である。そもそも、『解体新書』翻訳の苦心を記した『蘭学事始』の原稿は、杉田家に秘蔵されていたが、大地震の火災で焼失、幻の書となってしまっていた。しかし、幕末の慶応年間に神田孝平(たかひら)が本郷通りを散歩中、露店で偶然に写本を見つけた。それを他の洋学者仲間と熟読し、その内容に感激した福沢が、保存には出版が一番だと、杉田玄白の曾孫廉卿(れんけい)に持ちかけ、費用を負担して明治2（1869）年に出版した、という経緯がある。

　そして、明治23年、第一回日本医学会を開くに当たり、それを記念して、長与らは『蘭学事始』の復刻を思い立ち、長与の求めに応じて福沢が序文を寄せたのであった。

　この序文である「蘭学事始再版の序」を見てみよう。まず、『蘭学事始』を、神田孝平が見つけた時のことが描かれている。

　　　旧幕府の末年に神田孝平氏が府下本郷通を散歩の折節(おりふし)、偶(たま)ま聖堂裏の露店に最と古びたる写本のあるを認め、手に取りて見れば紛(まぎ)れもなき蘭学事始にして、然かも鷗斎(しさい)先生の親筆に係り門人大槻磐水(おおつきばんすい)先生に贈りたるものなり。神田氏の雀躍想(じゃくやくおもい)見るべし。直に事の次第を学友同志輩に語り、孰(いず)れも皆先を争うて写(うつし)取(と)り、俄(にわか)に数本の蘭学事始を得たるその趣(おもむき)は、既に世に亡き人と思いし朋友の再生に遭(あ)うたるが如(ごと)し。[5]

蘭学者仲間が我れ先にと写本を作った様子が、「既に世に亡き人と思いし朋友の再生に遭うたるが如し。」であったとの表現は、『蘭学事始』が当時いかに幻の書とされ、また、待望の書であったかを良く示している。

> 書中の紀事は字々皆辛苦、就中明和八年三月五日、蘭化先生の宅にて始めてターフルアナトミアの書に打向い、艫舵なき船の大海に乗出せしが如く茫洋として寄るべきなく唯あきれにあきれて居たる迄なり云々以下の一段に至りては、我々は之を読む毎に、先人の苦心を察し、その剛勇に驚き、その誠意誠心に感じ、感極りて泣かざるはなし。迂老は故箕作秋坪氏と交際最も深かりしが、当時彼の写本を得て両人対坐、毎度繰返しては之を読み、右の一段に至れば共に感涙に噎びて無言に終るの常なりき。6

前野良沢の自宅に集まり、『ターヘル・アナトミア』の翻訳に取りかかった時の、「まるで"ろ"や"かじ"のない船が大海に乗り出したように、ぽうっとしてよりつくところもなく、ただあきれにあきれているばかりであった」という一節を読むたびに、福沢は、先人達の苦心を思い浮かべては、感極まって泣いた。箕作秋坪と向かい合って、何度も繰り返してこれを読み、この一段に至ると2人共、感涙で、いつも無言のちに終わっていたのであった。

さらに続けて、明治2年に『蘭学事始』を出版した時の経緯も記されている。今の言葉で要訳して説明しよう。

維新の動乱で、我が国の学問の命脈もどうなることかと心配であった。そこで、明治元年に、杉田玄白の曾孫である杉田廉卿の自宅を訪れて、世の中は騒然としていて、学問を語る者もいなくなってしまったが、『蘭学事始』は、学問する人達にとっては宝の書である。今これを失ってしまっては、後の人達は、日本の洋学の歴史を知ることもできなくなってしまう。

しかし、木版刷りで出版しておけば、保存のためにも一番安全である。費用は出すので、出版すべきである、というような内容である。

そして最後に、日本医学会での再版について、このように述べて結んでいる。

> 然(しか)るに今回は全国医学会に於(おい)て或はその再版あるべしと云う。迂老(うろう)の喜び喩(たと)えんに物なし。数千部の再版書を普(あまね)く天下の有志者に分布するは即ち蘭学事始の万歳にして、啻(ただ)に先人の功労を日本国中に発揚するのみならず、東洋の一国たる大日本の百数十年前、学者社会には既に西洋文明の胚胎するものあり、今日の進歩偶然に非(あら)ずとの事実を、世界万国の人に示すに足るべし。内外の士人この書を読で単に医学上の一小紀事とする勿(なか)れ。明治二十三年四月一日、後学福沢諭吉謹誌。[7]

神田が『蘭学事始』を発見した時、長与は長崎にいたため、一緒に読むことはできなかったが、明治4（1871）年、長崎から東京に移ると、福沢と夜を徹して『蘭学事始』を読んだという。長与はその時の感想を後年、次のように語っている。

> その後明治の初年、余は東京に出で福沢翁の許を訪いける折り、四方山の談話の序の先哲の事に及び、蘭学事始の一書を出し示されけるが、その夜一泊して通読しけるに一章ごとに志操の緊忍たるに感じ、当時辛勤の有様を追想し、慚愧感激自ら禁ずる能わず、しらずしらず暁の激したりき。[8]

これは、慶應義塾が発行する『三田評論』の前身、『慶應義塾学報』第3号において、「学問今昔の難易」と題して、適塾時代の勉学の様子と共に語られた中の一節である。この時、長与が『蘭学事始』を開き、特にこの辺りがもっとも感ずるに余りある所と示しながら語ったと、記者は記し

第6章　福沢諭吉と医学

ている。

　このように、『蘭学事始』は、福沢と長与の感激と、2人の協力による再版によってはじめて我々の良く知る本となったのである。加えて、2人が生涯に亘り、『蘭学事始』に強い感激を抱き続け、語り合っていたことにも注目する必要がある。福沢が長与の宛てた手紙の中でも、このような表現をしている。

　　　実ニ此書は多年人を悩殺するものにして、今日も之を認めながら、独り自ら感ニ堪えず。涙を揮い執筆致し候。何卒再版は沢山にして、国中ニ頒ち度存候。[9]

　長与に宛てて記した「実ニ此書は多年人を悩殺するものにして、今日も之を認めながら、独り自ら感ニ堪えず。」は、まさに福沢の実感であった。

（2）「我より古をなす」

　福沢諭吉も長与専斎も、先人の辛苦に深い感謝を覚える時、自分達の世代が次の世代の人々から同じように見られるようになるであろうか、または同じように見られる人を輩出したいものだと考えたに違いない。実際に、福沢は、我が国の蘭学者の努力のつながりと積み重ねの上に自分達がいるという歴史意識を強く持っていた。たとえば、慶応4（1868）年に書かれた「慶應義塾之記」においても、蘭学の系譜が丁寧に書かれている。

　塾は、同年の戊辰戦争のさなかに、築地鉄砲洲の中津藩邸から、独自に土地建物を購入して芝新銭座に移転し、時の年号をとって「慶應義塾」と命名された。この時の、義塾の主義を世に明らかにした、いわば慶應義塾の独立宣言とも言えるのが、「慶應義塾之記」である。それは、次の一節ではじまる。

　　　今茲に会社を立て義塾を創め、同志諸子相共に講究切磋し、以て洋

学に従事するや、事本と私にあらず、広く之を世に公にし、士民を問わず苟も志あるものをして来学せしめんを欲するなり。[10]

　志を同じくする人々が公のために洋学を学ぶ塾であるとい言い、そして次に、日本の蘭学、洋学の歩みを詳しく説明している。

　　抑も洋学の由て興りしその始を尋るに、昔享保の頃、長崎の訳官某等、和蘭通市［貿易のこと］の便を計り、その国の書を読習わんことを訴えしが、速に允可［許可のこと］を賜りぬ。即ち我邦の人、横行の文字を読習るの始めなり。[11]

　そして、青木昆陽、前野蘭化（良沢）、桂川甫周、杉田鷧斎（玄白）、大槻玄沢、宇田川槐園、宇田川榛斎親子、坪井信道、箕作阮甫、杉田成卿兄弟、そして緒方洪庵と名前を挙げながら、洋学の歩み説明している。さらに、「吾党今日の盛際に遇うも古人の賜に非ざるを得んや」[12]とも述べている。

　慶應義塾の独立宣言ともいうべき「慶應義塾之記」全文の約３分の２が、この洋学の歩みの説明に充てられていることは注目に値する。そして、「慶應義塾之記」の最後は、次のように締め括られている。

　　後来の吾曹を視ること猶吾曹の先哲を慕うが如きを得ば、豈亦一大快事ならずや。嗚呼吾党の士、協同勉励してその功を奏せよ。[13]

　自分達が、青木、前野、杉田、緒方等の蘭学の先人達を慕うように、後の人達が今の自分達を慕ってくれたら、何と愉快なことか。さあ、互いに協力し励まし合い、前に進もうではないか、と言っているのである。このように、福沢や長与は、18世紀前半からはじまった日本の蘭学、洋学の歩みを辿る時、そこに強い使命感を感じるのであった。特に、適塾に学ん

だ2人には、まさに切実なものがあったと言える。長与は、蘭学の中心であった医学で、明治の日本の医療の充実に努めた。福沢は、日本の洋学を医学、自然科学から、さらには社会科学に広げることで、歩みを進めることになった。

　ちなみに、慶應義塾では、しばしば「自我作古(われよりいにしえをなす)」という言葉が、自らが新しい分野を開拓していくという、義塾の在り方と気概を示すモットーとして用いられる。実は、この言葉も、「慶應義塾之記」の一節に由来している。前野良沢、桂川甫周、杉田玄白らの労苦について、「只管(ひたすら)自我作古の業(わざ)にのみ心を委(ゆだ)ね、日夜研精し寝食を忘るゝに至れり」[14]と記されているのである。さらに加えれば、「自我作古」という言葉は、『蘭学事始』で、翻訳の苦労を述べる中で使われている言葉でもあった。

3. 日本の洋学の学問水準

　福沢諭吉と長与専斎は、明治期の医療・医学の充実のためにも、互いに相談し協力した。北里柴三郎の支援は有名であるが、その前に、あまり知られていない事例を一つ紹介しておく。

　精神医療において、我が国に法律の制度が作られるきっかけとなった事件に相馬事件がある。実はこの事件に、福沢、長与ともに間接的に関わっていた。この事件は、旧相馬藩主の相馬誠胤が精神変調を来たし、父によって居室に監禁幽閉されたが、これを藩の乗っ取りの陰謀であると考えた錦織剛清が監禁の罪で告発したことで起こった事件、いわゆるお家騒動である。

　この時、福沢自身も、相馬事件に関係した文章を『時事新報』の社説に幾つか書いており[15]、その時のことを後藤新平が後に、次のように語っている。

　　　日本の裁判官にも医師にも裁判医学などを念頭におく者がない、こ

れを矯正して裁判医学を盛にせねば到底人権の保護を完全に行うことが出来るものではない、こういう考えでありました。
　私は何も錦織を援けようとしたのではなく、ひたすら裁判医学の意義を天下に理解せしめようとしたに過ぎないので、真にこれを理解して私に同情してくれたのは、先生始め長与、北里氏等でありました。長与氏は役人であったから表面に立って私を弁護するわけには行かなかったが、先生は口に筆に大に私のために弁護して下さったのは、今日もなお感謝している次第で、真に先生は私にとって知己であったと思います。[16]

　後藤は患者の人権を保護するために「裁判医学」、つまり専門の医師がきちんと診断した上で入院させるような制度が必要であると主張したのを、福沢が応援し弁護した。これが、精神病者監護法につながっていくのだが、長与、福沢がそれぞれの立場でできることを、連携して行っていたことが窺える。
　福沢は、文久2（1862）年にヨーロッパの各国を訪ねた折に、多くの病院や福祉施設を見て来た[17]。その成果は、『西洋事情』にも記され、西洋の病院とその仕組みを紹介した日本で最初の記述になるのであるが、精神科病院についても同様であった。
　ロンドンでは中心的な精神科病院であるロイヤルベツレム病院を訪ねるが、そこは入院患者の療養環境も、大いに改革がなされ、当時注目を集めていた病院であった。たとえば、病室は個室で、その窓はより大きなものに取り替えられて、雰囲気も明るくなっていた。また、病棟の廊下には椅子やテーブル等の家具が置かれ、さらに、鳥かご、花、絵などが並べられていた。病棟内外での音楽や球技などのレクリエーションも活発になっていた。
　福沢がロイヤルベツレム病院で見たものは、これらの一般の病棟だけではなかった。この病院では、1808年に特別委員会から出された「精神障

害犯罪者は独立した収容施設を持つべき」であるという勧告に基づいて、1837年に英国で最初の精神障害によって殺人などの罪を犯した人の専門病棟が、政府の予算で増設されていた。福沢らはその病棟も見学した。

このような経験が、相馬事件の時には生きたのであるが、福沢が、先端の医療だけでなく、社会の側面、あるいは底を支える福祉や医療についても関心を示していたことにも驚かされる。また、先端の技術や設備に目を奪われるだけでなく、それがどのように運用されているのかという仕組みにも目を向けていた。

このような余裕がいったいどこから出てくるのか。これも、適塾時代に、蘭学を通じて西洋の科学の水準を理解していたからこそ、それに驚くことなく、広い視野で観察することができたのであろう。

実際に、セント・メアリーズ病院を訪ねた時の様子は、英国医学会の雑誌である *British Medical Journal* に次のように報じられている。

> 使節付きの医師達は一行の他の人達と一緒に、チェンバーズ医師に紹介されてセント・メアリーズ病院を訪問し、その病院と病院附属の医学校で3時間以上過ごした。彼らは、解剖学の学習に費やす時間について詳しく尋ね、一学生が取り組んでいた脳の特別な感覚神経の起始を指摘して、解剖学の詳細な知識を示した。彼らは、病理標本室に大いに興味を示し、(標本を見て)様々な病気の部位を識別した。医薬品のコレクションを見た時には、彼らは、この英国では私達が使い方を知らない、しかし彼らには馴染みのある、いくつかの物質を薬物だと識別した。化学の実験室では、彼らはいくつかの実験を見せられたが、巧みなノートの取り方で、医学生に手本を示した。病院では、聴診器や検査鏡の使用の実演があった。……彼らは、その後、チェンバーズ医師の家に移り、彼らの国の飲み物のティーでリフレッシュした。[18]

英国の医師達が、日本の医師達の高い知識に驚く情景が目に浮かぶ。実際、TIMESには、日本の医師達の知識にセント・メアリーズ病院の医師達が「当惑した」と書かれている。この時、松木弘安、箕作秋坪等も一緒で、言い当てたのが誰かは定かではないが、福沢もその中の1人であった。

　当時の日本の蘭学者、洋学者の科学的知識の水準は想像以上に高いものであった。たとえば、『福翁自伝』には、最初の洋行、すなわち咸臨丸でサンフランシスコに渡った際に、工業のさまざまな製作所に案内され、メッキ法、電信、真空にして沸騰を早めている砂糖製造所の様子等を見せてもらった時のことを次のように記している。

　　先方では爾う云う事は思いも寄らぬ事だと斯う察して、懇ろに教えて呉れるのであろうが、此方は日本に居る中に数年の間そんな事ばかり穿鑿して居たのであるから、ソレは少しも驚くに足らない。只驚いたのは、掃溜に行て見ても浜辺に行て見ても、鉄の多いには驚いた。……是れは不思議だ。江戸に火事があると焼跡に釘拾いがウヤウヤ出て居る。所で亜米利加に行て見ると、鉄は丸で塵埃同様に棄てゝあるので、どうも不思議だと思うたことがある。[19]

また、こうも記している。

　　諸工業製作の事などは必ずしも一々聞かなくても宜しいと云うのは、元来私が専門学者ではなし、聞いた所が真実深い意味の分る訳けはない、唯一通りの話を聞くばかり、一通りの事なら自分で原書を調べて容易に分るから。コンナ事の詮索は先ず二の次にして、外に知りたいことが沢山ある。例えばコゝに病院と云うものがある、所でその入費の金はどんな塩梅にして誰が出して居るのか、又銀行と云うものがあってその金の支出入は如何して居るか、……[20]

医学や物理学、化学を中心とした日本の洋学、適塾の学問の高い水準は、福沢に限らず、洋学者が欧米を視察した時に、単にその先端の技術に目を奪われるのではなく、その社会の仕組みを把握する余力、余裕を生み出す上で、大きな意味を持っていた。そしてそれが、明治の日本の文明化の力ともなったということも忘れてはならない。

4. 北里柴三郎への支援

(1) 福沢諭吉と北里柴三郎との出会い

　前述とおり、長与専斎と福沢諭吉の友情と協力を示すものの一つが『蘭学事始』であるが、もう一つが北里柴三郎への支援である。

　北里と福沢が出会ったのはいつのことであったのであろうか。北里は、明治19 (1886) 年にドイツ・ベルリンに渡ってから、ローベルト・コッホのもとで破傷風菌の嫌気性純培養、免疫血清療法の開発など、多くの業績を挙げて、明治25年5月に帰国した。ヨーロッパやアメリカの大学や研究所の招きを断っての帰国だったが、日本の学界は冷淡で、なかなか研究の環境を得られないでいた。その時、北里と福沢を結びつけた人物、それが長与専斎である。

　北里は、医学を熊本の医学校で、さらに東京医学校（後の東京大学の医学部）で学んだ。熊本ではオランダ人医師マンスフェルトに学んだが、マンスフェルトは、かつて長与が長崎で医学を学んだ時の恩師でもあった。つまり、長与は北里の兄弟子になる。さらに、東京医学校入学時の校長でもあった。

　長与は、その後、内務省の初代衛生局長を務めるが、さまざまな縁の中で、早くから北里を良く知っていたため、北里が卒業時に衛生局に入ることを希望して直接訪ねて来た時には、直ちにそれを承諾した。また、ベルリン留学時代は、その成果を我が事のように喜び、その期間の延長に二度に亘って尽力していた。

つまり、北里にとって、兄弟子であり、恩師であり、上司でもあった長与が、北里の置かれた状況を見かねて福沢に相談したのが2人の出会いのきっかけとなった。

(2) 福沢諭吉による伝染病研究所の設立

　長与の相談を受けた福沢は、早速、いずれ子供達のためにと用意していた芝御成門近くの借地に、森村市左衛門の協力も得て伝染病研究所を設立した。

　ところが、翌年の明治26（1893）年に、国の補助も得て愛宕下の土地に、移転拡張しようとしたところ、地元から反対運動が起こる。福沢は、その鎮静化にも力を尽くした。たとえば、細菌が恐ろしいものではないことを実地に示すために、次男捨次郎の住居を隣に新築した。また、『時事新報』には、「伝染病研究所と近辺の住民」と題する記事を掲載すると共に、「伝染病研究所に就いて」（7月5日～7日）[21]や「伝染病研究所の始末」（8月11日、12日）[22]と題する論説を連載している。中でも後者は、実は福沢の手による北里の長文の辞表を収めたもので、この辞表が人々の心を打ち、反対運動は鎮静化、北里は所長のまま無事に愛宕下に移転することができたのであった。

　ちょうど同時期に、福沢は、結核のサナトリウムである養生園の建設にも尽力している。これも長与らと相談して、現在の北里研究所附属病院がある白金三光町の福沢所有の地所に設立することになり、伝染病研究所同様、福沢が細部に至るまで準備を統括していた。

　たとえば、当時の書簡を見ると、4月19日から29日の10日間で、福沢家出入りの大工棟梁金杉大五郎に、敷地の測量図面を早急に届けるよう依頼し、長与に対しては病棟の図面の用意を頼んでいる。福沢邸の書生をしながら塾で学んだ飯田三治には、隣接する地所の購入条件を示し、交渉を依頼している。

　さらに、北里に対して、君は学者であり、且つまた自分で何もかもする

ことは不可能だから事務会計の事は適任者に任せなさいとすすめ[23]、北海道炭礦鉄道会社に勤務していた塾員田端重晟（しげあき）を東京に呼び戻し事務主任に据え、経営に遺漏なき体制を整えた。

　福沢が北里の良き支援者であったことは良く知られているが、その支援の内容と程度が、多くの人が思い浮かべる「支援者」の像を遙かに超えていたことが、これらの経緯からもわかるであろう。かつて、田端の日記を整理した正田庄次郎氏が次のように記している。

　　オーナーとしての北里が、診療部門の最高責任者としてだけでなく、経営上の責任者として形式上の役割を果たしていた事は当然であるが、実質的には福沢は「顧問」の役から一歩ふみだして、現在の医療法人組織でいえば、理事長にあたる機能を果たしている。その分だけ、北里は診療と研究所の職務に比重をおくことができたといえる。[24]

　この養生園は、福沢によって「土筆ヶ岡養生園」と命名され、開園後には、結核の治療剤として当時期待されたツベルクリンがコッホの下で開発されたこともあり、北里の名声を慕って結核の患者が多く集まって来た。その様子を後に田端は次のように追想している。

　　北里先生の雷名を慕って集まる患者のため、門前たちまち市をなし、六十余の病室も常に満員で増築又増築、満員又満員の盛況を呈しました。[25]

　伝染病研究所は、大正3（1914）年10月、政府の方針で一方的に、内務省所管から文部省に移管し東京帝国大学に附属されることになる。この時、その方針に納得できなかった北里と所員一同は総辞職し、翌年11月には北里研究所を独力で設立したが、これも養生園があったからこそできたことであった。伝染病研究所が明治32（1899）年、内務省の所管にな

るにあたって、北里から相談を受けた福沢は、研究所の全事業が北里の指揮監督下にあるのであれば支障はない、しかし、「今日は政府が君に信頼しておっても、又何時気変りをして、どんな事になるかも知れぬから、決して油断せず、足許の明るい中に溜められるだけ溜めてお置きなさい」[26]と注意していたという。

　北里の名声と田端の堅実な経営によって、養生園は収益を着実に蓄積することができた。伝染病研究所の文部省への移管問題が起こったのは、福沢が亡くなってから13年も後のことだが、北里らが節を屈することなく独立して北里研究所を設立するこができたのも、養生園の地所と蓄え、そして福沢の注意の賜物であったと言える。

（3）福沢諭吉の心配と叱責

　福沢諭吉が北里を知ったのは、満57歳と比較的晩年のことではあったが、知り合ってからの親密さと信頼は極めて強いものがあった。それだけに、時には父親のように感情を露わにすることもあった。その例を二つ紹介しよう。

　第一の例は、ペストが流行した時のことである。明治27（1894）年に中国南西部で広がったペストは、5月には香港で大流行するに至る。日本政府は調査のため、北里と東京大学の内科学教授青山胤通らを派遣した。到着した調査団は、青山らが死体の病理解剖の研究に、北里らが細菌学的な研究にあたった。北里は、脾臓、血液等の顕微鏡検査、培養、そして分離した菌のマウス等動物への接種実験を迅速に進め、間もなくペスト菌を確定した。北里が打電した「今回黒死病（ペスト）の病原を発見せり」の電報は、6月19日午前には内務大臣に届き、『時事新報』は21日には「ペスト病原の発見」と題し、早速「その栄誉は単に博士の一身に留まらず我帝国文明の進歩を全世界に発揚するに足る可し」と報じた[27]。

　しかし、ペスト菌の発見から間もなく、青山と北里の助手の石神亨が相次いで40度前後の発熱で倒れ、重篤な状態に陥ってしまった。このニュ

ースを耳にした福沢は旅行先より直ちに引き返し、自ら内務省等の関係筋を廻り、北里を呼び戻すことを策したという。その時の顔色は愛児の危険を気遣う親のようであったと言われるほどであった。その時の様子を、北里出張中に伝染病研究所を守っていた高木友枝が、このように述べている。

> 福沢先生などは、「日本の宝をむざむざ殺すことはいかぬ。そんな危険な所に北里を一日たりとも置くことは出来ぬから、是非呼び返して呉れ」と云うようなことを長与先生などに持って行って、官命で行ったものだろうが、何だろうが俺がそう希望するのだと云うような無理なことを仰言られたと云うことまで聞いて居ります[28]

福沢からの「スグカヘレ」の電報に加えて、内務省からも北里に帰国を促す電報が打たれた。北里は、福沢の心中を察しながらも、この帰国の命を無視して香港に留まり、青山と石神2人が快方に向かうのを確認してから帰国したのであった。

福沢が感情を露わにしたもう一つの例に、牛乳瓶事件がある。福沢は養生園から牛乳を取っていたが、明治29年10月、その牛乳に汚物が混入していたため、早速、厳しく叱責する長文の書簡を田端に宛てて書いた。

> 病院事業の盛なるに慣れて、百事を等閑に附し去るその結果の、偶然に現われたるものと云うの外なし。……衆患者が生命を托する病院において、薬品同様のミルクがこのざまにては、たとい実際に無害にても人のフヒーリングを如何せん。事小ならず。一ビンのミルクは以て病院中の百般と卜すべし。薬局の怠慢、料理場の等閑、医師診察法の不親切等、実に恐るべき事に存じ候[29]

このような不注意と、病院において一見些細なことでも決して看過できないことを厳しく語ったのであった。さらに追伸として次のように記した。

追てこのビンは養生園の事業腐敗の記念として、口の処に何か毛の如き汚物あるそのまま、ミルクのあるまま、保存致したく、後日に至るまで好き小言の種と存じ候。[30]

　この時の福沢の怒りは激しく、田端の日記からその様子を知ることができる。北里も、お詫びに三田に訪ねたところ、ちょうど馬車の支度をして出かけるところだった福沢に、3時間に亘って叱られたのであった。

(4) 報恩の思い
　前述のように、北里は、福沢から多くの支援を受けると共に、父子のような愛情も注がれていた。それだけに、後に慶應義塾が医学部を開設する時、初代の医学部長として力を尽くした。慶應義塾が医学部（当初は大学部医学科と称した）を創設したのは大正6（1917）年のことである。
　慶應義塾では、理科系の学部を作りたいとかねがね考え検討されて来たが、財政上の理由から実現しないままでいた。大正4年末頃から、理科系の学部増設の検討が再びなされ、理工科とするか、医学科とするかということが議論され、結局医学科とすることに決まった。その決め手となった理由は、医学科においてはその中心に北里柴三郎が得られるが、理工系では人が得られないというものであった。
　北里の福沢への報恩の念は強く、北里を中心に、その門下の人々が参画して創設にあたることとなった。
　大正6年1月10日、福沢の誕生日に三田山上で開かれた「福沢先生記念会」の席上で、北里は次のように抱負を語った。

　　かねて故先生の厚き知遇を得たる予が同大学を担任するには大に光栄とする所にして、飽くまでも微力を尽す覚悟なり[31]

また、その2年前の記念会でも、北里は「学問の神聖と独立」と題する講話を行い、その冒頭では次のように語った。

> 私は慶應義塾出身の物ではありませぬ。しかしながら福沢先生の御恩を受けましたことに於いては、慶應義塾出身の多くの方よりも、より多くを受けた一人でございます。実質的の御恩は素よりのこと、精神的教訓をも受けているのでございます。[32]

これは、北里の終生薄れぬ思いであった。

5. 医友の小集と福沢諭吉の逝去

これまで、福沢諭吉と医学との関係を、適塾以来の親友である長与専斎とのつながりを通して見て来た。

2人の信頼関係がなければ、『蘭学事始』が今ほど有名になることはなかったであろうし、ベルリンから帰国後の北里柴三郎の活躍も、北里研究所や慶應義塾の医学部を通じての後進の医学者の育成もなかったことであろう。

福沢、長与、北里のつながりを象徴する言葉に、福沢の松山棟庵宛ての書簡の中にある「医友」という言葉がある[33]。松山棟庵は、義塾草創期の門下生で、明治6年から13年にかけて存在した慶應義塾医学所の校長を務めた人である。医学所は、財政上の理由で短い期間で閉じることになるが、松山は、三田で尊生舎と称する診療所を開いていたこともあり、福沢家の家庭医、義塾の寄宿舎生達の校医のような存在でもあった。

その松山宛ての書簡の中に、北里、長与、松山を自宅に招いた時の様子が書かれている。

漸く春色を聞き益御清安奉拝賀候。陳ば来る二十二日拙宅に
て医友の小集相催し度に付ては、同日午後五時半より御命駕相願度、
長与北里諸氏へも案内致置候義、何卒御差繰御来集奉願候。[34]

　この書簡の日付は明治26年3月15日、つまり、伝染病研究所移転への
反対運動への対策に苦慮している時期であり、養生園の準備をはじめてい
る時期でもあった。従って、この日の「医友の小集」は、これらの相談が
中心であったと思われるが、その後も、福沢が没するまで、「医友の小集」
は重ねられたことであろう。福沢も、蘭方医緒方洪庵の下、医学書等を通
じて蘭学を学んだことを考えると、福沢自らも「医友」の1人という感覚
を持っていたのではないだろうか。
　福沢は明治34（1901）年2月3日に亡くなった。20世紀を迎えるに当
たり、大晦日から元旦にかけて三田山上で催された世紀送迎会で、「独立
自尊迎新世紀」の書を示し、愉快な時を過ごしてから間もない1月25日
夜、脳溢血で倒れ、回復することなく亡くなった。
　この時、松山は一度目の脳溢血同様、福沢の主治医として頻繁に病床を
訪れた。詰めかけた社中の人々は、病状のバロメーターとして松山の表情
を必死に覗き込んだという。医師団は、松山に加え、養生園副院長の山根
文策、東京帝国大学教授の三浦謹之助で、その組織など逐次相談に応じ
手配したのは、北里柴三郎であった。
　一方、長与は、自らも療養のため、熱海に逗留中だったため、病床に見
舞いに行くことはできなかったが、1月27日から2月3日まで、ほぼ毎
日三田から届く計7通の電報で、状況を知らされていた。発病後、側近の
者が記録していた金銭出納簿から、病床周囲の状況が良くわかるが、長与
への電報は際だって多く、長与が福沢にとって大切な人であることを、周
囲も良く知っていたことが窺える。また、長与からの電報も6通残ってい
て、福沢の容体を案じ、いてもたってもいられない様子が伝わって来る。
福沢が没した時、長与は葬儀にも参列できなかったが、次のように嘆いて

いる。

　　　四十有余年間、常に誘掖切磋の恩を荷い、友情歳月と共に殷なり。
　　予単り天下の為に哭せず、亦求めて得難きの旧友を喪いたるを悲ずま
　　んば非ず。矧んや我が医界の先生に負う所尠ならざるに於て痛惜の情
　　更らに切なるを禁ずる能わず。35

　40有余年の間、常に力を貸して導いてくれ、切磋琢磨し合い、多大な
恩を受けてきた。互いの友情は年月と共に、より盛んに深くなってきた。
自分は、天下のために泣くだけでなく、求めても得られないような古い友
人を失ったことを悲しまずにはいられない。さらに、日本の医学界が先生
に負った所は大きく、その点でも、痛惜の思いは切々たるものがあること
を押さえられない、と嘆いた。
　北里も、すぐに『細菌学雑誌』に、「福沢先生を吊う辞」と題する追悼
の文章を寄せた。その末尾では次のように記した。

　　　嗚呼、我が科学の扶植者たる及び余が事業の保護者たる先生は今や
　　即ち亡し。余は衷心、実に師父を喪いたるの感あり。然れども先生の
　　偉業は依然として我が眼前に存し、先生の遺訓は歴然として余が脳裡
　　にあり。余不敏といえどもまたその偉業を守りその遺訓を体し切磋研
　　鑽以て万一の報恩を期せんとす。嗚呼　悲　哉。36

　福沢を「我が科学の扶植者」「余が事業の保護者」と記しているが、こ
れは福沢を失った北里の切実な思いでもあり、この弔辞の中で同じ表現が
実に3度も出てくる。そして、「余はこの際に臨み特に嗚咽歔欷（すすり
泣くこと）に堪えざるものあり何ぞや。我が科学の扶植者たる及び余が事
業の保護者たる先生に永訣したること是なり」37とも記している。
　福沢諭吉という親友を失った長与専斎の悲しみ、恩師を失った北里柴三

郎の喪失感と悲しみが計り知れないほど大きいものであったかがわかる。

　長与は福沢の後を追うように翌年亡くなったが、北里は2人の遺志を継いで、我が国の医学と医療の充実に力を尽くし、後に慶應義塾の医学部創設にも多大な功績を残したのであった。

1　『福翁自伝』（『著作集』12巻）p.399
2　同上 pp.94〜95
3　石河幹明『福沢諭吉伝』（岩波書店、1932年）2巻 p.457
4　長与又郎「幼稚舎時代を語る」『三田評論』477号（1937年5月）
5　「蘭学事始再版の序」（『著作集』5巻）pp.265〜268
6　同上
7　同上
8　長与専斎「学問今昔の難易」『慶應義塾学報』3号（1898年5月）
9　長与専斎宛、明治23年4月1日『書簡集』6巻 p.254
10　「慶應義塾之記」（『著作集』5巻）p.4
11　同上
12　同上 p.6
13　同上 p.8
14　同上 p.4
15　「相馬家の謀殺事件」明治26年8月2日（『全集』14巻）pp.103〜106、「相馬事件の被告人」明治26年8月2日（『全集』14巻）pp.126〜128
16　前掲『福沢諭吉伝』4巻 pp.736〜737
17　山内慶太「福沢諭吉の見たロンドンの医療」『福澤諭吉年鑑』29（2002年）
18　前掲『福沢諭吉伝』4巻 p.120
19　前掲『福翁自伝』p.144
20　同上 p.164
21　『全集』14巻 pp.84〜91

22　同上 pp.106 〜 113
23　前掲『福沢諭吉伝』4 巻 p.27
24　正田庄二郎「田端重晟日記からみた福沢と北里」『福澤諭吉年鑑』8（1981 年）p.34
25　「養生園と北里先生（田端重晟氏追憶談）」『北里柴三郎伝』（北里研究所、1932 年）p.311
26　大正 4 年 1 月 10 日『福澤先生記念会』における北里柴三郎講演「学問の神聖と独立」（『三田評論』211 号掲載）『慶應義塾百年史』中巻（前）p.787
27　明治 27 年 6 月 21 日『時事新報』社説、『全集』未収録
28　「片鱗の二三（高木友枝氏追悼講演より）」『北里柴三郎伝』p.268
29　田端重晟宛、明治 29 年 10 月 15 日『書簡集』8 巻 p.240
30　同上 p.241
31　大正 6 年 1 月 10 日「福澤先生記念会」における北里柴三郎挨拶（『三田評論』235 号掲載）『慶應義塾百年史』中巻（前）p.804
32　前掲「学問の神聖と独立」『慶應義塾百年史』中巻（前）p.786
33　山内慶太「長与専斎、北里柴三郎——福澤諭吉と「医友」」『三田評論』1087 号（2006 年）
34　松山棟庵宛、明治 26 年 3 月 15 日『書簡集』7 巻 p.227
35　長与専斎「祭福沢先生文」『福沢先生追悼録』（慶應義塾学報臨時増刊）p.81
36　北里柴三郎「福澤先生を吊う辞」（細菌学雑誌 63 号、1901 年 2 月 25 日）『福澤先生追悼録』p.279
37　前掲 p.278

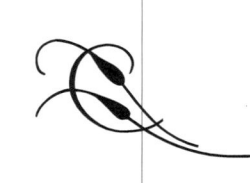

第7章

福沢諭吉の子供向けの本

はじめに

　図7-1は、福沢諭吉と、長男一太郎（右）、次男捨次郎（左）で、明治5（1872）年頃に撮られたものである。明治5年とすれば、満年齢で福沢は37歳、一太郎は8歳か9歳、捨次郎は6歳か7歳の時の写真である。

図7-1　福沢諭吉と長男一太郎(右)、次男捨次郎(左)

図7-2　福沢諭吉がニューヨークで購入した乳母車

第7章　福沢諭吉の子供向けの本　　123

図7-2の乳母車は、福沢が慶応3（1867）年、2度目の渡米の際に、ニューヨークで購入して持ちかえったものである。前年4月に特許が得られたばかりの最新型で、これに子供達を乗せて、芝周辺を散策することもあったという。
　本章では、福沢が自身の子供達、または日本の子供達に書き与えた本を通じて、福沢の家庭論、教育論を考えたい。

1. ひゞのをしへ

　明治4年に長男一太郎と次男捨次郎に書き与えたものに、「ひゞのをしへ」[1]がある。
　最初は「おさだめ」ではじまるが、その部分と最初の10月14日のところを見てみたい。

　　おさだめ
　　一、うそをつくべからず。
　　一、ものをひらふべからず。
　　一、父母にきかずしてものをもらふべからず。
　　一、ごうじゃうをはるべからず。
　　一、兄弟けんくわかたくむよふ。
　　一、人のうはさかたく無用。
　　一、ひとのものをうらやむべからず

　　十月十四日
　　ほんをよんで、はじめのほうをわするゝは、そこなきおけに、みづをくみいるゝがごとし。くむばかりのほねをりにて、すこしもみづのたまることなし。されば一さんも捨さんも、よんだところのおさらへをせずして、はじめのほうをわするゝときは、よむばかりのほねをりに

て、はらのそこにがくもんの、たまることはなかるべし。[2]

　福沢は、朝食後に子供達を自分の書斎に呼び、半紙に書いて与えた。「ひゞのをしへ」は、父子の間のプライベートな営みだったので、その存在を知る人はいなかった。[3] 福沢が亡くなって5年経った明治39（1906）年、時事新報社の雑誌『少年』に毎月連載されてはじめて公になった。下記引用は、その最初に、一太郎が「『ひゞのをしへ』掲載に就て」と題して寄せたものである。

　　この『ひゞのをしへ』は、今から三十五年の大昔、私と弟捨次郎が、マダ泥いたづらをしたり、蝉を追ッかけ廻していた、子供の時分の或日の事です。お土産であったか何だか、よくは覚えませんが、如何か云うことで私共兄弟は、父から加賀半紙を幾帖づつか貰いました。この加賀半紙は、滑ッこい墨つきの好い紙であるが、不思議なことには、一枚措きに紙の裏が表に出して折ってございました。何が扨、珍しい紙を貰ッたので、我々両人は大悦びでございます。直ぐにモジャモジャの大入道の画でも、かいて了う所でございました。所を、子供の厭がるムズカシイ徳義の議論などを、無理に聴かせることは元来、好まぬ代りに又よき折があれば、これを面白く聴かせる工夫をすることには、抜目のない私共の父は、先ずこの半紙の幾枚かを以て、四ツ折の帳面二冊を拵え、『ひゞのをしへ』初編と上書を真中に書き、その右の端に明治四年と書き、左に辛未十月福沢一太郎もしくは福沢捨次郎と書きました。即ちこの帳面には、毎朝何か徳義に関する話、又は手近の智識の事を書きましたので、我々は朝起きて御飯を食べて、それから父の書斎の机の前に座を並べ、今日は何を書いてくれるであろうと、楽みそうに文章の出来上がりを待ッていた当年のこと、多くは茫として夢のようであるが、この楽みだけは今に尚お忘れず、『ひゞのをしへ』を手に取るときは、吾子に小言の一ツも云おうと云う大男

も、夫子自ら昔の子供に帰ッたような気がするのでございます。4

　一太郎、捨次郎の兄弟が毎朝、今日は何を書いてくれるだろうかと楽しみにしながら待っていた様子が想像できる。
　さて、この明治4年はどのような時期だったのであろうか。慶應義塾が芝新銭座から三田に移った年で、三田での生活がちょうど半年位経った頃ということになる。ちなみに当時福沢の家は、現在慶應義塾旧図書館がある辺りにあった。
　その頃は、未だ暗殺の危険のあった時代で、福沢が細心の注意を払っていたことが、『福翁自伝』にも書かれている。

　　　ソレに就ては色々面白い話がある。今この三田の屋敷の門を這入て右の方にある塾の家は、明治初年わたしの住居で、その普請をするとき、私は大工に命じて家の床を少し高くして、押入の処に揚板を造て置たと云うのは、若し例の奴等に踏込まれた時に、旨く逃げられゝば宜いが、逃げられなければ揚板から床の下に這入て其処から逃出そうと云う私の秘計で、今でも彼処の家は爾うなって居ましょう。その大工に命ずる時に何故と云うことは云われない、又家内の者にも根ッから面白い話でないから何とも云うことが出来ぬ、詰り私独りの苦労で、実に馬鹿気た事ですが……5

　このような時代背景を踏まえて読むと、より感慨深いものがある。

　　　世の中に父母ほどよきものはなし。父母よりしんせつなるものはなし。父母のながくいきてじやうぶなるは、子供のねがふところなれども、けふはいきて、あすはしぬるもわからず。父母のいきしにはごつどの心にあり。ごつどは父母をこしらえ、ごつどは父母をいかし、また父母をしなせることもあるべし。天地万物なにもかも、ごつどのつ

くらざるものなし。子供のときよりごつどのありがたきをしり、ごつ
　　　どのこゝろにしたがふべきものなり。[6]

　福沢は常に暗殺の危険を意識し、自分いつは暗殺されるかもしれない、
つまり目の前の２人の子供は父を失うかもしれない。自身が幼い時に父を
失い、父の記憶がないだけに、自分の言葉を子供に遺しておいてあげたい
という思いもあったのかもしれない。
　「ひゞのをしへ」の中から、もう一つ紹介したい（この部分は全文平仮
名で書かれているので適宜漢字に改めた）。

　　　桃太郎が鬼が島に行きしは、宝を取りに行くと言えり。けしからぬ
　　　ことならずや。宝は鬼の大事にして、しまい置きし物にて、宝のぬし
　　　は鬼なり。ぬしある宝を、わけもなく取りに行くとは、桃太郎は盗人
　　　ともいうべき悪者なり。もしまたその鬼が、一体わろきものにて、世
　　　の中の妨げをなせしことあらば、はなはだ宜しき事なれども、宝を取
　　　りて家に帰り、おじいさんとおばばさんに上げたとは、ただ欲のため
　　　の仕事にして、卑劣千万なり。[7]

　この「桃太郎盗人論」を読む時、『学問のすゝめ』の初編の文章が思い
浮かぶ。人には分限があり、「その分限とは、天の道理に基づき、人の情
に従い、他人の妨げをなさずして、わが一身の自由を達することなり。自
由と我儘（わがまま）との 界（さかい）は、他人の妨げを為すと為さゞるとの間にあり」[8]と述べ
ている箇所である。
　また、「理のためには「アフリカ」の黒奴（こくど）にも恐入り、道のためには
英吉利（イギリス）、亜米利加（アメリカ）の軍艦をも恐れず」[9]とも記している。
　誰もが知っているお伽話を例に、しかも意表を突く見方を示すとことで、
子供達は、唖然としたりびっくりしたりすることで、面白がりながら、桃
太郎の情欲がいけないことであること、鬼にもその権利があることを学ぶ

ことができる。また、既成の考え方にとらわれずに自分で考え直すことの楽しさを知ることもできるのである。

『学問のすゝめ』の第15編の冒頭には、「信の世界に偽詐(ぎさ)多く、疑の世界に真理多し」[10]という有名な一節があるが、福沢の「疑いの精神」を自然のうちに感じ、学び取ることもできる。その意味で、「ひゞのをしへ」は子供に向けた『学問のすゝめ』でもあると言えよう。

2. 子供向け著作を執筆した背景

『学問のすゝめ』は、図7-1や「ひゞのをしへ」と同時期に書かれている。『学問のすゝめ』の初編は明治5（1872）年2月、最後の第17編は明治9年11月に出版された。また、福沢の代表的な著作と言って良い『文明論之概略』は明治7年2月頃までにそのプランが立てられ、それから翌8年の4月まで執筆、同年の8月に出版されている。

福沢には4男5女の計9人の子供がいるが、長男一太郎、次男捨次郎が今で言う小学生の年代になった頃、福沢は30代の後半で、慶應義塾の三田への移転と拡充、著作の執筆と、多忙な日々を送っていた。その中で毎朝書き与えていたのが、「ひゞのをしへ」であるが、表に示したように日本全国の子供達に向けても、この時期に多くの本が書かれている。

これらの子供向け著作の背景を説明した上で、それぞれの著作について見てみたい。

発行年	著 書
明治元年	『訓蒙窮理図解』
明治2年	『世界国尽』
明治4年	『啓蒙手習之文』
明治5年	『童蒙教草』
明治6年	『文字之教』『子供必用日本地図草子』
明治10年	『民間経済論』

子供向け著作の背景として第一に、福沢が子供の時代の教育を重視していたことが挙げられる。福沢が、慶應義塾を中心とし、教育を生涯の事業として決意したのは、文久2（1862）年の遣欧使節の一員として、欧州各国を視察した時であると言うことができる。この時、ロンドンから中津藩の良き理解者であった島津祐太郎に宛てた書簡において次のように書いている。

　　　先ず当今の急務は富国強兵に御座候。富国強兵の本は人物を養育すること専務に存候[11]

当時は船旅で、ヨーロッパに行く途中、港々に立ち寄るたびに、欧州列強に虐げられるアジアの国々の事情も目の当たりにした。また、欧州各国では、その教育の事情も探索することができた。『福翁自伝』に次の有名な一節がある。

　　　東洋の儒教主義と西洋の文明主義と比較して見るに、東洋になきものは、有形に於（おい）て数理学と、無形に於て独立心と、この二点である。[12]

　数と理に則って物事を考えられる、実証的な思考のできる人、つまり福沢流の実学の精神を持った人、そしてまた、気品を高尚にして独立の気力を持った人を育てたいと考えていた。
　このことは、満6歳から22歳までの慶應義塾の一貫教育の課程が完成した明治31（1898）年に、そのことを記した文書の一節に端的に示されている。

　　　即ち満六歳にして幼稚舎に入り、二十二歳にして塾窓を出づる勘定にして、その卒業生は学問に於て敢て他の学生に譲らざるのみか、十

第7章　福沢諭吉の子供向けの本

六年の苦学中には一種の気風を感受すべし。即ち慶應義塾風にして、
　　　……之(これ)を解剖すれば則(すなわ)ち独立自由にして而も実際的精神より成るを
　　　発見す可し。[13]

「独立自由にして而も実際的精神」は、『福翁自伝』の「有形に於て数理学と、無形に於て独立心と、この二点である」[14]に対応する記述である。既存の概念、権威や時代の流行等に迎合したり縛られたりすることなく、自由に、自分で徹頭徹尾考え、実践することのできる独立の気力、そしてそれを可能にするあらゆる事物と現象を丁寧に観察し、その背後に潜む真実や真理原則を見抜く科学的な思考力を持った人の育成を重視していた。

従って、その基礎となる、子供の時代をかけがえのない時代として大切にしていた。また、学校のみでは不十分で、家庭の役割を重視することにもなった。子供の時代の教育、今で言う初等教育を一早く重視したが、その具体的な学習の方法については、慶応２（1866）年に書いた覚書の「或云随筆」に見ることができる。

　　　人生れて六、七歳に至れば天稟(てんぴん)の才智初て発生し事物を習い覚る時
　　　なり。然(しか)れども其力未熟にて精心を錬ることは出来兼る故に、成丈(なるた)け
　　　最易(もやす)きことを習わすべし。初は先づ其国の言語、東西南北、十干十二
　　　支、年月時刻の算へよう、地理学の発端、即ち日本にて云えば日本地
　　　図、国尽(かぞ)しの如きものを教へ、漸々(ぜんぜん)に世界の図をも見覚へる理を合点
　　　するよう導き、兼て又究理学の初歩を教へ、手近く物を見せて、分り
　　　易く面白く楽(らく)に執行(しゅぎょう)をさせて、十七、八歳に至(いたり)て初て人情世体経済
　　　の事をも学ばしむべし。[15]

つまり、人間は生まれて、6、7歳（満年齢で言えば、5、6歳）くらいの年齢になると、あらかじめ備わった知力が発達しはじめ、物事を習い覚える時期となる。しかし、まだ、その力も精神も未熟なので、できるだけ

やさしいことを習わすべきであると記している。

　はじめは、その国の言語、東西南北、十干十二支、年月時刻の数え方等、そして、日本で言えば日本地図や国尽しで地理学の最初を学び、次第に世界地図も見て覚える必要があると理解するようになる。また、窮理学、すなわち算数・理科等自然科学の初歩を教え、手近く物を見せて、わかりやすく面白く楽に勉強をさせるのが良い、と記している。

　この「わかりやすく面白く」というのは、後述するように実際に福沢の子供向けの本に良く反映されている。

　第二に、福沢が自分自身の子供を通じて考え、実践した結果でもあることを指摘する必要がある。一太郎、捨次郎にも「分り易く面白」く学ばせたいと思っていたが、当時の子供向けの教科書といえば、四書五経の漢文等で、わかりやすくも面白くもなかった。また、科学的な考え方を感じ取ることもできなければ、見聞を広めることもできないものであった。

　良い教科書がないのならば、自分で書けば良いわけで、実際、明治6（1873）年11月、柏木忠俊に『文字之教』を送った際の書簡に次のように書いている。

> 　子供のため、文字之教と申す書を作り候に付、三冊拝呈仕候。これは元と宅の子供両人へ、日本の文を学ばせたく存し、色々世間の新著書を取集候得共、良本と思わしき品無之、やむを得ず、私の思うままに著し[16]……

　元々は、自身の息子に日本語の文字を学ばせたいと思い、世間に出まわっている本を集めてみたが、良い本がないため、やむを得ず、自分自身で思うままに書いてみた、と言うのであった。

3. 子供向け著作の数々

本章では、子供向けの著作を、出版された順に見ていく。

(1)『窮理図解』

最初に子供向けの本として書かれたものである。その序文で、子供達に物事の理を知ることの意味を丁寧に語っている。今の言葉に改めると「人間として耳、目、鼻、口を以て、聞く、見る、嗅ぐ、食べるということをしていても、その快い、快くないとを感じているだけでその理由を考えなければ、馬が秣（まぐさ）を食ってその味は知っても、その性質を知らないのと同じである。人は万物の霊だと大げさに構えても、油断すると馬と同じになってしまう。人間である以上は、どんなことにも、その現象を知り、そしてその理を究めることが大切である」という内容である。[17]

ちなみに本文中第二章でも、

> 都（すべ）て世の中の物事は、大小に拘（かかわ）らず、道理を考えずしてその儘（まま）に捨置（すてお）けば、その儘のことにて、面白くもなく珍しくもあらざれども、よく心を留（とめ）てこれを吟味するときは、塵芥一片（ちりひとは）、木葉一枚（このは）のことにてもその理あらざるはなし。故に人たるものは、幼きときより心を静にして、何事にも疑（うたがい）を起し、博（ひろ）く物を知り、遠く理を窮（きわめ）て、知識を開かんことを勉むべし。徳誼（とくぎ）を修め、知恵を研（みが）くは人間の職分なり[18]

と、学問のあり方を実にわかりやすく示している。

序文の締めくくりは、次のような文章になっている。

> 嗚呼（ああ）世間の少年等、学問は生涯せよとの諺もあるに、何故（なにゆえか）斯（か）くも不精（ぶせい）なるや。人の人たる所以を知らば、無所惜（おしげもなく）、身を役（えき）し、無所憚（はばかりもなく）、心を労し、徳誼を修め知識を開き、精心（こころ）は活発（いきいき）、身体（からだ）は強壮（じょうぶ）にして、真

に万物の霊たらんことを勉(つとむ)べし。[19]

「精神は活発」に「こころはいきいき」、「身体は強壮」に「からだはじょうぶ」とルビを振っているセンスにも驚くが、少年少女への温かなまなざしを感じ取ることができる文章だと言える。凡例を見ると、7冊の原書を参考に執筆していることがわかるが、『窮理図解』では、翻訳の体裁を改めて、通俗の言葉を使い、具体的な例を挙げて図に示す際にも、日本の事柄を用いるように工夫がなされている。それはただ、少年少女達に面白くわかりやすくということを願ったからである。「唯(ただ)児女子に面白く解し易(げ)からんことを願うものなり」[20]と記されているが、まさに、「わかりやすく面白く」といことを心がけていたのである。

内容は、次のような構成になっている。

　　巻の一　第一章　温気(うんき)(〔熱〕)の事
　　　　　　第二章　空気の事
　　巻の二　第三章　水の事
　　　　　　第四章　風の事
　　　　　　第五章　雲雨の事
　　　　　　第六章　雹(ひょう)雪露霜氷の事
　　巻の三　第七章　引力の事
　　　　　　第八章　昼夜の事
　　　　　　第九章　四季の事
　　　　　　第十章　日蝕、月蝕の事

それぞれ身近な現象を取り上げているが、わかりやすい例を用い、さらに全文ルビを振り、親しみやすい挿絵も入れているため、楽しく読むことができる。たとえば、第一章の「温気の事」では、熱すれば膨らみ、冷えると収縮するという現象を具体的な例を次々に挙げながら記している。全ての物は、熱を受ければ膨張し、熱を失えば収縮する。鉄の棒でも焼けばその長さは延びるが、液体、気体はその膨張がとりわけ大きいことを説明

した上で、色々な例を出している。「かん徳利に酒を入れてかんをすれば口よりこぼれ出すのは、液体が熱によってその容量が増えたからである。」、「風呂を沸かす時に下から火で焚くのになぜ上の方から温まるのか。風呂の底で熱を受ければ、その水が膨れて軽くなるために上に浮かび、上から冷たい水が交代して、始終上下に入れ替わるからであり、ビードロの急須で湯を沸かせばその昇降の様子を見ることができる。」、「麦藁を竈にたいてバチバチ音がするは、藁の節にこもっていた空気が膨れて藁を吹き破る音である。」という具合である。

そしてさらに、猿蟹合戦も挿絵付きで示している。

昔々猿蟹合戦に、火鉢より栗の破裂せしとは何故ぞ。栗の皮に籠りたる空気の、熱に膨張れ、その勢にて皮を吹破り、猿の顔に飛かゝりしことなるべし。[21]

そして、続けて「冷たい鉢に熱い汁を入れるとなぜひびが入るのか。元々瀬戸物は熱の伝わりは遅い。熱いものを入れると鉢の内側は急に熱せられて膨れようとする。外側はまだ熱が伝わらない。そこで、ひび割れやすくなる」という例も記している。このように、身近な例を重ねることで、子供達は、身近な現象について「なぜだろう」と考えることができるようになるし、同じ理屈の上でさまざまな現象を説明できることを学ぶのである。

『窮理図解』を読むと、福沢が、相当自然科学の知識と理論に精通していると共に、日常の生活において、身近な現象を科学者の目で見ていたことがわかる。だからこそ、身近な例を重ねて記すことも可能になったのであろう。

(2)『世界国尽』

　2番目に書かれたのは世界地理の教科書で、世界各地の様子や風俗の挿絵を入れ、さらに、本文は、七五調でリズムが良く、楽しく自然に身につくように工夫されている。

　後に、『福沢全集緒言』において、執筆時の意図と工夫について「全国民に、世界を見ることは、日本国内を見ることと同様になるようにしようとした」と記している[22]。寺子屋では、江戸方角、都路など、東西南北の方角と地名を記し、「東海道五十三次」が五字七字の口調で面白く書かれており、子供達は、習字の手本にすると同時に暗誦して自然に地理を覚えている。それを見て、「よしよし日本国中の老若男女をして世界の地理風俗を知ること江戸の方角地名、東海道の五十三次を暗誦するが如くならしめん」[23]と考え、江戸方角や都路の本を買い求め、何度も熟読暗誦し、その口調にならって作ったのだという。

　実際に読みやすく覚えやすいものなので、本文を見てみたい。

　　世界は広し万国は　おおしといえど大凡、
　　五つに分けし名目は　「亜細亜」「阿非利加」「欧羅巴」、
　　北と南の「亜米利加」に　堺かぎりて五大洲、
　　大洋洲は別にまた　南の嶋の名称なり。
　　土地の風俗人情も　処変ればしなかわる。
　　その様々を知らざるは　人のひとたる甲斐もなし。[24]

　そして、アジア、アフリカ、ヨーロッパ、北アメリカ、南アメリカ、そして大洋州の順に、それぞれの地域と国の様子が書かれている。

　ここでは、アジアとヨーロッパの本文の中の一部を見てみたい。

　　……そもそも「支那」の物語、往古陶虞の時代より
　　年を経ること四千歳、仁義五常を重んじて

第7章　福沢諭吉の子供向けの本

人情厚き風なりと　　その名も高く聞えしが、
　　文明開化後退却（あとずさり）　風俗次第に衰て
　　徳を修めず知をみがゝず　我より外に人なしと
　　世間知らずの高枕、暴君汚吏（おり）の意にまかせ
　　下（しも）を抑えし悪政の　天罰遁（のが）るゝところなく
　　頃は天保十二年　「英吉利国」と不和を起し
　　唯（ただ）一戦に打負（うちまけ）て　和睦（わぼく）願いし償（つぐない）は
　　洋銀二千一百万、[25]……

次にヨーロッパの一節を紹介する。

　　土地の広裘（ひろさ）を較（くらぶ）れば　五大洲の末なれど
　　狭き国土に空地なく　人民恒（つね）の産を得て
　　富国強兵天下一、文明開化の中心と
　　名のみにあらずその実は　人の教（おしえ）の行届き
　　徳誼（とくぎ）を修め知を開き　文学技芸美を尽し
　　都鄙（みやこいなか）の差別なく　諸方に建（たつ）る学問所、
　　幾千万の数知らず。
　　彼（か）の産業の安くして　彼商売の繁昌（はんじょう）し
　　兵備整い武器足りて　世界に誇る太平の
　　その源を尋るに　本（もと）を務（つとむ）る学問の
　　枝に咲きたる花ならん。
　　花見て花を羨むな、本なき枝に花はなし。
　　一身（ひとり）の学に急ぐこそ　進歩はかどる紆路（まわりみち）、
　　共に辿りて西洋の、道に栄（さかゆ）る花をみん。[26]

「花見て花を羨むな、本なき枝に花はなし。一身の学に急ぐこそ進歩はかどる紆路（まわりみち）」、まさに子供向けの『学問のすゝめ』でもある。『窮理図解』

136

も『世界国尽』もベストセラーになり、これを基にしたパロディー、偽版まで各地で出回るほどであった。また『世界国尽』は節とメロディーをつけて広く歌われていたという。

(3)『童蒙教草』

　これは、イギリスのチェンパース社が1839年に刊行した The Moral Class book という修身の逸話集を翻訳したものである。

　その序文を読むと、当時、自由の趣旨を誤解したり、我儘で無法な行いの口実にしたりする人が多く、福沢諭吉はそのことに心を痛めていたことがわかる。

> 凡そ世に文学誤用の例少なからずと雖ども、その字を慢に弄て真の意義を失するの甚しきは、特に自由の二字を以て最とする。風俗敗壊したる国に於て自由を唱ふる者は必ず放肆無頼の輩にて、その放肆愈甚しければその自由を唱うるの声も亦愈喧し。この輩の所謂自由とは、毫も報国の義に関係する所あるに非ず、唯羈絆を脱し限度を越るの意に誤用するのみにて、真の自由には非ざるなり。世人若しその真偽を糺さんと欲せば、試にその首魁の私を顧み、それ党与の行状を探索すべし。果して自由の仮面を脱し、放肆無頼の真面目を発見するに足らん。[27]

　福沢は、「自由は不自由の中に在り」と言い、自由と我儘は違うことをしばしば述べている。しかし世間を見ると誤解も多い。そのような中で、正しい自由を浸透させ、子供の品格を高くするために、西洋流の修身書の翻訳書の出版を考えたのである。

　さまざまな寓話が収められている中、イソップ童話の「ありときりぎりす」(「蟻と蟲螽の事」という題がついている)も入っている。イソップ童話を翻訳した早い例として、紹介しよう。

蟻と蟲螽の事　寓言
　秋過ぎ冬もはや来たり、蟻の仲間は忙がしく、雨露にさらせる穀物を、住居の傍に取入れて、小山の如く積貯え、寒さの用意専一と、共に働くその折柄、夏の終に生残りし一疋の蟲螽、飢寒に堪え兼ね半死半生の様にて蟻の家に来り、見苦しくも腰を屈めて、「君が家に貯えたる小麦にても大麦にても、唯一粒を恵でこの難渋を救い給え」と請願せしに、一疋の蟻これを詰り問いけるに、「我等は夏の間に辛抱して兵糧を貯えしに、君に於ては更にその用意もあらず。長き夏中のその間は何事に日を送られしや」との尋に、蟲螽も赤面し、「さればその事なり。夏の間は唯面白く月日を送り、朝には露を飲み夕には月に歌い、花に戯れ草に舞い、冬の来らんとは夢々考えざりしなり」と答れば、蟻の云く「君の言葉を聞ては我等には別に云うべき事もなし。誰にしても、夏の間に歌舞飲食する者は冬に至りて餓死すべき筈なり」と。[28]

『童蒙教草』は幼稚舎の教員でもあった岩﨑弘氏により現代語訳もなされているので同じ箇所を以下に引いておきたい。

　　　ありときりぎりす（寓言）
　秋が過ぎて冬がきました。ありの仲間は忙しく雨や露にさらされた穀物を、住居のそばに取り入れて、小山のように積んで貯え、寒さの用意が大事と力を合わせて働いておりました。そこへ夏の終わりに生き残った一匹のきりぎりすが、飢えと寒さに耐えられず、死にそうな様子でやって来て、見苦しいことに腰をかがめて
　「君たちの家に蓄えてある小麦でも大麦でも、たった一粒でもいいから恵んでこの苦しみを救ってください。」
と頼みました。すると一匹のありが言いました。

「僕らは、夏の間辛抱して食料を貯えたのに、君は何もないのかい。長い夏の間中、いったい何をして過ごしていたんだ。」
と聞きました。きりぎりすも恥ずかしくなって、
　「そのことですが、夏の間はただ楽しく月日を送り、朝には露を飲み、夕には月に歌い、花に戯れ、草に舞い、冬が来るとは夢にも考えませんでした。」
と答えましたから、ありは、
　「君の言葉を聞いて、僕らには何も言うことはない。誰でも、夏の間に歌ったり楽しくしている者は、冬になって、飢えて死ぬはずです。」
と言いました。[29]

　ちなみに、長く幼稚舎で教え、また児童文学者として福沢の子供向け著作も研究した桑原三郎氏によれば、元々、東地中海地方で生まれた「イソップ物語」が英語に訳される時、「蟻と蝉の話」であったものが、イギリスには蝉がいないため、「蟻とグラスホッパー」の話になったという。そして、日本では、ばった、きりぎり、いなご、とさまざまな名前と種類があるが、福沢は日本人への馴染みやすさを考えて、「蟻と蟲螽(いなご)」の話としたのであろうと推察している。

　ポルトガル語のイソップ物語は日本に16世紀に伝わっており、「天草本」のイソップ物語、江戸時代の「仮名草子」としてすでに出ていた。しかし、これらはいずれも「蟻と蝉」の話であり、そこから考えても、福沢はイギリス版イソップを最初に翻訳したと言えるとも桑原氏は考証している[30]。

(4)『啓蒙手習之文』[31]

　これは、5、6歳の子が手習に使うためのもので、上下2巻にわかれている。

　上巻は、文字、単語編で、

一　平仮名いろは
　一　片仮名イロハ
　一　数　字
　一　十　干
　一　十二支
　一　大日本国尽
と続き、七五調で
　一　天地の文
とある。
　下巻は、文章になっているが、福沢らしいのは、手習をしながら自然に、洋学の趣旨がわかるよう、内容を選んでいることである。すなわち、以下の順で構成されている。
　一　地球の文
　一　窮理問答の文
　一　執行相談の文
　一　同返事
　一　洋学の科目
　　第一　読本　　第二　地理書　　第三　数学
　　第四　窮理学　第五　歴史　　　第六　経済学
　　第七　修心学

(5)『文字之教』[32]

　これは子供が漢字を覚えるための本であるが、単にそのことを目的としてるのではなく、文章の意味を理解することを目的としているものでもある。冒頭にはその教授法についても説明がある。たとえば、第二教では、大きな文字（題字）で、犬、猫、牛、車、帰ル、見ル、鳴ク、待ツの8文字が書かれており、脇に小さな文字で、犬帰ル、猫見ル……等と書かれている。題字は「文章を作るたねの言葉」で、

子供へ先ず題字の素読を授け、次（つい）でその字義を教え、細字の文章をば、子供の考（かんがえ）にて自（みず）から素読し自から義を解かしむるなり。[33]

　教授に不足なることあらば、その席にて文章を工夫し、「犬ト人ヲ見ル」「牛ハ車ヲ見レドモ車ハ牛ヲ見ズ」などと様々に考え、[34]……

とある。一見すると、漢字の組合わせで文章を作る練習帳のようだが、なかなかその例文も面白い。

　第七教
　酒　　茶　　飯　　砂糖
　買フ　喰フ　良キ　悪キ
　酒ヲ飲ム○茶ヲ飲ム○飯ヲ喰（く）フ○子供ハ砂糖ヲ好ム○良キ子供ハ書物ヲ買テ読ミ悪キ男ハ酒ヲ買テ飲ム[35]

　第三十九教
　善人　悪人　大工　怨
　恩　　万物　造ル　忘ル
　善人ハ怨ヲ忘レ悪人ハ恩ヲ忘ル○百姓ハ田ニ米ヲ作リ大工ハ町ニ家ヲ作ル○天ハ人ヲ造リマタ万物ヲ造ル[36]

福沢のユーモアが入っているし、子供向けのメッセージ、子供達への思いも込められている。

　「善人ハ怨ヲ忘レ悪人ハ恩ヲ忘ル」
　「善人ハ人ノ虚言ヲ悪（ニク）ム。悪人ハ人ノ異見ヲ悪ム」[37]
　「類ヲ以テ集ルトハ、善人ハ善人ト交（まじわ）リ、悪人ハ悪人ト交ルヲ云

フ」[38]

等もその良い例であろう。

(6)『日本地図草紙』[39]

これは日本の略地図で、幅が約90センチ、縦が約100センチと大きく、小学校で黒板などに掛けて使っている地図のようなものである。

福沢は、この略地図を作った理由を次のように説明している。すなわち、世間の地図は、子供にはじめて地図を教えるには詳し過ぎて不便である上、字も小さくて見にくい。ようやく東西南北を知り、80余りの国名、県名を暗誦した程度で、急に細かい地図を与えるのは、ちょうど読書の勉強のはじめに、経典の講義をはじめるようなものである。そこで、この地図には、ただ国名と国界(くにさかい)のみを記した。子供には、細かく地名や川、山、名所旧跡が書き込まれたものよりも、そのようなものが省かれたいわゆる白地図の方が良い、と述べている。

更に具体的な使い方としては、6、7歳の子供は、まず、全国の県名を覚え、それから東京は東に、京都は西にというように、方角、位置関係を理解していく。このように全体を把握してから、次第に細部に移っていき、他の地図から、川や山を書き写していくのが良い、と言っている。今日あたり前に地理の教育で行われていることを発案したのが、この『日本地図草紙』であると言えよう。

(7)『民間経済録』[40]

これは経済論のテキストだが、大人だけでなく15、6歳の子供も読者対象として考え、社会に出るにあたっての心得を伝えようとしたものである。

『福沢全集緒言』にも、「商工社会の人がその営業を西洋風にせんとするならば、先ず西洋の経済主義を知ること肝要なり。……左れば今日、西洋の経済の大概を広く民間の子弟に教えてその成長を待つこそ無難の策にし

て」[41]と書かれている。

まとめ

本章では、福沢諭吉の子供向け著作を何冊か見てきた。既に引用して紹介したように、「或云随筆」に示された子供の学ぶ順序に対応して、それぞれの本が明治一桁の時期に精力的に執筆されたことがわかる。

福沢は、明治3（1870）年に書いた「学校之説」の中でも、洋学の順序を
　　第一、かの国の「エビシ」二十六字
　　第二、読本
　　第三、地理書
　　第四、数学
　　第五、窮理学
　　第六、歴史
　　第七、修心学
　　第八、経済学
　　第九、法律書
としているが[42]、「或云随筆」に書かれた子供の学ぶ順序はこれらとも対応している。

そして、そこには当然新しい教育内容が含まれている。サイエンスとしての「実学」の教育も、目を開いて世界を知ることも、大切にされた。前者については、『啓蒙手習之文』の「窮理問答の文」の中で、実にわかりやすく説明されている。

　　　窮理学之趣意は、平生人の慣れて怪（あやしま）ざる所に眼を着け、人の怪むところの物を察してその理を詮索し、これを実用にほどこして世の裨（ひ）

益をいたす義、第一の専務に御座候。[43]

また、「洋学の科目」の項でも「窮理学」を次のように説明している。

　　窮理とは、無形の理を窮め、無実の議論を為すに非らず。唯万物の性質とその働(はたらき)とを知るの趣意にて、……一々其 働 を見てその源因を窮(きわむ)るの学問なり。工夫(くふう)、発明、器械の用法等、皆これに 基(もとづか) ざる者なし。元来、物を見てその理を知(し)ざるは、目を具えて見ざるが如し。[44]

「平生人の慣れて怪しまざる所に眼を着け、人の怪しむところのものを察してその理を詮索」するのが窮理学だとすれば、それは『窮理図解』だけでなく、「ひゞのをしへ」の「桃太郎盗人論」もまた、その延長にあるものであるとも言えよう。

後者の、世界を知ることについては、『世界国尽』を執筆する際の、「人の眼界は旧時に幾倍して広からざるを得ず。眼界の広きは取りも直さず世界を狭く思うことなれば、兎に角に全国民をして世界を観ること日本国内を観ると同様ならしめんと欲し」[45]たという福沢の意気込みが『福沢全集緒言』で窺える。子供向けの本は、相手が子供だからといって、小手先で済ませるものではなく、将来の日本を担う人を育てる、また、人間の発達段階で基礎となる大切な時期に触れるものであるという意味でも、大切にし、全力を注いでいたのである。

また、福沢の本には、これらをはじめとする教育内容に加え、新しい教育方法も取り入れられている。その工夫の一端は、既に紹介した通りであるが、子供に「わかりやすく面白く」ということで一貫していること、そのための工夫が凝らされているいることは強調しておきたい。

では実際の社会への影響はどのようであったのであろうか。これも、既に述べたとおり、たくさんの読者を得て、全国の小学校教育にも使われた。

特に『世界国尽』は大変な売れ行きで、女性、子供も暗誦して子守歌代わりにも歌われたり、自然に一種のメロディーが生まれ、後の軍歌調といわれるようなメロディーのはじまりともなった。

　また、明治5（1872）年の学制の公布により、新たにできた全国の多くの小学校で、教科書として用いられた。当時は、教科書の検定制度はなく、教科書は何を使っても良かったのである。しかし、その後、教育行政の方向が変わり、復古調になると共に、教科書の自由な採択ができなくなり、認可制に変わっていく中で、福沢の著作は全国の学校からは消えていくこととなる。このことは、その後の日本の歩みを考えるにあたり、残念なことである。

　最後に、福沢の著作の根底には、自身の子供達、そして日本の子供達、少年少女達への深い愛情が感じられることを指摘しておきたい。子供達が、勉強嫌いにならずに、楽しく、好奇心旺盛に学んでほしい。その中で、新しい学問の基礎を築き、品格も高めてほしい、そんな福沢の願いが感じ取れるのである。

　福沢は、三田の山上でも、幼稚舎の生徒達の腕白ぶりをニコニコと眺めているような人であった。たとえば、福沢がアメリカに留学中の息子たちに宛てた明治16（1883）年12月の手紙に次のような一節がある。

　　　去る十八日には餅つき。塾の童子、和田と本塾とを合して百八十八名、宅の座敷に呼び、あんの餅を馳走致し、中々賑々敷事に有之候。[46]

　塾の童子、つまり、今で言う小中学生位の年少の塾生を自宅に招き、あんこを絡めたお餅をご馳走し、賑やかで楽しかったというエピソードを、留学中の子供にも報告している。

　慶應義塾の一貫教育の課程が完成した際には、以下のように書いているが、これは、慶應の塾生だけでなく、全国の子供達への思いでもあったの

ではないか。

> 凡（およ）そ世の中に事業多しと雖（いえど）も、人生天賦の智徳をしてその達すべき処に達せしむるの道を講ずるより高尚なるはなし。春の野の草木を見ても無難に花の開かんことを祈る。況（いわん）や人間の子に於てをや。子女の漸く成長してその智力の漸く発生せんとする者が、至当の教育を受けて社会一人前の男女となるは、草木の花を開き実を結ぶに等し。誰れか之を観て悦（よろこ）ばざる者あらんや。誰れか之を助けてその無難を祈らざる者あらんや。則ち人間自然の誠心、自発の至情にして、世間亦（また）自（おのず）から有情の人あるも偶然に非ざるなり。[47]

今日、学校教育のあり方、家庭教育のあり方が問われる時代において、少年少女の年代を、人間の基礎、骨格を作るかけがえのない時期として再認識し、福沢諭吉の子供に対する教育論が、再評価される必要があるのではないだろうか。

---

1 「ひゞのをしへ」（『福澤諭吉選集』3巻、岩波書店、1980年）pp.33〜45
2 同上 p.34
3 桑原三郎『愛の一字—父親 福澤諭吉を読む』（築地書館、1998年）
4 福沢一太郎「『ひゞのをしへ』掲載に就て」『少年』28号（1906年1月）
5 『福翁自伝』（『著作集』12巻）p.272
6 前掲「ひゞのをしへ」p.36
7 同上 p.37
8 『学問のすゝめ』初編（『著作集』3巻）p.8
9 同上 p.9
10 『学問のすゝめ』15編（『著作集』3巻）p.162
11 文久2年4月11日島津祐太郎宛『書簡集』1巻 pp.13〜14

12 前掲『福翁自伝』p.259
13 「慶應義塾学事改良の要領」『慶應義塾百年史』中巻（前）pp.208〜209
14 前掲『福翁自伝』p.259
15 「或云随筆」（『全集』20巻）p.13
16 明治6年11月1日柏木忠俊宛『書簡集』1巻 p.278
17 『訓蒙窮理図解』（『著作集』2巻）p.2
18 同上 p.24
19 同上 p.4
20 同上 p.6
21 同上 pp.14〜15
22 『福沢全集緒言』（『著作集』12巻）p.459
23 同上
24 『世界国尽』（『著作集』2巻）p.74
25 同上 pp.76〜77
26 同上 pp.97〜80
27 『童蒙教草』（『著作集』2巻）pp.163〜164
28 同上 pp.240〜241
29 岩﨑弘『現代語訳　童蒙おしえ草　ひびのおしえ』（慶應義塾大学出版会、2006年）pp.124〜125
30 桑原三郎『児童文学の故郷』（岩波書店、1999年）pp.74〜77
31 『啓蒙手習之文』（『全集』3巻）pp.1〜20
32 『文字之教』（『著作集』2巻）pp.341〜403
33 同上 p.343
34 同上 p.344
35 同上 pp.349〜350
36 同上 p.359
37 同上 p.375

38 同上 p.369
39 『日本地図草紙』(『全集』3巻) pp.551〜552
40 『民間経済録』(『著作集』6巻) pp.92〜207
41 前掲『福沢全集緒言』pp.495〜496
42 「学校の説」(『全集』12巻) pp.377〜379
43 前掲『啓蒙手習之文』p.16
44 同上 p.19
45 前掲『福沢全集緒言』p.459
46 明治16年12月22日福沢一太郎・福沢捨次郎宛『書簡集』4巻 p.65
47 「学事改革の旨を本塾の学生に告ぐ」(『著作集』5巻) p.79

第8章

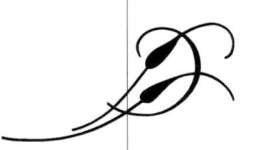

福沢諭吉の政治思想

1. 福沢諭吉の目指した社会とは

　本章では、福沢諭吉が「政治」とどのように向き合い、この社会をどのように変えようとしたのかを考えてみたい。

　このことを考える上で重要なのは、福沢が社会の担い手は普通の人々であるという認識を、強く持っていたことである。特定の地位にあったり、権力を握った少数の人ではなく、その時代の社会に存在する人の集合体、すなわち全員が社会を作り動かしていくという歴史観であった。

　従って福沢は「教育」、人作りに強い関心を持つ。その関心は、人を育てる場である「学校」への関心になり、そこで教授する「学問」の中身への関心となる。さらに、それらの日本におけるあり方に積極的に関わっていくことで、世の中を理想の社会へと変えていこうと考えたのが、福沢という人だったと言える。

　この「普通の人々」への関心に注意した上で、彼が理想とした社会を考えてみよう。彼は、これまでの日本の社会の状態を「儒教主義」、そして、これから目指すべき日本の社会の状態を「文明主義」と呼んで対比する（これ以外の呼び方もあるが、本章ではこの二つに代表させる）。

　まず「儒教主義」とは何だろうか。福沢はその状態を「停滞不流」と表現する。止まっていて何年経っても変わらない、千年一日のごとき学問、

それがすなわち儒学であり、それを人々のものの考え方の基礎とすることを是とする社会の状態をこう呼んだ。『文明論之概略』の中では、儒教主義社会の人々は、古代の教えに精神を支配された「メンタルスレーヴ」だと批判している。

一方、「文明主義」は、「敢為活発」な状態と表現する。人々がさまざまなことに挑戦し、前向きに向上しようとする、活気のある世の中ととらえられている。その世の中の基礎をなす学問は、「実学」である。実学という言葉に福沢が「サイヤンス」（science）と振り仮名を振っている例が知られているように[1]、福沢にとっての実学とは、西洋近代の実証的、合理的な手法による学問のことであった。その学問は言うまでもなく日進月歩、常に進歩していくもので、完成というものがない。学べるのは今までに解明されたことと、それが解明に至った道筋であり、それを学んだ人々は、過去に解明されたことを反復するのではなく、未知の分野を開拓しようとする意欲に満ちた社会を形成する、と福沢は考えた。

以上のことを福沢自身の言葉で見ていこう。福沢は『文明論之概略』の中で儒教主義を次のように説明する。

> 古（いにしえ）を信じ古を慕（こ）うて毫も自己の工夫を交えず、いわゆる精神の奴隷（メンタルスレーヴ）とて、己が精神をば挙げてこれを古の道に捧げ、今の世に居て古人の支配を受け、その支配をまた伝えて今の世の中を支配し、洽（あま）ねく人間の交際に停滞不流の元素を吸入せしめたるものは、これを儒学の罪と云うべきなり。[2]

古代の人が考えたことを繰り返し勉強し、その遠い昔の人のようになろうと真似をし続けている。だから、1000年前と今と、求めるものが何も変わっていない。こういう世の中が儒教を中心とした世の中であるととらえる。ここで福沢が「儒学」と呼んでいるのは、学問体系としての儒教を厳密に指しているのではなく、当時の人々がイメージする最大公約数的な

儒教像である。日本の「普通の人々」を支配している悪しき精神をわかりやすく指摘し、それを打破していくためのターゲットとして「儒学」が利用されている。そして、それと正反対のものとして「文明」をくっきりと浮かび上がらせるのだ。福沢は文明主義の世の中を、次のように描く。

> 人間の学問は日に新たに月に進みて、昨日の得は今日の失となり、前年の是は今年の非となり、毎物に疑いを容れ毎事に不審を起こし、これを糺しこれを吟味し、これを発明しこれを改革して、子弟は父兄に優り後進は先進の右に出て、年々歳々生また生を重ね、次第に盛大に進みて、顧て百年の古を見れば、その粗鹵不文にして憫笑すべきもの多きこそ、文明の進歩、学問の上達と云うべきなり。[3]

ここに言う「学問」がすなわち実学であり、これを皆がこぞって身につける世の中は、日進月歩を望む人々の輪が広がる活発な社会である、と福沢はとらえるのである。

彼は「文明」を、次のように「人の精神発達」と等置し、その「人」とは「天下衆人」（＝普通の人々）であると言いかえる。

> 文明論とは人の精神発達の議論なり。その趣意は一人の精神発達を論ずるに非ず、天下衆人の精神発達を一体に集めて、その一体の発達を論ずるものなり。故に文明論、或いはこれを衆心発達論と云うも可なり。[4]

要するに、国の中で誰か特定の個人が進歩し、世界に誇る非常に高い学識を持っていても、これは福沢の言う文明ではなく、できるだけ多くの人が総じて高まっている状態が文明であるということだ。人々の精神の高まりを一体に集めて塊にできるなら、それができるだけ大きくなっている状態が理想の状態である。福沢は、精神の高まりの集合体を「人民の気風」

という言葉でとらえ、それが前に進もうとする力が大きくなると、世の中を進歩させる推進力となる、そしてそれを「時勢」が伴うという言い方でとらえている。つまり、衆人の精神発達が「時勢」となり、世の中を進歩させると考えていたわけである。

　彼の議論の仕方をアレンジして、たとえ話をしてみよう。縄文時代に突然1人の源頼朝が登場したら、縄文の世の中に武家政治が登場するのかと言えば、そうはならない。なぜなら、縄文時代の人間はその時代の知性、精神の発達状況にあり、まだ武家政治を迎えられる発達状況にない、つまり時勢が伴わないのである。

　では、それとは逆に西暦1100年代末期、ちょうど鎌倉幕府が生まれた時代に、源頼朝という人物が存在しなかったなら、日本はどうなったか。そのときの日本人の精神は武家政治を迎える時勢を伴っていたので、たとえ源頼朝という個人がいなくても、遅かれ早かれ必ず武家政治の状況が日本にできる、このように考える。だから「天下衆人の精神発達」を自覚的に、積極的に目指し、世の中に常に推進力を持たせていく、それが「文明」と呼ばれる状態であり、それは学問に意識を向けることで実現できるというのが、福沢の歴史観と言える。

2. 福沢諭吉の国家構想

　では、「儒教主義」的な世の中から「文明主義」的な世の中に変えていきたいという福沢諭吉の思いは、「政治」とどのように関連づけられたか、これが本章のメインテーマである。

　このことを考えていく上で、もっとも重要な文献に『民情一新』がある。これは明治12（1879）年に刊行された福沢の著作で、産業革命前後の欧州が劇的に変化したことを紹介していることで知られているが、その変化の波に日本も加わっていくことの「重要性」と、その波に加わっていくことに伴う「危険性」という2面を論じている。

彼は「交通」というキーワードで、このことを論じていく。現代において「交通」というと traffic とか transportation といった、有体物の移動を指すが、福沢の用法はそれらに加えて、人の意思など無形のものの行き交い、今日的に言えば、communication というニュアンスをも含む広い概念である。産業革命前後にもたらされた大きな変化を、この「交通」の発達に重きを置いて理解している。

図8-1　『西洋事情』の扉絵

『西洋事情』（慶応2〔1866〕年刊）の扉絵（図8-1）は福沢の「交通」という考え方を端的に表している。これを見ると、蒸気機関車が走り、蒸気船が浮かび、高い建物が建ち、気球が飛んでいて、そして真ん中に電信柱が立ち並ぶ地球が描かれ、電線の上を飛脚が走っている。添えられた文字は「蒸汽済人」「電気伝信」とある。蒸汽（蒸気）が人を済たすけ、そして電気が信（information）を伝える。蒸気機関の発明をきっかけに人間の生活が劇的に変化し、有形物にしても無形の精神にしても、地球上を瞬時に行き交う。このことに福沢は着目している。

世界の誰かが発見したことを、翌日には地球の裏側の人が知ることができ、その知識を共有できるようになれば、精神発達は激的な広がりを見せる。前述の「文明」観を想起すると、「交通」の発達が精神の発達を助けていくことは明らかであろう。

しかし一方で、精神が発達しても、自由に思いどおりのことができる人と、政府の専制などによって思うことができず、鬱々と不満を抱える人とが生じる。不満を持つ人が増えれば、政府との摩擦も広がっていく。福沢

は、「交通」がもたらすこの二つの側面の存在を重視した。激的に精神が発達していきながら、官民の摩擦も激化していくであろうこれからの社会をどのように舵取りしていくのか。この認識を前提として、彼の政治論が形成されていく。『民情一新』では、次のように記している。

> 今改進世界の人民が思想通達の利器を得たるは、人体頓に羽翼を生ずるものに異ならず。千七百年代の人民は芋蠋にして、八百年代の人は胡蝶なり。芋蠋を御するの制度習慣をもって胡蝶を制せんとするはまた難からずや。故に云わく、今の世界の諸政府が次第に専制に赴くは自から止むを得ざるの事情なれども、到底その功を奏するの望みはあるべからざるなり。[5]

産業革命以降、コミュニケーションの手段が発達したことは、芋虫に羽が生えたことと同じくらい劇的な便利を生んだ。今までは権力者が芋虫を自分の思いどおりにするつもりで統治のシステムを整えていれば良かったが、蝶になった今となっては、芋虫相手のつもりではコントロールできない。芋虫と蝶の違いくらい、人は「交通」の発達で変わってしまった。各国政府が、この事態に従来の権力による専制では対応できなくなってきていることを指摘しているのである。

> 今日の欧洲各国は人知進歩の為に社会の騒擾を醸し、朝野共に未だその方向を得ざるや明らかなり。今後の成行を察するに、物価もなお昇降することあらん、賃銀の割合、利足の法も次第に改まることあらん、文学技芸、商売工業、一切の人事に影響を及ぼして、随っては政府の治略も一変すべきは疑いを容れず。……いわゆる驚駭狼狽の世の中と云うべし。[6]

ヨーロッパの情勢を見てみると、「交通」の発達によって、今まさに社

会が動揺している。労働者の賃金の問題も生じているし、文化にもさまざまな潮流が起こり、ビジネスにも大きな変動をもたらしていて、「驚駭狼狽」と言っても良い世の中だと述べている。

「交通」の発達は個人の精神の発達に資するし、社会も向上していくはずである。しかし、不満がすぐに沸騰して、爆発する世の中になったという側面も否定できない。たとえば、A国の国民がB国の国民の様子を知って、自分たちよりもよほど恵まれた生活をしているのに気づき、なぜ我々はそのような生活ができないのかと疑問を持てば、その疑問をあっという間に国内の人々と共有して、反政府運動を起こすことができる。人々の摩擦がコミュニケーションの発達によって高まり、しかも極端な形で現れやすくなったという側面があるということだ。

『民情一新』の中で、福沢はロシアにおいて虚無党が皇帝の暗殺を企てようとした動きや、イギリスで労働者のストライキが起こっていることなどを具体的に紹介し、社会主義運動についても言及している。精神が向上することは良いが、それをラディカルに追い求める人々の行動も頻発し、それがかえって圧政を招いたり、深刻な混乱をもたらすことが考えられる。国内が勝手にゴタゴタしているだけならばまだ良いが、当時の日本には対外的な危機、つまり他国の侵略という脅威があり、この混乱はその隙を生みかねない。それゆえ、コミュニケーションの重要性と危険性の両面に配慮しながら世の中を形作っていかなければならない。その中で、政治が担うべき役割は何かを福沢は考えることになる。その結果として福沢の政治論に現れる特徴を①多事争論の促進、②官民調和論、③政治の相対化という三点から考えてみたい。

まず、第一の特徴は、「多事争論」を是としてそれを促すという傾向である。ある立場と、またそれに反対する立場が活発に議論を交わし、競い合うことを良しとし、そういった場を多くしていこうとする考え方が、福沢には根本的に一貫している。この国の政治の方向性を決めていくのは活発な議論の場でなければならないと考える福沢は、その前提として、多元

的な価値の尊重も重視する。世の中にはいろいろな立場、考え方の人がおり、それらの人が相互の立場を意識して、萎縮したり尊大になったりしては「多事争論」は存在し得ない。人々に自由が認められ、個を尊重する考え方が当然セットになっていなければ「多事争論」も生まれないと考えたのである。

　第二の特徴として、「官民調和」を求めることが挙げられる。福沢はこれを「内安外競」とも表現する。前述のとおり、「交通」の発達した世の中は、政府と国民の対立が助長され、不満を持った人がいきなり爆弾を投げたり、権力者に凶器を手に襲いかかったり、逆に権力者が反対者を根こそぎ処刑したり、大弾圧を加えたりするような事態を招きかねないので、ある程度の調和を図らなければいけないという発想である。

　この姿勢を妥協的だと見ることは簡単であり、実際この考え方が顕著になる福沢の後半生ほど、彼が保守化して、天皇制を柱とする明治政府にすり寄って、その代弁者に成り果てたことをさらしているなどと、批判的にとらえる論者は少なくない。

　確かにこの姿勢は、「多事争論」を重視する積極的で創造的な発想に比べると、非常にクールで保守的な考え方のように思われるかもしれない。意見をぶつけ合い競い合う「多事争論」と、摩擦をできるだけ軽減しようという「官民調和」は、水と油のようなものに思える。だが、福沢は多事争論と官民調和は共存可能であると考え、むしろそれを共存させなければならず、両者を同時に考えていくことを求めようとするのである。

　第三の特徴としては、「政治」というものが人々の生活にとても重要な要素であることを認めつつ、これを意図的に軽視する姿勢を見せることである。政治はあくまで世の中を司る一要素に過ぎないと強調し、相対化しようとする発想である。ここでいう「政治」とは、国家の統治行為、つまり権力の下で国民を統治することだが、この政治の役割をできるだけ限定的に見て、武士階級出身者を中心とする若者が、一にも二にも青雲の志を立てて、役人になって政治に関わることを誇る風潮を打破し、政治と関わ

らない領域、すなわち「民」の領域を広げ、そちらに人の関心を引きつけようと考えるのである。

次に、この三つの特徴を福沢の具体的な政治論からたどってみよう。

明治時代の政治史上のハイライトは、自由民権運動から国会開設運動、そして明治23（1890）年の国会開設へと至る国作りの大きな歩みの部分であろう。この中で福沢は、イギリスをモデルとした国作りを理想としていく。なぜであろうか。

イギリス型の国家統治の政治システムは、議院内閣制である。そして二大政党間でしばしば政権交代が起こり、政権与党が入れ替わって国の運営を担当する。これは、大隈重信率いる立憲改進党の人々を中心に主張されたことで知られる。

これに対して、板垣退助率いる自由党を中心に理想とされたのが、フランス型である。こちらは、ルソー流の人民主権を強調する考え方で、共和制に親しむ。君主の存在との整合をどうするかという問題が生じ、それは日本においてはすなわち天皇の問題となる。さらに、現在の政府は社会契約に基づいて存在すると考え、人々が自分の権利の一部を政府に預け、政府は人民に代わって便利な世の中を作る契約を結んだというわけなので、その政府が自分の預けた権利をうまく行使してくれないと考えると、それを交換しても良い「抵抗権」という考え方につながっていく。大ざっぱな把握だが、非常に闘争的な側面を持っているのが、フランス型の国家像といえよう。この考え方に立つ人にも穏健な議論から急進的な議論までさまざまあるとはいえ、明治政府の役人は、自分たちが政権の座を血生臭く追われる可能性を感じ取り、当然フランス型を求める主張を忌避して警戒することになる。

英・仏に続く第三の方向性としてはプロイセン型がある。君主に強い権限を与え、君主の名において、政府による強力な統治が行えるのがプロイセン型である。

福沢がこれらの中で、イギリス型を志向していくのは、その議院内閣制

が「多事争論」「官民調和」を両方満たすからである。

　つまり、「多事争論」が制度的に担保されていて、なおかつ、好き勝手を言いっ放しにするのではなく、国家意思もしっかり決定する。そして、対立する立場の間でたびたび政権交代が起こることによって、人民の不満をガス抜きできるようになっている。官民の対立を緩和して、究極的に不満が鬱屈して爆発するような事態が避けられる制度になっているというわけだ。このことも、『民情一新』で福沢は詳しく説明している。

　　余が特に英政を美なりとしてこれを称賛するの点は……現今将来正に人文進歩の有様に適して相戻(もと)らざるの機転にあるものなり。英国に政治の党派二流あり。一を守旧と云い一を改進と称し……この人民の中より人物を選挙して国事を議す、これを国会と云う。……国会は両派政党の名代人を会するの場所にして一事一議、大抵皆所見を異にして、これを決するには多数をもってす。……執権の太政大臣たる者は必ず一派の首領なるが故に、この党派の議論に権を得れば、その首領はすなわち政府の全権を握って党派の人物も皆随って貴要の地位を占め、国会多数の人と共に国事を議決してこれを施行するに妨げあることなし。[7]

　「英政」（イギリスの政治）は、「人文進歩」の世の中に適した「機転」がすばらしいと福沢は言う。二つの相対立する政党のうち、政権を取った党の代表者が首相となって、政治の主導権を握る。当時の日本は内閣制ではなく太政官制なので、福沢は首相のことを「執権の太政大臣」と呼んでいる。政権与党が政府の主要な地位を占め、国会で国をどうしていくか野党と議論し、決定していく。福沢はさらに続ける。

　　……歳月を経るに従い人気の方向を改め、政府党の論に左袒(さたん)する者減少して一方の党派に権力を増し、その議事常に多数なればすなわち

> これを全国人心の赴く所と認め、政府改革の投票（ウヲート・ヲフ・ケレヂート）をもって執権以下皆政府の職を去って他の党派に譲り、退いて尋常の議員たること旧の如し。但し政府の位を去ればとてその言路を塞ぐにあらず……唯全権をもって施行するを得ざるのみ。政権の受授平穏にしてその機転 滑(なめらか) なりと云うべし。[8]

　時間が経つと与党の人気が衰え、野党が政権を奪取する。そうなると、今まで政府の権力を握っていた与党の人物は政府から退場させられて、「尋常の議員」、つまり元の単なる議員になる。政府から退場しても、その後議論ができないわけではなく、野党の一人になるに過ぎない。そして、ある党からその対立党へと大きな権力の移行が起こるにもかかわらず、その権力の「受授」が極めて平穏に行われる。「機転」が滑らかで、非常に良くできた仕組みだというわけだ。
　では、どのくらいの頻度で権力者の交代が起こるのか、福沢は続けて論じる。

> ……両党を分かちて政権を争い、互いに陳新交代すれば、その交代の時はすなわち旧政府を排して新政府を開くものにして、これを政府の顛覆と名づけざるを得ず。故に英の政府は数年の間に必ず顛覆する者と云うも可なり。唯兵力を用いざるのみ。機転滑なりとはすなわちこの謂(いい)なり。……一進一退その持続する時限五年以上なる者は甚だ稀にして、平均三、四年に過ぎず。不平も三、四年なり、得意も三、四年なり、栄辱の念自から淡白にして胸中に余裕を存すべし。[9]

　政権交代というのは「政府の顛覆」といっても良いほどの政治変動だが、イギリスはそれが頻繁に起こる。平均３〜４年に１度起こるものであって、野党になって不平を持っても、４年も経てば政権を奪って権力を振るえる。さらに、４年も経てば政権が奪われる。だから、権力の座につくことに対

第 8 章　福沢諭吉の政治思想

しての気持ちが非常に淡泊になって、これまでの歴史のような血みどろの権力闘争はなくなり、政権の獲得に対する意識は今までより軽いものになる、と福沢は言う（この辺りは、「政治の相対化」にも通ずるところであろう）。

　権力の授受の繰り返しで、権力に対して淡泊になっていくからこそ、議論も活発にできる、国をどうしていったら良いかを建設的に考えるようになる、そういう状態を福沢は理想としたわけである。

　ここに説明されている議院内閣制の仕組みは今では常識だが、この『民情一新』は、日本に二大政党制、議院内閣制の仕組みを本格的に説いた最初の本と考えて良く、大きな意義があった。イギリス型は、いろいろな人がいろいろなことを言いながら方向性を決めていく「多事争論」と、権力者を一突きに殺して政府を顚覆するようなことが起こる前にガス抜きをして、政府と国民の対立構造をできるだけ調和する「官民調和」とが両立する非常に良くできた仕組みとして、福沢に評価されたということになる。

　では、他の国の仕組みではダメか。フランス型については、これを熱心に主張した自由党の歴史を考えてみると良くわかる。自由党の運動家たちは華々しく歴史に名を残すが、自由党左派と呼ばれる人々は、政府の言論弾圧や集会規制などに業を煮やして、福島事件、群馬事件、加波山事件などのいわゆる「激化事件」を乱発していく。それは政府の高官を殺傷し、政権を顚覆しようといった試みであった。フランス型を希求する人々には、官民の摩擦を軽減する発想が乏しく、不当な圧制への「抵抗」には正面衝突も止むなしと過激化し、実際一線を越えてしまう人が頻出したのである。そしてそういう姿勢は、一時期の日本のマルクス主義的歴史観の流行の中ではむしろ賞賛される傾向にあって、過大に評価されてきたという側面がある[10]。

　また、フランス型は、人民主権という名義を突き詰めていくことで、天皇の問題が生じる。明治維新は王政復古と一体であり、天皇の存在を活用して近代国家の枠組みが整備されてきたので、理屈を徹底しようとすれば、

人民主権と天皇は両立し得ない問題と考えられる。このタイミングでその議論を提起し、自分たちの主張をスムーズに実現する現実的なビジョンはなく、大変な労力と摩擦が生じることは必然であった。そうすると緊迫した国際情勢を度外視して、日本を二分する事態が生じかねない。

　福沢の天皇に対する認識がこれまた非常にクールであり、政府の専制や民権の拡充という問題と天皇は無関係である（無関係であり得る）という。天皇の存在は「多事争論」と両立可能で、むしろ現在の問題は、権力を持った一部の人だけが独占的に国のことを決めていることだという（このことを福沢は「権力の偏重」と呼ぶ）。

　少し時期が前後するがこのことは次のメモに良く現れている。

　　　立君にても共和にても専制を行うと否とには縁なきものなり。……今日の政府とてもその政体の専制なるにあらず。天子などは幾人あるも邪魔にするに足らず。唯一の難事は政府と名づくる領分に一種の特権を握ることなり。この風が自然に消滅するにあらざれば、国の独立は出来難し。民権を唱える学者がただ一心に民撰議院を企望すれども、もしこの議院が出来たらば議院が権を恣(ほしいまま)にするようになるべし。……今の民撰議院論は、人民の領分を広めんとするにあらずして、政府の権を分かちて共に弄(もてあそ)ばんと欲するに過ぎず。（代議にても立君にてもその看版の名には頓着なし。唯悪しきは一種の党に専権を握ることなり。故に代議政とはその代人をして専権を執らしむるの旨にあらず。極意はこれをして他の妨げをなさしむるのみ。自由は不自由より生ずるものなり。）[11]

　福沢は、日本社会の問題を「一種」の人々、つまり特定のあるグループの人々が権力を独占していること、すなわち「多事争論」の欠如ととらえられている。それだけでなく「民撰議院論」も、結局は現在政府で権力を握っている人々に嫉妬する人々が、自分たちも権力を一緒に弄びたいと言

っているだけ、平たく言えば、「俺たちも権力独占の仲間に入れろ」と言っているだけなので、福沢は批判的に「駄民権」と呼んだことさえある。

実現可能性の問題、そして官民の決定的な対立を生まざるを得ないという問題、このような点で、フランス型はイギリス型と根本的に違っていた。さらに本当に求めるべきものを「文明」（精神発達）と見ている福沢と、権力の所在にのみ関心のある当時の民権運動家たちの発想は、決定的に異なっていたと言えよう。

では、プロイセン型はどうかというと、君主が強い力を持っており、その下で実際に政策決定をする政府が正しい選択をするならば、非常に効率的に統治ができる。しかし、それは「多事争論」の中に、人々の精神が高まり、文明が進歩する考え方とは相容れず、しかも権力を握る要人が偉く、権力を持たない民間人は何も決定できず卑しいという、官尊民卑が固定化したシステムと言って良い。さらに地球規模で活発なコミュニケーションが行われる世の中になれば、多事争論を拒む国であり続けようとすれば、権力者に対する不満が国民に鬱屈することは避けがたい。よって、国際情勢が緊迫の度を増すことが予想される世界情勢に鑑みても、プロイセン型も選択できない。

3. 構想実現への模索

こうして、イギリス型を理想とし、それを実現させたいと考える福沢は、いろいろな試みを具体的に行っていく。

まず、「多事争論」のための作法が日本にはなかったので、演説・討論という文化を日本に紹介した。日本の時代劇を思い浮かべてみると、殿様がひれ伏す家臣に対して一方的に命じたり、あるいはそのひれ伏している家臣が、恐る恐る何かを申し上げたり、書き付けを呈上したりする場面は想像できるが、立場を離れて社会の対等な一員同士として誰もが自由に物事を議論し合う習慣がない。車座になって話をする機会があっても、建設

的に意見を出し合って物事を決めていくという発想がない。

　福沢は、近代社会の主体は、対等の存在として尊重しあう個人であるという原則を現実のものとするために、対等な他者に対して自分の考えを伝える術を手に入れなければいけない、そのために西洋の speech や debate の文化を「演説」、「討論」と訳し日本に導入しようと考えた。その第一歩として、明治 7（1874）年、慶應義塾の中に三田演説会というサークルを作り、演説や討論の勉強を始めた。当初は実に微々たるスタートで、福沢が呼びかけて賛同した仲間 14 人が、演説のやり方を書いた英書を勉強したり、実際に演説の練習のために前に立って話してみたりということを繰り返し、1 年後に三田演説館（現在は重要文化財指定）を建設し、実演を一般公開するに至った。福沢は後に、この試みは「社会のため知見分布の一新路を開きたるもの」だと語ったが[12]、その言葉どおり、演説とはどのようなものかと演説会を見に来た一般の人たちにそのこの新しいコミュニケーションの作法が広がり、自由民権運動、そして国会開設運動、さらに国会開設という動きにつながっていくこととなったのである。

　それまでの日本人は演説をしなかったというと信じられないかもしれないが、最初に福沢の元に集まった人たちの思い出話などを読んでみると、人前で誰かが話すと、みんな妙だと言ってゲラゲラと笑い出してしまったと記録されている。人の前で練習するのは恥ずかしいので、隅田川の真ん中に船を浮かべて練習したという逸話も残っている。かなりの苦労をして、この文化を生み出そうとしたことが窺える。福沢がこのサークルで最初に行った演説の筆記が残っており、そこには非常に不自然な言葉使いだが、「勇気を振るって人のさきがけをしようではないか。すこしなまいきなようだけれども、世間にこわいものはないと思うて、我輩（ここでは「我々」という意味）から手本を見せるがようございます」とあり[13]、新しい文化を普及することへの積極的な姿勢が伝わってくる。苦労の中で試行錯誤を重ねて一般公開され、それが社会を動かしていったことは、慶應義塾の誇るべき歴史の一つとして記憶されるべきだろう。

明治10年代初頭の新聞各紙を見てみると、広告に、「○○演説会で今日は誰が話す」というようなプログラムがたくさん出ており、いかに演説というものが当時の日本人に新鮮で、その必要性が共有され、爆発的に広まっていったか、そしてそれが一つの「交通」のメディアとして日本に情報を広めていったかがわかる。イギリス型が良いのか、フランス型が良いのか、はたまたプロイセン型が良いのか。より良い選択を促す「多事争論」の前提条件とも言える演説という文化を、福沢はまずはじめたことになる。

　それから、明治11（1878）年には、『通俗民権論』『通俗国権論』という2冊の本を出す。自由民権運動がすでに世の中でかまびすしい中で、民権論であれば誰でも書くことを思いつくタイミングであったが、あえて国権論をセットで出したのは、福沢の心憎いところと言えよう。当時の自由民権運動で、輝かしい理想が華々しく語られている中で、それを実際に日本に導入することへの想像力が実は非常に乏しかった。それに対して福沢は、注意を与えようとする意図で、これらの本を同時に刊行したのである。

　『通俗民権論』においては、一人一人が民権の主体にふさわしい器の人間になるために、気力を充実させていかなければいけないといったことを論じ、むやみに民権論を弄ぶことに対して、反省を促す。かたや、『通俗国権論』においては、国際情勢の緊迫を説き、弱肉強食の厳しい環境の中で、日本という国が生き残っていかなければいけない現実も踏まえ、日本のあり方を選択しなければいけないという現実主義的な議論を展開している。片方だけではなく、両方のバランスを取ろうという感覚が福沢には顕著であり、これは「多事争論」と「官民調和」が表裏一体であることと、パラレルにとらえることができる。

　さらに、明治12（1879）年に『民情一新』と「国会論」が出ている。『民情一新』は、イギリス型の国作りを、いわば教科書的に、原理原則的に説明している本である。一方で「国会論」は自分の門下生藤田茂吉と箕浦勝人の名前で『郵便報知新聞』に発表させたもの（後に本としても刊行）である。内容を見てみると、同じことを言ってはいるが、「国会論」

のほうが非常にマイルドに書かれている。現在権力を握っている人々がイギリス型の国作りを採用すると、いかにメリットがあるかを強調した表現になっている。

たとえば、「英政府は常に国会議員の多数を籠絡して事を行い、意の如くならざるはなし」という一節がある[14]。今政府の仕事をしている人々はイギリス型になると自分たちの権力が奪われてしまうように思うかもしれないが、実際はそのまま権力を握れ、しかも国会をうまく利用すればさらに強力な力を得られると示唆しているのである。

『民情一新』は、一般向けに福沢の名前で原理原則的にイギリスの統治のあり方を説き、「国会論」は、政府で現在権力を持っている人にイギリス型採用の決断を促す意図で書かれたと言うことができる。

福沢は、やり過ぎと思えるほど戦略的にこういうことを工夫する時がある。「国会論」はなかなか手が込んでいて、他人の名義で発表するだけでなく、自分の文章だとばれないように、表現を門下生にいじらせてさえいる。もちろん藤田と箕浦が福沢門下であることは世間に知られているし、本文中でしきりに『民情一新』を引用するが、その引き方はよそよそしく、福沢以外からも声が挙がっていると世間が思うように仕向け、イギリス型実現への潮流を作り出そうという一種の戦略がここにある。

『福翁自伝』の中で、適塾時代、福沢の発案で遊女の文体を真似た偽手紙を女癖の悪い友人に渡してだます話があるが、福沢は自分がどのような文章を書けば他者がどう受け止めるかに対して、鋭敏な感覚を持っていた。このことは彼の生涯の仕事を考える上で重要な点だと筆者は思う。

さて、前述した福沢の政治論の特徴の三番目に挙げた、「政治の相対化」という側面について説明しておきたい。彼は政治に対して、常に消極的な言葉を発する癖があった。自分は政治を志すつもりはない、政治に関係したこともないし、これからも関係しようとも思わないということをたびたび言う。何とか政治に関わろうとする人が世の中には常に溢れている中で、わざと言っているのだと思われるが、なぜそういうことを口にするのだろ

うか。それは、政治が世の中の中心であると思っていること自体が、実は、「多事争論」を妨げるという、福沢の問題意識からであると考えられる。歴史の教科書を開くと、そこに出ているのは、だいたい政治の動きである。いつ誰が政治権力を持っていて、どのような統治をしたかなど、権力者の動向をたどることが、歴史そのもののようになってしまっている。

　これは政治に関係して権力を持っている人が偉い、権力を持っていない人は卑しく、価値がないというに等しい。江戸時代の士農工商の身分では、政治分野を独占している士が偉い、農工商は卑しい身分とされ、政治分野を司る役人が尊重され、民業が蔑まれる維新後の官尊民卑は何も変わっていないと福沢は考える。これは儒教主義への批判とも関係している。儒教は政治的リーダーの心得という側面が強い。政治に関係する人を偉人視する、日本人に染みついた思想と儒教は不可分なのである。

　たとえば、サラリーマン、農家の人、露店のたこ焼き屋さん、陶芸家、何でも良いが、社会には色々なことをやって生きている人々がいる。それらを含めて社会であり、政治とは、そういった多様な人々のいる社会の一要素に過ぎないということを福沢は強調する。

　政治の領域ではない部分をより活発にし、多元的な社会を作っていこうとすることによって「多事争論」が促され、人々が社会のことを自分のこととして考え、精神を高めていくことができる、より文明の状態になっていくと考えた。福沢の発想では、多方面に活発で賑やかな社会ほど、政治は相対化されるはずなのである。

　今日名を残している福沢の門下生は、ほとんどが実業家であることも、このことと関係がある。さらに言うと、慶應義塾大学といえば、ビジネスに強いという世間的なイメージも、ここに由来するといって良い。つまり、この大学の出身者は、政治の世界ではなく、民間の事業に生涯をかけて取り組む選択をしたということだ。三井中興の祖といわれる中上川彦次郎、三菱の大番頭といわれる荘田平五郎などをはじめとして、近代日本の実業分野の草分けは、ほとんど福沢門下生と言っても良い。その人脈を「福沢

山脈」と呼ぶこともある。実業界に人材を輩出することで政治を相対化し、世の中をより活発にすれば、その相乗効果で、政治の議論もより気軽なものとなり、より良い選択もしていくことができるようになるというのが、福沢の意図であった。

『文明論之概略』にはこのことと関連して、次のような一節がある。

> 立君の政治も共和の政治も、良なりと云えば共に良なり、不良なりと云えば共に不良なり。かつ政治は独り文明の源にあらず。[15]

立君の政治、つまり立憲君主制、イギリス型の統治も、共和制、君主がいないフランス型でも、形はどちらでも良い、完璧な統治システムなどというものはない。しかも、社会を司っているのは政治だけではなく、政治を良くすれば文明国になるというわけではない。つまり、世の中はもっと多元的であるべきで、政治は一要素に過ぎないということだ。このような表現は福沢の著作に頻出する。

4. 政変の挫折から『時事新報』の時代へ

ここまで見てきたように、福沢諭吉は、言葉で議論もするし、実際にそれを実現するためにいろいろな行動もするが、明治十四年の政変と呼ばれる政治変動において、この理想が大きな挫折を迎えることとなった。この政変の詳細を語ろうとすると、かなり紙幅を費すこととなるので、端的に説明しよう。自由民権運動、国会開設運動の盛り上がりが全国的に広まる中で、明治14（1881）年、明治政府の汚職事件を契機にこの運動が強力な反政府運動へと転化していった結果、政府は動揺し、強い危機感を持った。これを機として政府の主導権争いが生じ、筆頭参議として政府の実権を握っていた大隈重信が反政府運動の黒幕だという風評が流れて政府から放逐され、また反政府運動が盛り上がる原因となった汚職事件（北海道開

図8-2　明治十四年の政変を描いた風刺画（雑誌『驥尾団子』156号、明治14年10月26日付）

拓使官有物払下事件）に絡めて、政府内の薩摩出身者の勢力も削がれ、長州閥の伊藤博文、井上馨が権力を握った。このように反政府運動への危機感を奇貨として、政府内の権力闘争が顕在化したのが明治十四年の政変であった。表面の結果だけを見れば、誰が権力を握るかという闘争でしかなかったが、このときの権力争奪は日本のその後の針路を決定づける非常に大きな選択と関係があった。大隈重信は、イギリス型の国作りを企図していた人物であり、当初その大隈と歩調を合わせて、伊藤、井上もイギリス型の国作りの方向性を是認していた。ところが、「大隈は福沢の入れ知恵で急進的にイギリス型を導入し権力を独占しようとしている、反政府運動も彼らの手下が扇動している」と主張する政府の保守派と伊藤・井上が手を結び、大隈を追い出し、結局、プロイセン型の国作りを選択していくこととなった。

　大隈という強力な支持者を政府の中枢から失ったイギリス型は、政府の選択肢から除外され、残った人たちは、より中央集権的政府の必要性を、この反政府運動を契機として確信したからである。

　しかも大隈の参議罷免と同時に、当時官界にいた多数の福沢門下生も、軒並み罷免されてしまった。イギリス型を指向する大隈の背後に福沢がいると目されたからで、先ほど紹介した中上川彦次郎や、政治家として著名な尾崎行雄、犬養毅なども、このとき官界を追われた門下生である。福沢門下が実業界を開拓したのは、実は官界を追われたことが後押ししたという側面もある。

　明治十四年の政変を描いた風刺画の一つ（図8-2）では、建物の中か

ら大熊手とお多福のお面が放り出されている。いうまでもなく大熊手は大隈を表し、お多福のお面は福沢を指している。このとき、イギリス型が挫折したというのが、明治十四年の政変の持つ近代史上の意味である。これをもって、福沢のマクロな視点からの国家構想、近代化構想は挫折を見たと言って良い。そしてそれは近代日本最大のターニングポイントの一つと言っても良いだろう。

　では、福沢諭吉は明治十四年の政変後どうしたか。彼は『時事新報』という新聞を創刊し、ここでの言論活動によって、一歩でも二歩でも、「多事争論」「官民調和」「政治の相対化」に沿った国作りに近づけることを模索する。福沢という人は、たびたび大きな挫折を経験しているが、踏まれても、踏まれても、非常に前向きでプラス思考の人で、とにかく何とかしようと発想する人である。原理原則よりも、実際の進歩を重視する人であり、この転換もそうであろう。

　福沢は『時事新報』の創刊後、自分の言論活動を二つに分けて論じている[16]。一つは「掃除破壊」の言論活動、もう一つは「建置経営」の言論活動である。掃除破壊というのは、原則的、普遍的、総論的な議論をして、江戸時代までの古い国のあり方を徹底的にぶっ壊す時代。このようなことを主張するときに必要なのは「本」だと彼はいう。自分の主張を著書にして、広く、そしてじっくりと読んでもらって世の中に浸透させる。『学問のすゝめ』、『文明論之概略』などは、まさに掃除破壊、原理原則を主張する時代の産物である。

　その後に来るのは建置経営の時代である。更地になった国に建物が建って、日常の中でうまく経営していくことを考える時代になっていく。つまり現実に即して、個別具体的な議論を展開しなければいけない。それにふさわしい場は「本」ではなく「新聞」であると彼は考える。

　明治十四年の政変は、この二つの区分をくっきりとわけた事件であった。彼は大きな国作りの構想において敗れ、以後は政府が決めた国作りの枠（プロイセン型）の中で、現実論、個別具体的な議論をするしかなくなっ

てしまった。その舞台となったのが『時事新報』という新聞であった。

　『時事新報』は、政変から半年も経たない明治15年3月1日に創刊された日刊新聞である[17]。この新聞にも福沢の思想に基づく特徴がいくつもあった。以下に四つ挙げておきたい。

　第一に、「独立不羈」「不偏不党」を標榜したことである。メディアが世論をどのように指導すべきかを、この新聞は意識しており、そのときに掲げたのが独立不羈という語であった。どの政党の影響も受けず、主体的に考え、信じるところを主張するのがこの新聞だというスタンスを『時事新報』は執った。

　第二に、官民調和、内安外競である。これはイギリス型議会が実現しなかったとはいえ、建設的に議論し、国政を前に進めていくことを重視する姿勢である。そのときに重要な視点は「外競」の部分である。諸外国がアジアに勢力を伸ばそうとしている、そのような国際的な危機意識を背景として、官民調和論が展開される。

　第三に、多元的な議論、話題の提供である。福沢は、政治を相対化することに取り組み続けた。そのため『時事新報』は、政論に偏していた当時の新聞に多彩な内容の可能性を提案したことでも知られている。

　具体例を挙げておこう。明治26（1893）年9月、紙面の片隅に「何にしようネ」というタイトルの小さなコーナーが始まる。内容は料理のレシピで、おそらく女性読者を獲得しようとしたのかと思われる。今までは、男くさい政治の議論ばかりしているのが新聞だと思われていた世の中で、お料理コーナーを載せて、今日はみりんを何サジ入れましょうなどと、政治と料理を並べる。つまり料理をあれこれ議論するのも社会の一要素で、女性が政治に関心を持っても良いということを示唆しているとも言えるだろう[18]。

　近代的な漫画をはじめて新聞に掲載したのも『時事新報』であると言われる。単なる政治風刺であれば、それ以前からいくらでも世間にあり、明治十四年の政変を描いた画もすでに掲載した。そうではなく、娯楽として

の漫画である。ドラえもんやサザエさんのような、単に笑って楽しむための漫画は、当時の日本の文化にはまだなかったが、『時事新報』では明治24（1891）年4月以降、時々載せるようになり、後には日本の近代漫画の祖といわれる北沢楽天が専属の漫画家としてストーリー漫画を連載するなど、『時事新報』の名物になった。これもまた政治の相対化と関係づけられよう。

欧米のジョークの紹介というのもある。後に「開口笑話」という題で本にもなっているが、外国紙に掲載されていたジョークコーナーを日英対訳で載せ、海外の人がどのようなことを面白いと思うかということを紹介している。ユーモアも社会の一要素というわけである。さまざまなことを、わいわいと話題にする場として、新聞を位置づけようと試みたのだ[19]。

第四に、新聞自体の経営を重視したという点である。『時事新報』という新聞は不偏不党を掲げた最初の新聞の一つであり、その実現のためには独立採算でなければいけない。あたり前のようだが、当時の新聞社はどこもお金がなく、金主の意見を聞き、オーナーを転々と変えた。経営努力、端的には広告収入を重視して採算が取れるようにし、一党一派に寄らず書きたいことを書くことに意義を認めることは、新聞にとって画期的な視点で、これが新聞社の経営モデルとなっていく。

これも具体例を挙げれば、明治20年代の『時事新報』の1面は、全面広告になっている。当時の外国の新聞には多いが、日本では新しい試みだった。1枚目なので、家に届くとそこに広告が載っており、嫌でも見ざるを得ない。広告が人の目につき、目につくから広告の商品が売れる。だから『時事新報』に広告が集まる。そうすると広告収入が上がり、経営がうまくいく。そうして独立の言論が保てることになる。

初期の『時事新報』が社屋の屋上から気球を上げて割引券を撒いたというような記録もある。人々の話題になることが目的であり、後々それが収入に返ってくると見込んだのだろう。このような工夫、話題提供をさまざまに試みて、多元的な議論を盛り上げていき、新聞社としても安定的に経

営していくことを狙ったのである。

5. 福沢諭吉の選んだ道

　ここで、冒頭で述べた「交通」の重要性と危険性に戻ってみたい。コミュニケーションが発達するこれからの世の中、それは政府に対しての国民の不満が爆発する可能性も秘めている世の中であり、そのガス抜きがうまくできるのがイギリス型だと福沢諭吉は考えた。しかし、少なくともイギリス型は採用しないことが政府方針として見えてきた。では、その枠の中でどうしていったら良いのか。プロイセン型の秩序を前提として、日々の政治情勢の中で、よりイギリス型導入と近い効用を得られる政治判断、文明主義的な選択を促していく——これが福沢の選んだ、いや選ばざるを得なかった、新聞を使っての文明社会への残されたアプローチだったと言えよう。

　しかし、戦後の福沢研究において『時事新報』の社説が丹念に研究されるようになると、福沢の主張を批判する議論が噴出した。矛盾や不定見な主張が多い、民権と国権のバランスと言うが、国権主義に傾斜していったのではないか、いや、そもそも初期の福沢が口にする民権は虚言で、彼は一貫して政府の御用学者、国権主義一途な人だったのではないかなど、さまざまな見解が出てきた。多くの批判が、特にこの『時事新報』における福沢の言論に集まっている。

　『時事新報』をどのように読み解いていくかが、福沢の政治思想を議論する上で、実は大きな課題となっており、悪名高い「脱亜論」の問題もここに入ってくる。この点については次章の外交思想との関連で取り上げたい。

1　著作集5巻 p.62。明治16（1883）年に福沢が書いた慶應義塾25年史に当たる文書「慶應義塾紀事」に登場する。

2 『文明論之概略』(『著作集』4 巻 p.262)
3 同上 pp.259 〜 260
4 同上 p.2
5 『民情一新』(『著作集』6 巻 p.44)
6 同上 p.9
7 同上 pp.61 〜 62
8 同上 p.62
9 同上 p.63
10 このことを一貫して批判し、自由民権運動の実態を実証的に明らかにした研究に『手塚豊著作集』(慶應通信、1982 年) 全 10 巻や寺崎修『明治自由党の研究』(慶應通信、1987 年) 上下巻などがある。
11 全集 7 巻 pp.669 〜 670。「覚書」と題された福沢の備忘録の記述。
12 「三田演説第百回の記」(『著作集』5 巻 p.94)
13 『福沢全集緒言』(明治 7 年 6 月 7 日集会の演説) 著作集 12 巻 pp.489 〜 490
14 『国会論』(『著作集』7 巻 p.285)
15 『文明論之概略』(『著作集』4 巻 p.76)
16 この二分については福沢の未定稿「掃除破壊と建置経営」(全集 20 巻 pp.243 〜 253) 及び時事新報社説「著書、新聞紙及び政府の効力」、明治 17 年 5 月 31 日付
17 福沢生前の『時事新報』は、竜渓書舎から縮刷版が刊行されている。『時事新報』自体は、福沢没後も昭和 11 (1936) 年まで発行され、戦後も一時復刊した。
18 レシピを再現して、『福沢諭吉の「何にしようか」:100 年目の晩ごはん』(ワニマガジン社、2001 年) という形の料理本も刊行されている。
19 このコーナーの内容は飯沢匡編『福沢諭吉の開口笑話　明治の英和対訳ジョーク集』(富山房、1986 年) で読むことができる。

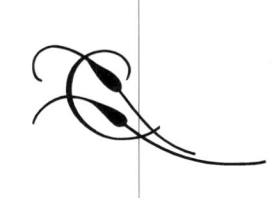

第9章

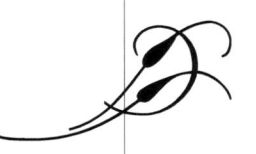

福沢諭吉の外交思想

はじめに

　今日福沢諭吉の思想といえば、自由、平等、独立というような、この社会、世界を人間が生きていく上での基本的な理念を日本に紹介し、それを定着させようとした人物として、積極的に評価する見方が一般的である。その一方で、「脱亜論」に代表されるように、日本が明治、大正、昭和と歩んだ過程で、近隣諸国に対して侵略的な行動を取るに至った方向性を後押しし、思想的に裏打ちしたととらえて、それを強く非難する立場がある。同じ人物であるにもかかわらず、真逆の思想が福沢の中に見出だされ、相容れないと思われる二つの顔が語られている。これが福沢の興味深いところであり、多くの人が関心を抱く理由にもなっている。本章では、「脱亜論」という、非常に評判の悪い論説を取り上げながら、福沢の外交を巡る思想がどのようなものであるか、その性格を検討してみたい。

1. 福沢諭吉における二つの世界観と「外交」

　福沢諭吉は外交を、大変幅の広い意味でとらえている。前章で福沢が用いる「交通」という語が、communication という意味であることを紹介した。「外交」もこのコミュニケーションの一形態という範疇でとらえてお

り、その活発化を是としている。現在、一般的に外交と言えば、一国と一国、あるいは多国間の政府による利害を巡る交渉、関係をイメージするが、福沢の発想は常に個人を出発点とするので、外交も政府間の前に、ある国の人とある国の人の接触、交流という、もっと身近な民間の問題に引きつけられる。たとえば「貿易」である。ある国とある国の間でものが行き交う。もちろんそこに政治的側面も存在するが、日常的な民間人同士による有形物のやりとりを媒介として人と人の間の接触、交流が生まれることを重視して、これを外交の一形態としてとらえ、その発展を求める。

　国内での日本人と外国人の接触に着目すれば、「内地雑居」も外交という範疇で考えることになる。当時日本にいる外国人は、居留地と呼ばれる開港場の区域にしか住むことができなかったが、いわゆる不平等条約の改正が実現すれば、外国人は日本人に混じって自由に住めるようになる。条約改正は国と国との通常の外交の問題だが、福沢は、外国人が日本人に混じって住み、日常的に接触をする条約改正実現以後の日常に着目して、内地雑居を外交の範疇で議論し、その早期実現を期待した。

　また、日本人が外国に住む海外移住、これも外交の一つのあり方としてとらえた。ある国に日本人が移住し、日本の文化を携えて、地域の人と交流をする。それが草の根的にその国の日本観を変える。そのような意味において、外交の中でとらえるのである。

　さらに濃密な領域に踏み込むと、雑婚となる。外国人と日本人が結婚をする、そして血が混じり合うことで国と国の間の感情が徐々に和む。この血と血のコミュニケーションもまた外交であり、肯定的に論じている。

　逆に、破綻した国家間の究極的なコミュニケーションが戦争であるから、福沢の中では人と人が対立して血を流す戦争から、血が混じり合って睦まじく暮らす雑婚まで、同じ「外交」という語でとらえられている。福沢は、「外国交際」という語を「外交」と同義で用いていたが、つまり「交通」の中でも人と人の間で行われるのが「交際」であり、そのうち外国と関係するものが「外交」となるのである。一般的な用語法としての国家間問題

よりも、個人間に軸足があり、その人と人の交際が可能な限り最大化することを是とする傾向を持つ。

　この外交について福沢はいろいろなことを発言するが、それらは大別して二つの視点からなされている。

　一つは長期的な視点である。これは福沢が「文明」をどのようにとらえていたのか、ということと関係する。福沢は「文明」の究極的な姿を、『文明論之概略』で「人天並立」という言葉で表現している。そのような世界を作るために日本人は、そして日本はどのように「外交」すべきか、これが第一の視点である。

　もう一つは、短期的な視点である。遠い将来、世界の文明がどうなっていくかではなく、福沢が生きている当時の世界において、その時をどうするかという問題である。世界はドロドロとした覇権争いのまっただ中で、ある国とある国の血まみれの戦争が繰り返され、侵略したりされたりが展開されてきた、その現在のレベルの世界で生き残っていくには、どのように「外交」すべきかという視点である。

　この二つの視点が福沢の中で混在していることが、福沢の外交思想をとらえる上での難しさである。長期的な視点と短期的な視点という二つの観点に分けて、福沢の外交思想を考えてみよう。

(1) 長期的視点　「人天並立」への接近

　まず、福沢諭吉が文明の究極的姿をどのようなものとしてとらえていたかを見てみたい。『文明論之概略』の中でこの点について、次のように記している。

> 人の精神の発達するは限りあることなし、造化(ぞうか)の仕掛けには定則あらざるはなし。無限の精神をもって有定の理を窮め、遂には有形無形の別なく、天地間の事物を悉皆(しっかい)人の精神の内に包羅して洩らすものなきに至るべし。この一段に至りては何ぞまた区々の智徳を弁じてその

第9章　福沢諭吉の外交思想　——　177

界(さかい)を争うに足らん。恰(あたか)も人天並立の有様なり。天下後世必ずその日あるべし。[1]

福沢はこの本で、人間が「智」と「徳」を高めていく過程として人類の歴史をとらえ、それが世界中の人々によって、究極的に高まり、「造化の仕掛け」、すなわち造物主（天）のつくった自然の法則を解明し尽くして人類が行き着く先を、一つのユートピアのような状態として「人天並立」という言葉で表現したのである。

その人天並立の状態に達する重要な鍵は、智と徳のうち、当時にあっては特に智の進歩であり、すなわち学問の進歩であると福沢は考えた（徳は古来変化せず、当時は儒教道徳が普及していたこともあり、智が最優先課題であると福沢はいう）。前章で「儒教主義」と「文明主義」という言葉を紹介したが、当時の西洋にあって日本を含むアジアに欠けていたものは何か。それは実証的、合理的に物事を把握する学問、すなわち実学である。実学に基づくものの考え方を身につけることで人は独立し、国も独立していくことができる。その状態を文明と呼ぶ。福沢はこのように学問が人間社会の発展の根幹を成すととらえたのだ。

また、その学問を身につけた人たちがざっくばらんに交流し合う「多事争論」が重要であるとの福沢の認識についても、前章で言及した。人と人の相互のコミュニケーションによってお互いに高め合っていくことができ、それが「人天並立」の世界を導く重要な原動力であると、福沢は考えた。この点と関連する資料を紹介したい。

西洋諸国日新の勢いを見るに、電信、蒸気、百般の器械、随って出れば随って面目を改め、日に月に新奇ならざるはなし。啻(ただ)に有形の器械のみ新奇なるにあらず、人智愈(いよいよ)開ければ交際愈広く、交際愈広ければ人情愈和(やわ)らぎ、万国公法の説に権を得て、戦争を起こすこと軽率ならず、経済の議論盛んにして政治商売の風を一変し、学校の制度、著

書の体裁、政府の商議、議院の政談、愈改まれば愈高く、その至る所の極みを期すべからず。[2]

　これは『学問のすゝめ』からの引用だが、前章で述べた「交通」、そしてその一形態としての「外交」が活発化することの効用が端的に語られている。電信、蒸気、さまざまな器械の発達によって、人と人とのコミュニケーションも発達する。多事争論も深まっていく。日本人同士のみならず、世界中の人々との交際がどんどん深まると人情が和らいでいく。「戦争を起こすこと軽率ならず」、つまり戦争もむやみに起こさなくなるということだ。日常的に接する仲になれば、戦争もおいそれと起こさない世の中になっていき、そういった中でお互いに智的に高まっていく。これが究極的にユートピアのような状態に世界を導いていく。そう福沢は思い描いていた。

　しかし、そのような状態はいつ訪れるかわからない。自分が生きている間に起こらないことは残念ながら確実で、遠い遠い未来にそうなるはずだ、という程度に考えていたのだろう。少しずつ戦争がなくなっていくという点は、短期的にもある程度実現が可能で、現に今の社会は福沢の生きていた当時に比べると、戦争はおいそれとは起きにくくなっている。他国との相互の関係が発達し、コミュニケーションが深まると、政治的な安定が得られる。これが福沢のいうところの「外交」の一つの効用である。

　この世界にユートピアのような究極の状態が生まれるのは、かなり遠い将来だと福沢は考えていたが、そうであっても、日本は学問のあり方を改め、多事争論を求め、少しずつ歩を進めていかなければならない、そのために自分はできることをやる、それが福沢のスタンスで、慶應義塾を開き、学問を変え、慶應の門下生と演説会をはじめ、交詢社を設立し、そして多事争論を生み出し、「外交」を、「交通」を、盛んにしていく取り組みを、福沢は続けていった。今の時代にできることをコツコツと積み上げ、そのリレーを次世代に、さらにその次にと繋いでいくことで、やがて来るべき

ユートピアに確実に道を繋げていこうと真剣に考えていた。

　ここで確認しておきたいのは、「交通」を重視し「不流停滞」を否とする福沢の思想には他者に対する積極性が内包されていることである。福沢は日本の中に、学識も人格もしっかりとした、１人の完璧なリーダーが登場して、日本人全体を率いていけば良いとは考えなかったことも、前章で既に述べた。権威や権力への追従では意味がなく、あくまで実学と多事争論の重要性を主体的に共有する人材が１人でも多くなることを求めていった。その必要性に先に気がついた人が、周りの人に伝え、その輪をどんどん広げていく。周囲も共鳴してどんどんその思想が広がって、皆で高め合っていくイメージである。前章で「天下衆人の精神発達」という言葉を紹介したが、その「天下衆人」とは単なる机上の理想ではなく、草の根的で実践的な具体的イメージとして追求された。

　たとえば、『学問のすゝめ』に次の一節がある。

　　今の世に生まれ、苟も愛国の意あらん者は、官私を問わず、まず自己の独立を謀り、余力あらば他人の独立を助け成すべし。父兄は子弟に独立を教え、教師は生徒に独立を勧め、士農工商共に独立して、国を守らざるべからず。[3]

　自分が独立して生きていくことの重要性に気がついたなら、それを自分の子供に教え、教師は生徒に教え、という形でどんどん広げていく。そのように福沢の思想は積極的に他に伝えられ広がるべきだという発想を内在している。それがまさに彼の文明観である。福沢がまず第一に教育者に徹したのはそのためである。

　従来の日本的な学問、すなわち儒教主義は「不流停滞」であったが、それを改めてまず日本社会を活発にしていく。そして日本が西洋からの波に共鳴したように、アジアも一緒にその方向性に変わっていく。さらに活発な西洋諸国の文明主義の潮流と一体になって、やがて地球規模で「人天並

立」に到達する。儒教主義は一掃されて、世界的に文明主義に到達していくことが理想である、ということになる。

　従って、福沢は諸外国との関係に非常に積極的になる。特に隣国朝鮮は、日本と同時期に近代化の課題に向き合っていたため、強い関心が向けられ、実際にその近代化の担い手になろうとしていた人々と交流し、彼らとこの潮流を作っていくことを模索していたのである。

　1人の人間の視点では荒唐無稽に思える「人天並立」という究極の文明世界が、福沢の視線の先にはいつの日にか必ず実現されるリアルなものとして描かれており、そこから逆算して、そこに少しでも近づいていくために今何をすべきかと彼は模索した。彼の外交に対する考え方の一方の側面は、このように長期的視点に立った文明観から紡ぎ出される。

(2) 短期的視点　今の世界の現実的把握

　では短期的な視点からはどうか。現在の世界情勢において、日本がどのように生き残っていくかという、現実主義的な外交へのアプローチである。

　当時の西洋世界では、国際法に基づく秩序が一応機能し始めていた。日本では「万国公法」と呼んでいたのがそれで、その秩序の中で、国家と国家は平等だが不平等でもあった。国家と国家の権利は対等で、どんな小国でも、どんな大国でも、一国と一国として対等に向き合うこととされ、その主権は尊重される。これは原則である。

　ところが、現実には力の強弱があり、強国と弱小国であれば、強い者が強いことを背景にして相手国に不利な条約を受け入れさせたり、外交関係が破綻して戦争になれば、強国が小国を自分の領土にしてしまうということさえある。主体 actor として国際政治の舞台に立つことは尊重されるが、その永続が保証されているわけではなく、生き残る努力は自力でしなければならない。これが当時の秩序であった。この状態を福沢諭吉は分かりやすい言葉で『学問のすゝめ』の中でも説いている。まず原則論の部分は次のようになる。

> 日本とても西洋諸国とても同じ天地の間にありて、同じ日輪に照らされ、同じ月を眺め、海を共にし、空気を共にし、情合相同じき人民なれば、ここに余るものは彼に渡し、彼に余るものは我に取り、互いに相教え、互いに相学び、恥じることもなく、誇ることもなく、互いに便利を達し、互いにその幸を祈り、天理人道に従って互いの交を結び、理のためには「アフリカ」の黒奴にも恐れ入り、道のためには英吉利（イギリス）、亜米利加（アメリカ）の軍艦をも恐れず、国の恥辱とありては、日本国中の人民一人も残らず命を棄てて国の威光を落とさざるこそ、一国の自由独立と申すべきなり。[4]

　「理のためには『アフリカ』の黒奴にも恐れ入り、道のためには英吉利、亜米利加の軍艦をも恐れず」、これはまさに各国の対等を言っている。当時は「野蛮」とされていたアフリカの一国でも、正しいことを主張すれば、日本はそれを一国と一国の関係においては尊重しなければいけない。逆に、イギリスやアメリカなどの強国が、日本に対して無理難題を押しつけてきても、日本は一対一の対等な存在である、歯向かって戦争になれば敗れてしまうかもしれないが、対等な存在だという道理にかけて、武器を持って戦わなければいけないと福沢は言う。これが原則の方である。
　一方で、『通俗国権論』（明治11〔1878〕年）では、次のように述べている。

> 百巻の万国公法は数門の大砲に若かず、幾冊の和親条約は一筐の弾薬に若かず。大砲弾薬は、もって有る道理を主張するの備えにあらずして無き道理を造るの器械なり。[5]

　100冊の国際法を持っていても、いくつかの大砲があれば打ち負かされてしまう。仲良くしようという条約を何冊結んでいても、弾薬一箱に敗れ

てしまう。どんなに正しい道理を説いても、力で解決されてしまうのが、今の世界の現実であることを、福沢はこのように鋭く表現する。『学問のすゝめ』と『通俗国権論』の引用では、相矛盾するようだが、福沢はこの原則論と現実論の二つで、国際情勢の現状を的確に把握していた。

　対等の一国として尊重されることが権利 right として認められていても、強国、弱小国などといった現在のあり様 condition の違いによって、実は全く平等ではない。これが世界の現実である。そして、この不平等な現実の中で、日本は生き残っていかなければいけない。「人天並立」の理想を持ちつつ、一方ではこのことを福沢は重視する。

　当時の日本が置かれていた状況を考えてみると、西洋諸国がアジアに進出し、インド、清国などの状況が危機感をかき立てていた。そして、隣接する清国、朝鮮は福沢の言う「儒教主義」で、前近代的秩序の中におり、しかもそれを改める必要性、危機意識を日本とは十分共有していない。その国々に隣接して日本は生き残っていかなければいけない。どうすればいいか。これが二つ目の視点ということになる。

　注意を要するのは、福沢はこれを良い悪いという価値判断とは区別していることだ。それが日本の立たされている現実だと言っているに過ぎない。道徳的に正しいとか正論だとされることを主張しても、力がなければ、世界には通用せず、負ければ国が滅びてしまう。正理正論だけでは、独立を維持できない現実は、浅ましく愚かだが冷徹に見つめなければならない。むしろ正理正論だけを追求すると、この現実を見誤る危険性さえある。これは、「実学的」な世界観と言っても良いかもしれない。

　従って、文明に向かっていく非常に壮大なビジョンを念頭に置く外交を一方に、かたや今存在する国際情勢の中でどう生き残っていくかという課題との格闘の中で語られる外交、これを同時に見据えていたのが、福沢の外交論、外交思想の特徴であると考えることができる。

　後者の短期的な視点については、もっと激しく露骨な言葉でも繰り返し論じられている。『時事新報』社説の表現を引用してみよう。

> 今の世界は殺伐、主にして、平和、客なり。……この世界にも相応の志士仁人ありて世を救治せんために種々の企てあるは我輩の知る所にして、例えば平和協会とかまたは赤十字社とか云う者は……感服の至りなりと雖も、さて何人がこれら慈善の大事業を企つるやと云うにその人はこれ世界戦争の発起人なる西洋国民にしてその趣は恰(あたか)も右の手にて人の面部を叩きながら左の手を翻して膏薬(こうやく)療治を与うるが如し。平和は我輩の誠に欲する所なりと雖(いえど)も平和説は弱者の口より唱出すべき道筋のものにあらず。徒(いたずら)に実際を顧みずして唯思想の高尚に馳するは、はなはだ早計の論と云うべし。……東洋の前途を案ずれば甚だ寒心に堪えざる所あるを感ずるなり。[6]

今の世界は殺伐が主人であり、合間にやって来るお客さんのような存在が平和だと言う。けれども、志士と呼ぶべき人がその世界にもいて、平和協会とか赤十字社などといった試みが起こりはじめている。ところが、その志士は誰かといったら、今まさに戦争を引き起こしている人々、西洋の人々である。これはあたかも右の手で人の顔を叩きながら、左の手で薬を塗っているようなものだ、と福沢は言う。さらに、平和の主張は、弱い人が言っても無力なのが現実で、いたずらに美しい議論に酔って、自分の思想が優れているなどと誇っても、それは弱小国に過ぎない日本には時期尚早だとも言っている。

> ……世界古今に通じてあらゆる戦争を計(かぞ)うるも一つとして義戦の名を下すものはあるべからず。戦争はこれ人間が自利のために運動したるものと知るべきなり。……甘言蜜の如くなる外交官の腹底には剣を蔵(おさ)むるの常にして、外交の伎倆(ぎりょう)とは言行相反するに最も妙巧なるものなりと云うも不可なきが如し。[7]

世の中には「義戦」などというものは存在しない。戦争は、どれも人間が自分の利益のためにやるものに過ぎない。このことは、クールに見据えなければいけないと福沢は言う。そして外交官とは、交渉の時、友好的に約束することと、実際にやることとが違えば違うほど（上手に自国の利益を正当化できるようにしておくほど）、腕が良い、優秀だと言われるのが、今の世界のレベルなのだと、福沢は身も蓋もなく言ってしまう。
　善悪の判断は別にして、国際情勢はこれが現実であり、日本もその中に身を置いている以上、一国だけ悟りを開いているわけにはいかず、まずはとにかく生き残らなければならない。従って、『時事新報』社説に展開される福沢の外交論は、何が何でも日本の独立を維持していくことを主眼とした強硬な議論となって現れることとなる。
　『文明論之概略』は全10章からなるが、その最初の9章は、文明なるものの尊さ、日本の文明の欠点などが、さまざまな観点から詳細に議論されている。しかし、10章において、日本はまず独立を維持しなければいけない、そのためにとりあえずは文明を利用し、独立維持の手段にしなければいけない、という議論がなされている。今の西洋文明を手本に、長期的な視点で精神発達を進めていかねばならず、文明はそれ自体尊い目的であるが、今の現実の世界を見据えたときには、独立し続けなければ意味がなく、そのために、とりあえずは独立を目的と見定め、文明を手段と考えて、がむしゃらに独立を求めねばならない、と言うのだ。
　文明は「目的」であり、「手段」である。この発想は、本章の（1）長期的視点と（2）短期的視点の外交論、また前章における（1）多事争論と（2）官民調和のように、一見相互に矛盾する二者が同居する、福沢特有のものの考え方である。
　外交における短期的な視点を重視する立場から、福沢が利用しない手はないと考えていたのが、新聞というメディアであった。政府が情報を発信しても、それは政府の色がついた情報になってしまう。民間の立場で、しかも独立不羈で自由に言いたいことを言える立場にいて新聞を発行するこ

とにより、初めて獲得できる情報の発信力がある。それは国対国のいわゆる外交にも影響を与えうるし、何より福沢のいう個人（民間）レベルのcommunicationとしての「外交」そのものであった。福沢はこのことを強く意識していた。新聞を通じた福沢の発言を評価する上では、「外交」としての新聞発行への自覚も視野に入れる必要がある。

　実際福沢は、新聞とは外交との関係においてどうあるべきかをたびたび『時事新報』に論じているので、そのうちの一つを引用してみよう。

> 今の文明世界に於ける新聞紙の勢力は兵隊軍艦よりも更に有力にして一片紙の記事、満世界の人心を動かしてその向背を定めしむること難からず、これを利用するときは国の利害を保護するに幾万の兵隊、幾百の軍艦にも勝ることある、その反対に、若しも誤用せらるるときは、理も非となり、直も曲に変じて、如何なる正当の理由あるもこれを弁明するの手段はあるべからず。……誤報を伝えられて、先入、主とならざるその前に早く手段を運らすこそ肝要なれ。[8]

　文明社会における新聞の影響力は、兵隊や軍艦よりも大きい。小さな記事であっても世界の人々の心が動いて、国際世論が日本を味方したり、日本からそっぽを向いたりと左右し得る。情報発信の仕方によっては、正しいことをしても極悪非道の所業と伝わったり、またその逆もあり得る。つまり、日本が何かミスを犯しても、情報発信の仕方次第で、その失策を取り返すこともできる、というのだ。だから新聞が持ち得る情報発信力に強い意識を持ち、その意識下に『時事新報』を発行していたと考えられる。このことについては、従来あまり関心が持たれていないが、福沢の政治思想、外交思想を考える上で、非常に重要な視点だと筆者は考えている。

2. 脱亜論を例として

「脱亜論」の内容

　ではここで「脱亜論」を取り上げてみよう。「脱亜論」は明治 18 (1885) 年 3 月 16 日付の『時事新報』に掲載された社説であり、紙面の 3 段にも満たない、わずか 2000 字程度の社説で、この 1 日に限り掲載されたものであった。

　その当時、特に話題になったわけでもなく、その後の福沢著作、福沢に関する文献でも全く言及されていなかった。昭和になって日本が中国や欧米との戦争をしていた時期でも誰も知らなかったのだが、戦後になって研究者に「発見」され、「脱亜論」というセンセーショナルなタイトルも手伝ってか、にわかに注目されて、格好の批判の的となった。したがって、この社説は、同時代的にも、そしてその後の日本の歴史にも、影響を与えたとは言えない資料だが、今では、福沢の代表的な著作であるように誤解している人もいるようだ。これが福沢の主宰する『時事新報』に載せられている以上、また多くの人に誤解されているならばなおさら、この社説を、福沢の思想との関連でどのように理解すべきかを解説する意味があると思い、ここではあえて取り上げる。

　さて、この「脱亜論」という社説は、(1) 長期的視点と (2) 短期的視点との関連ではどのように読み解くことができる社説であろうか。

　最初に説明が必要なのは、この社説が明治 17 年 12 月に朝鮮の現在のソウルで発生した、甲申事変というクーデタに関係する社説であることだ。当時の朝鮮は、清国を中心とする前近代的な国際秩序から抜け出すかどうかという移行期に差し掛かっていた。朝鮮は日本や欧米諸国と条約を交わし、国際法の秩序に仲間入りする態度を見せながら、一方で、中華思想に基づく清国を中心とした冊封体制の中に位置づけられ、清の属邦であることで、清国の保護を受けるという古来の関係も維持していた。つまり、従来両足を入れていた清国との前近代的な秩序から片足を抜いて、西洋諸国

との国際法秩序に踏み入れてはみたが、どうしようかと迷いながら、自国の維持を図っている状況にあった。

その朝鮮国内には二つの大きな勢力があり、一つは「事大党」と呼ばれる守旧的な勢力であった。「大」きいものに「事(つか)」える、すなわち大国清に依存してきたこれまで通りにして、生き残っていこうと考える勢力である。これに対して、国際法の秩序に仲間入りしていくための近代化を進め、西洋思想も積極的に学ぼうという勢力が「開化派」と呼ばれる若手官僚のグループであった。朝鮮にとっての開国である明治９年の日朝修好条規、続く西洋諸国との条約締結後、開化派が政府の主導権を握っていたのだが、その後明治15年に発生した朝鮮政府内の権力抗争である壬午事変の発生以降は、事大党が主導権を奪還していた。

福沢は先述のとおり、文明主義は世界共通に目的とすべきものととらえたので、日本と同じような国情の朝鮮に対しても、西洋思想の精神が広まっていくことを期待し、日本の近代化の後輩分のように朝鮮の現状を維新前の日本とオーバーラップさせていた。日本同様の「儒教主義」と言うべき状態から抜け出そうと模索する開化派の政客たち、すなわち金玉均や朴泳孝らに助言を与え、学問的な援助を与えるなど、活発に交流していたのはそのためである。

たとえば自分の門下生を朝鮮に送って学校を作ろうと計画したり、朝鮮からの留学生を慶應義塾に迎え入れたりした。新しい思想を身につけた人材を育成していくという形で後方支援をしながら、自分が日本の近代化に対して取り組んでいることと同じことを、開化派の人々が朝鮮において担

図９−１
朝鮮使節にかつての自分を重ねた福沢の漢詩
慶應義塾福沢研究センター蔵

うことを期待していた。開化派に自分の姿を重ねていたので、来日した朝鮮の外交使節団を見ながら、ロンドンを訪問したかつての自分の姿を重ね合わせる漢詩も残している（図9-1）。

　そういった中で起こったのが、甲申事変であった。明治17年12月、事大党が主導権を握る朝鮮の政府内で、開化派がクーデタを起こした。国王からの要請という形で日本公使館は開化派側に兵を派して支援し、一度は開化派が政府の全権を握って、大改革を発表した。しかしここに清国が介入して事大党に援軍を送り、政権は文字どおり三日天下で奪還されてしまった。そして、開化派はことごとく殺害され、親戚なども徹底的に処刑された。金玉均、朴泳孝ら最高幹部だけは、命からがら日本に亡命し、一時は三田の福沢邸内でかくまわれるような状況になった。今まで、事大党か開化派かという勢力争いがあった朝鮮で、開化派が政権奪還に失敗してほぼ全滅、事大党一色の朝鮮政府となったというのが、甲申事変のもたらした結果である。

　しかも貿易などの関係で、すでに朝鮮に多数住んでいた日本人居留民が、事変の際襲撃され、多数の死者が発生、家財の損失なども甚大であった。そのため、事変の事後処理として、朝鮮および援軍を送った清国と日本との間に、賠償問題が生じた。また、日清両国の朝鮮からの撤兵をどうするかという問題も浮上した。明治18年3月に書かれた「脱亜論」は、これら事変の事後処理を進めている最中に書かれた社説であった。

　このようなことを念頭に置いた上で、「脱亜論」の本文を少し読んでみよう[9]。

（A）我日本の国土は亜細亜の東辺に在りと雖も、その国民の精神は既に亜細亜の固陋(ころう)を脱して西洋の文明に移りたり。然るにここに不幸なるは近隣に国あり、一を支那と云い、一を朝鮮と云う。…この二国の者共は一身に就きまた一国に関して改進の道を知らず、交通至便の世の中に文明の事物を聞見せざるにあらざれども、耳目の聞見はもって心を

動かすに足らずして、その古風旧慣に恋々するの情は百千年の古に異ならず。

(B) ……今日の 謀 （はかりごと）を為すに、我国は隣国の開明を待って亜細亜を興すの猶予あるべからず、寧ろ、その伍を脱して西洋の文明国と進退を共にし、その支那、朝鮮に接するの法も隣国なるが故にとて特別の会釈に及ばず、正に西洋人がこれに接するの風に従って処分すべきのみ。悪友を親しむ者は共に悪名を免かるべからず。我は心に於て亜細亜東方の悪友を謝絶するものなり。

今、読んだ二つの引用は、筆者が「脱亜論」のエッセンスと考える部分である。（A）は朝鮮、清国の儒教主義批判の部分である。この社説の最初の3分の2ほどは朝鮮と清国の国のあり方、ものの考え方が、古代から一向に変わらず、しかも朝鮮は開きかけた扉をまた閉ざしてしまったと論じる。まさに福沢の儒教主義批判である。

古い考えに固執している状態を「儒教」にこと寄せて批判し、それによって社会全体が停滞して多事争論を阻むという、福沢の文明観を思い起こしてみよう。「交通」という語にも注意してほしい。

（B）では弱肉強食の国際情勢について言及する。西洋諸国がアジアに迫っている中で、一向に変わろうとしない朝鮮、清国とご近所だからといって気前良く気長につきあっていては、東アジアの変わろうとしない国の一つとして同一視されて、近代化に尽力する日本が埋没し、かえって独立を危うくする。我々は隣国に対する情ではなく、日本自身が生き残らねばならない現実を重視し、今後は西洋諸国と行動を共にする。当時の冷酷な国際情勢を明け透けに論じ、その中で日本は現実的な選択をしなければならないと論じているのが、末尾部分である。

「脱亜論」の評価

　この社説に対する評価として最も有名なのは、坂野潤治氏の『福沢諭吉選集』解説である[10]。朝鮮開化派を、福沢は今まで応援していた。それがこの甲申事変の失敗によって、水泡に帰してしまった。朝鮮政府には事大党しか残らない。開化派は全滅し、生き残った人もみんな日本に逃げ、近代化の歩みを進めていく核になる人材は、朝鮮から消滅した。大失敗のクーデタの結果に対する「敗北宣言」が、この「脱亜論」という文章である。これが学会の通説的見解になっている坂野説である。

　しかし、筆者はこれだけでは「脱亜論」を説明しきれていないと思う。特に末尾の、西洋諸国と行動を共にするという表現は、福沢を批判する立場の人々が指摘するように、西洋諸国と共に朝鮮も清国も侵略するぞ、というようにも読める。それは敗北宣言という消極的、絶望的な姿勢からは出てこない表現ではなかろうか。

　筆者はこの点において、（2）短期的視点を再考してみる必要があると考えたい。事変から3ヵ月を経たこの時点において、福沢が新聞の果たすべき役割をどのように考えたか、当時の状況をもっと掘り下げて点検し直してみたい。

　日本政府の視点に立ってみると、実はこの時、危機的な局面にさしかかっていた。なぜかと言えば、清国は甲申事変を日本政府が教唆したという疑いをかけており、それは、即座に否定できないどころか、外務省の出先である日本公使館が実際に関与していたと言われても仕方がない状況が存在したからである。事変発生前、朝鮮政府に少しでも影響力を拡大したかった日本政府は、明治17年夏に越南（現在のベトナム）領有を巡って勃発した清仏戦争によって、清国の影響力が朝鮮から弱まると見た。そこで、当時の日本公使竹添進一郎が開化派の人々に接近、このチャンスに開化派が事大党を倒すクーデタを起こすことを暗に促し、日本政府がサポートする可能性を示唆したと言われている。平たく言えば、この時開化派は、一民間人に過ぎない福沢のバックアップから、日本政府の支援に乗り換えて

しまったのだ[11]。

　竹添が開化派に対して、日本政府の支持を示唆したのは、実は独断によるものであったことが、現在では資料的に裏づけられている。しかし本国の日本外務省が関与していなくても、その出先が関与していたことが露見するだけで大変な問題になる。ある国のクーデタに、別の国の外交官が関与していたとしたら、当時としても内政干渉として批難されるのは当然であった。

　クーデタが成功していればまだしも、失敗に終わり、クーデタで追い出そうとした人々が今の朝鮮政府を握っているので、その人たちと賠償交渉をしなければいけない。さらに、介入した清国との間で、双方の駐留軍の処置や賠償の交渉をしなければいけない。

　ところが、そもそも日本が開化派と内通してクーデタを起こさせていたとなれば、撤兵や賠償どころか、清国が日本を非難して、朝鮮から日本の影響力を一切排除することさえできる状況である。このように日本政府には甲申事変を巡って大変な弱みがあり、この時点で戦々恐々としている状況が存在した。そのため、日本国内では新聞雑誌が厳しく検閲を受け、日本政府に不利な情報が流れないよう注意が払われていた。しかも福沢は、こんにち明らかになっている日本政府の実際の関与（竹添の独断）よりも一層深いレベルでの関与があったものと信じ込んでいた（なぜなら福沢がかくまっていた金玉均ら開化派幹部は竹添からそう言われ、それを信じたからクーデタを決行したのだ）。福沢が大臣クラス（外務卿井上馨ら）も事前に知っていたと信じていたことを示す資料が残されている。福沢の危機感は誰よりも高かった。

　「脱亜論」の掲載は、日本政府が清国政府との直接交渉をはじめるため、内務卿伊藤博文を天津に派遣する直前のタイミングである。「脱亜論」の翌月には天津条約が結ばれるが、この状況で、この強硬な文章が書かれていることが何を意味するか、それを考える必要があるだろう。

　（1）長期的視点と（2）短期的視点に戻ってみよう。やがて世界に訪れ

るべき文明世界に、日本を少しでも向かわせていきたいという（1）と、今の冷酷な国際情勢の中で生き残っていかなければいけないという現実的な（2）の視点が外交に対して生きてくるのである。

　まず（1）の視点から考えてみよう。「脱亜論」を要約した pp.189〜190 の（A）（B）のうち、（A）が（1）と対応する。朝鮮・清国は依然として儒教主義の国である。「脱亜論」という表題の「亜」は、まさに儒教的思考に支配されたアジア的古さ、儒教主義と福沢が呼ぶものを指している。儒教的精神により社会が硬直し、多事争論が生まれない、ゆえに人を形作る根本である教育、学問を改めない限り、朝鮮も清国も変わっていくことができない。これが「脱亜論」の一つの側面である。「脱亜」＝「文明主義の採用」ということなので、この脱亜の語を見て、アジア蔑視などと考えるのは早計である。この「亜」は今日の日本においても「脱」することに誰もが異論のないものなのである。

　次に（B）の部分である。この「脱亜論」の最も非難される一節を、どう読むべきか。

　これは甲申事変における日本政府の失策と関連づけることができる。出先の外交官がクーデタに関与して、しかも失敗して政治情勢が破綻しかかっている。世界的に非難される性質の失策を知り、当時の情勢下での朝鮮の清国依存の深化をできるだけ軽減するために、日本政府を擁護し、その外交的な立場を後押しして極力ダメージを少なくする。そのために、先手必勝、むしろ強硬な態度に出るという姿勢（ポーズ）として、この「脱亜論」を読み解くことができるのではないか。日本政府の失策が表に出ないように、日本に落ち度がないという態度で主張を発信することが、「脱亜論」という文章の主眼ではないだろうか。

　『時事新報』は日本の権威ある新聞として、諸外国の新聞に論調が引用されることがしばしばあった。日本にいる宣教師たちは本国に新聞報道を日常的に報告していたし、朝鮮、清国では『時事新報』そのものが読まれていたようである。今日でもたとえば、日米首脳会談に対して、諸外国の

メディアがどのように報じているかという形で有力な海外メディアの論評がしばしば日本の報道で引用される。それと同様に、代表的な日本の論評として欧米の当時の新聞に『時事新報』が引用されることがよくあった。それを織り込み済みで、日本には甲申事変で落ち度がない、朝鮮、清国が一方的に悪い、我が国は強硬な態度で談判に臨むのだという、日本政府の立場を代弁するつもりでのポーズを発信したのではないか。外交的メッセージ性を意識しているという視点が、この「脱亜論」を読む上では必要なのである。もちろんそれは国内でくすぶる政府への疑念も鎮め、政府の背中を押す意図も含んでいる。

このことを裏づける資料をいくつか挙げてみよう。「脱亜論」の翌月、すなわち天津条約が妥結された頃に、福沢が信頼する政府高官田中不二麿に宛てた書簡に次のような一節がある。

> 今回の一条は結局平和をもって我が体面を蔽うこと難し。無茶にも兵に訴えて非を遂ぐるの外なしと存じ候。時事新報などにも専ら主戦論を唱え候ことなり。新報紙面と内実とは全く別にして、我が非を蔽わんとするの切なるより、態と非を云わず、立派に一番の戦争に局を結びて、永く支那人に対して被告の地位に立たんとしたるもののみ。[12]

甲申事変は平和的に解決しようとすると、日本の失策を覆うことができず、日本が非難される事態を招きかねない。無茶でも主戦論を唱えて、かなり強硬な態度に出ていかなければいけない。『時事新報』の紙面に書いていることは実際の内情とは全く別で、「我が非を蔽わんとするの切なるより、態と非を云わず」、すなわち日本側に落ち度があるけれども、これを隠さなければいけないということを切実に思っている。わざと悪い側面は言わず、強硬論で通している、究極的には戦争になっても仕方がないという態度で、『時事新報』の社説を書いていると、信頼する知人に漏らし

ているのだ。

「脱亜論」掲載の２週間ほど前の社説「外交事情報道の必要」では次のように記している。

> 旧臘(きゅうろう)の朝鮮事変は実に東洋国交際上の大事件にして、我が日本には欧字新聞の少なきがためか、欧米の諸新聞紙が右事変談判の事柄を報道する、その報道は日本方の手に出ずるもの少なくして支那方の通信に根拠するもの多きが如し。支那流の手に成りたる報知はやはり支那流の臭気を帯びて結局の正理は支那方にてこれを専有するの利あるを免れず、欧州の新聞紙中、彼の京城事変をもって日本の教唆(か)に成りたるかの如くに記したるものありしも、また先ず支那流の通信を信じたるによるならん。結局欧米人の目には支那方の直影のみを映じて日本方を曲とするの傾きなきを得ざるべし。故に東洋事ありてその中に我が日本の関係することもあらば、敢えて非を理に枉(ま)げ曲を直と矯(た)むるには及ばざれども、有りの儘の事実を先ず有りの儘に報道して、身に覚えなき濡衣(ぬれぎぬ)を被らざるの覚悟なかるべからず。東洋の事変を報道して曲を我が日本に被らしめざるの労は、官民公私を論ぜず日本国人等しく皆これを執らざるべからず。日本国人にして苟(いやしく)も欧文を解しまたこれを使用するの力あるものはその筆労を厭(いと)うことなく、種々の方便を求めて我の道理の蔽われざる先に、これを欧米人に報道せざるべからず。[13]

甲申事変に関する欧米の報道は、日本側からの情報ではなく、清国側が発信した情報に基づいて書かれている。清国側からの情報発信が充実しているから、清国に有利な情報が世界に流れる。日本がこの事変を教唆したのではないかという報道が世界に流れているのも、清国側の情報を信じているからだろうという言い方をしている。だから、嘘までつかなくて良いが、情報発信に力を入れなければいけない。そして、身に覚えのない濡れ

図 9-2　慶應義塾に入学した朝鮮留学生
　　　　　　　　　　慶應義塾図書館蔵

衣を着せられないようにしなければならないと言っているわけである。日本人は官民を挙げて、日本の立場の情報発信に力を入れるべきだ——まさに福沢のいう「外交」をすべきだ——と、「脱亜論」の直前に社説で書いているのだ。

「脱亜論」後の福沢

　このように（1）長期的視点と（2）短期的視点の二つが混在している福沢の思想が、まさに「脱亜論」という短文の中にも現れていると見ることができる。

　（2）で福沢がすごんで見せた内容は、侵略的だと非難されるが、この時点でそのような意図を発信しようとしていたかというと、そうではなかったと考えられる。このことを考える上では福沢のその後の発言や行動を考慮する必要がある。福沢は「脱亜論」後、10数年に亘って朝鮮の問題に対して発言を続けた。「脱亜論」は福沢の結論で、以後は朝鮮を見捨てたかのように理解する向きがあるが、全くの誤りである。しかもその「脱亜

論」後に論じている内容は、侵略どころか、朝鮮併合を否定し、保護国化も否定し、(1) の文明観とセットで理解しなければ出てこない、啓蒙的姿勢を維持している。むしろ福沢は、近代化に成功しつつある日本人の自己過信への警戒を強めていき、日清戦争後、日本人が戦勝に浮かれて傲慢になっていることに反省を促してさえいる[14]。

図9-2は、明治28 (1895) 年、三田の慶應義塾に、朝鮮からの留学生200人近くがやってきたときの集合写真である。留学生は民族衣装を着けており、その後義塾で学んで、それぞれ知識を持ち帰った。福沢の文明観は、学問観に根ざしていると述べたが、福沢は国を変えていくためには学問を変え、そして人を変えていかねばならず、時勢を動かしていかねばならないと考えたことを、前章で説明した。彼が朝鮮の政略ではなく、教育に固執し続けたことは、想起されて良い。まさに (1) 長期的視点の文明のビジョンに基づいて行動し続けたのである。

また、晩年の『時事新報』では、日朝貿易や実業の発展から、あるいは雑居の促進から朝鮮の近代化を促そうとしたことが読み取れる。本章冒頭で説明したように、福沢において貿易や雑居は communication としての「外交」なのである。「脱亜論」後も、福沢は一貫して朝鮮に対する積極性を変えておらず、朝鮮の近代化に可能性を見出していたと考えられる。もし、福沢自身に領土的な野心があったり、政府にそのような方向性を促す意図があれば、教育への関与などといった遠回りではなく、もっと直截的で合理的な政略を提言したはずであろう。

ここで重要なことは、「脱亜論」が、福沢の外交論の非常に特徴的な二つの側面を内包してはいるが、終着点ではないということである。

3. 研究史上の問題

福沢研究における「脱亜論」偏重の結果、福沢諭吉の思想の一貫性をどのようにとらえるかという大きな問題が、福沢研究者の中で議論となった。

たとえば、明治5（1872）年に出版された『学問のすゝめ』と、明治18年の「脱亜論」のような『時事新報』社説を同列のテクストとして読んでいいのか、という問題である。前者は自由、平等、独立、民権といった基本的な思想を述べていながら、後者は国の独立、国権ばかりの議論となって個人の自由や平等は軽視されるようになったのではないか。つまり、民権重視の思想から国権重視へと変節してしまった、最初は良かったが、後は転向して堕落したという見方が登場した。

別の論者は、福沢はやはり一貫して民権の拡大を主眼として、国の独立の問題も議論し、あくまで民権論が彼の一貫性を保っていると肯定的に議論する。

またある人々は、福沢は自由や平等といったこともあるが、結局は天皇を中心にした国の存立、近代日本国家を主導した人間であって、一貫して国権論者であり、非難すべきだとする。

変わってしまったのか、一貫しているのか。また一貫しているのも、どのような文脈で一貫しているのか。今なお、福沢研究で継続して行われている論争である。

その中でも、特に世間で有名になったのは、『時事新報』のどの社説を誰が書いたか、という点に着目した時事新報社説執筆者論争である。『時事新報』は毎日発行されていた新聞で、その社説には署名がない。社説の一部は確かに福沢が書いたということで、自筆原稿も残っているが「脱亜論」含め、ほとんどは原稿が残っていない。

たとえば、「脱亜論」が福沢の書いていないものだったら、福沢は侵略思想の持ち主ではなかった、という議論がしやすい。その他にも侵略的だと批判される社説があるので、それらの言葉遣いや漢字の送り仮名などを詳細に検討して、文体の癖から本当に福沢が書いたか検討しようという見解が登場した。当時『時事新報』社説の執筆には、福沢だけでなく、門下生たち（高橋義雄、渡辺治、石河幹明などが有名）も加わっていたことが分かっている。福沢以外の書き手の思想が、『時事新報』として一括りに

されて混入し、福沢の思想が歪められたのではないか。こう考える立場の論者として井田進也氏、平山洋氏が有名である[15]。

しかし、もう一度考えたいのは、前章でも述べたとおり、福沢は自分の言論の姿勢を「掃除破壊」と「建置経営」という二つの言葉で説明していたということである。掃除破壊というのは、原理原則的な議論をする時代、著書で発表するその議論は、すぐに人々に浸透しなくても、徐々に大きく人を変えていく、つまり長く読まれるものと意識して書かれていた。

後半生の建置経営の時代は、日々刻々と変わっていく情勢の中での対症療法の時代で、福沢は、一過性の情報発信の道具に過ぎない新聞の時代だと位置づけている。今日書いたものは明日にはもう捨てられる、忘れられる、それで良い時代だと、福沢はとらえている。

掃除破壊の著書の時代と建置経営の新聞の時代、確かに福沢の文章は変わっているが、それは自覚的な差異であり、双方を（1）長期的視点と（2）短期的視点から把握すれば思想的に一貫したものとして説明することができる。

『時事新報』社説では、しばしば『時事新報』のアイデンティティーは何かが語られている。その一つを紹介してみたい。これは『時事新報』が5000号を迎えた、明治30（1897）年の社説である。

> 初号以来丁寧反復、既に五千回の筆を労しながら、苟（かりそ）めにもその趣旨を変じたることなし。世間の新聞紙を見るに、執筆者と持主と人を異にするものあり、または屢（しばし）ば持主を変じて随って論旨を変じたるものあり、新聞紙の種類の多きと共に、その変遷もまた限りなきその中に独り我が時事新報は十五年来嘗（かつ）て趣旨を変ぜざるのみか、社中の仕組みも一切当初の儘にして、事を執るものはいずれも慶應義塾の同社に非ざるはなし。変化なきも固よりその筈にして、他に見る能わざるの特色として窃（ひそか）に自から誇る所のものなり。[16]

この新聞は5000号続いてきたけれども、よその新聞は経営者がコロコロ変わり、言うこともコロコロ変わる。我が『時事新報』は全て一貫した考え方（＝文明主義）に基づいて書いている。これが他紙と異なる『時事新報』の特徴であり、誇りとするところだと言っている。とすると、どの社説を誰が書いたかという議論は、果たしてこの『時事新報』の自意識と合致するのか。どれを誰が書いたか選べるということは、バラバラの思想の寄せ集めということであり、そのような新聞は『時事新報』の名に値しないと『時事新報』自身が言っているのだ。執筆者認定論は、福沢を擁護しているようだが、『時事新報』という福沢後半生の仕事を、バラバラな思想の論文集に過ぎないと言っていることになってしまう。当時世間が「福沢の新聞」と見ている中で自意識過剰といっても良い福沢が、のうのうとそのような事態を見過ごしていたということになるし、そもそも社説は、福沢が脳溢血で倒れる日まで、一貫して直接統括し、チェックしていたことが資料的に裏づけられている。やはりどの日に誰が筆を執っていたかではなく、全ての社説が、福沢の思想との関連で語られなければならないのではないか[17]。そして、その思想の一貫性とは、(1)「人天並立」の文明世界を理想とする長期的視点からの原則論と、(2) 弱肉強食の世に今生きていくための短期的視点からの対症療法的現実論の二つの視点によって十二分に説明可能なのである。さらに (2) も結局は「人天並立」に少しでも近付くことが意図されていることが重要である。

4. 福沢諭吉のジレンマ

　福沢諭吉の外交思想をとらえる上で最後に考えたいのは、福沢が抱えていたジレンマである。福沢は、将来的には多元的な、多事争論のユートピアのような社会ができ上がることを目指していくのが、文明主義だと考えていた。それを求めていきたいという欲求がありつつも、かたや緊迫する東アジア情勢の中で日本が生き残っていかなければ、そもそもその大き

ビジョンを論じることさえ意味がない。だからまず今、現実に存在しているこの政治情勢の中で生き残っていくことを考えなければならない。この両立し得ないかに見える二つの課題を、しかし両立させながら、少しでも日本を進歩させていく、歩を進めていくことに関心があるのが福沢であり、その模索が『時事新報』紙上において日々展開され、その一つが「脱亜論」なのである。

最終的に、より文明主義的な状態になることを志向することにおいて、福沢の言論には一貫性があり、また時々刻々変わりゆく国際情勢に対して、その時点で日本の独立を保つための選択を促進していったのだ。

これが、福沢の選んだ道であった。高い理想に少しでも近づきつつ、しかし今目の前にある現実と向き合い、それを現実的に、戦略的に乗り越えていくことも重視するということなのである。これは悩み多いことであり、福沢も絶えず悩んでいた。

この二つを、民間に身を置きながら同時並行で、本気でやろうとしたのが福沢の非凡性であり、また彼の思想の理解を困難にさせている原因なのである。

彼のいうところの「外交」は政府に任せておけばよいものではなく、民間の一個人も当事者なのである。福沢が著作において、また新聞社説においてしていたことは外交を「論ずる」ことではなく、外交そのものだったのだ。

---

1 『文明論之概略』(『著作集』4巻 p.182)
2 『学問のすゝめ』9編 (『著作集』3巻 pp.100～101)
3 『学問のすゝめ』3編 (『著作集』3巻 p.34)
4 『学問のすゝめ』初編 (『著作集』3巻 pp.9～10)
5 『通俗国権論』(『著作集』7巻 p.195)
6 時事新報社説「世界の景況」、明治18 (1885) 年1月21日付。
7 同上「言行不一致」、明治28 (1895) 年5月4日付。

8 同上「外国新聞の記事に注意すべし」、明治27（1894）年6月29日付。
9 「脱亜論」（『著作集』8巻 pp.261〜265）
10 坂野潤治「解説」、『福沢諭吉選集』7巻（岩波書店、1981年）p.338
11 なお福沢自身が開化派のクーデタそのものを支援したとも言われるが、この見解は当時朝鮮政府に出仕していた福沢門下生井上角五郎の証言のみに基づいている。しかしその証言は変遷が激しく、資料的には全く異なる事実が多数見出されるので真憑性に乏しい。この点については未完だが都倉武之「明治十八年・井上角五郎官吏侮辱事件（一）」『近代日本研究』24巻、2007年。
12 田中不二麿宛福沢諭吉書簡、『近代日本研究』23巻所収。
13 時事新報社説「外交事情報道の必要」、明治18（1885）年3月3日付。
14 都倉「福沢諭吉の朝鮮問題──「文明主義」と「義侠心」をめぐって」（寺崎修編『福沢諭吉の思想と近代化構想』慶應義塾大学出版会、2008年）。また「政治についての付託」（都倉執筆）（『福沢諭吉事典』慶應義塾大学出版会、2010年）pp.346〜347
15 井田進也『歴史とテクスト』（光芒社、2001年）が火ぶたを切り、平山洋『福沢諭吉の真実』（文藝春秋、2004年）が同様の立場から次々と議論を敷衍した。なおこれに反対する近年の代表的立場として安川寿之輔『福沢諭吉のアジア認識』（高文研、2000年）、杉田聡『福沢諭吉 朝鮮・中国・台湾論集』（明石書店、2010年）など。
16 時事新報社説「時事新報第五千号」、明治30（1897）年9月1日付。
17 この問題については都倉「時事新報論説をめぐる諸問題」（青木功一『福沢諭吉のアジア』慶應義塾大学出版会、2011年）。ここに記す立場から、本章では時事新報社説は全集の収録有無を区別せず引用し、福沢の見解として論じる。

第10章

福沢諭吉と法文化

はじめに

　本章筆者の専攻は、近代日本の法制史である。法史学とも言うが、法律の歴史を研究対象とする分野である。法律とは国家の定める制度であり、筆者は、憲法、刑法、民法などの主要な法典が、どのように近代期の日本で制定されてきたのかということと併せて、そうした制度をいかに運用し機能的に形成してきたのかという側面、いわば法制度の運用に携わった主体＝人間についても深い関心を持っている。つまり、法の客体的な側面としての「制度」と、その法制度を操作し作動させていく人間（多くは法律専門家）、すなわち法制度の主体的側面の二つに焦点を合わせて研究を行っている[1]。

　本章では、どちらかと言えば、前述の法に関わる主体的な側面、広義では法学教育史上のトピックに触れることになる。法学教育はなにも法律専門家を養成することのみにその目的が置かれるものでもない。本章では、福沢諭吉の法に対する考えを紹介し、明治23（1890）年に開設された慶應の大学部法律科の草創期を例に挙げながら、福沢によって、さらには大学部創設期において目指された法学教育の理念像を示していく。また、明治23年から数えて114年目の平成16（2004）年に、21世紀の日本が目指す司法制度改革の大きな一つの目玉として位置づけられた法科大学院が開

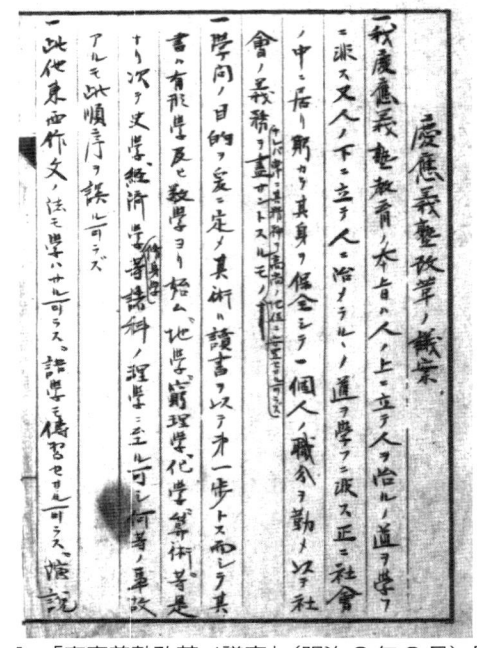

図10-1 「慶應義塾改革ノ議案」(明治9年3月)冒頭部分
(慶應義塾福沢研究センター蔵)

設されたが、慶應における法科大学院と草創期の大学部法律科は、時間の径庭を超えて通底する精神に貫かれていることにも言及したい[2]。

　明治9(1876)年3月に福沢が起草した「慶應義塾改革ノ議案」(図10-1)の冒頭部分には、「我が慶應義塾教育の本旨は人の上に立て人を治むるの道を学ぶに非ず、又人の下に立て人に治めらるゝの道を学ぶに非ず、正に社会の中に居り自らその身を保全して一個人の職分を勤め以て社会の義務を尽さんとするものなれば、常にその精神を高尚の地位に安置せざるべからず」という宣言が見える[3]。すなわち、統治や支配に直結する治者や被治者の育成ではなく、社会において果たすべき「職分」を誠実に実行する一個の独立した個人の形成、ここに慶應義塾における教育の源流を福沢は見出している。実は、福沢の法に対する態度や考え——本章では、福

沢の「法思想」と同義に用いることもあるが――、さらには彼の法学教育観に言及するにあたって、この引用は大きな意味を持ってくる[4]。

1. 福沢諭吉の法思想

(1) 福沢と法

　福沢諭吉は、近代日本の啓蒙思想家、政治思想家、教育家、ジャーナリストなどと定義づけられることはあっても、弁護士、裁判官、それに検察官といった法律家として論じられることはない。なぜならそれらの専門職は国家資格であり、福沢がその取得者であったという事実はないからである。しかし、だからといって福沢と法律が全く無縁であったかと言えば、そうではない。

　意外な事実を紹介しよう。福沢は天保5年12月12日（西暦1835年1月10日）夜に出生したが、そもそも諭吉と命名されたのは、その日、父百助が長年所望していた漢籍『上諭条例』をやっとの思いで入手し、その喜びから、書名内の一字「諭」を愛児の名にあてたからである（『福翁自伝』）。この百助所持の『上諭条例』とは、清朝（雍正帝～乾隆帝期を中心とした）の法令集で、詔勅・勅令・政令などを年度順に配して項目別に分類したものであった。伊藤東涯に私淑していたという百助は、その学風を継ぎ、和漢の文物や制度、法制史に関わる蔵書を数多く所有していたが、誕生したばかりの次男に対して、実に法の面影を刻んだ名前を与えたのであった[5]。

　福沢は法律専門家ではなかったが、啓蒙思想家としての福沢の「法思想」を語ることは可能である[6]。そして福沢の法に対する考え方の際立った特徴を一言で表現するとすれば、それは徹底した「通俗化」という方法に貫かれているということである。その一例を以下に記してみよう。

(2) 法文化の翻訳者

　福沢諭吉をはじめとした、幕末、明治維新期の知識人は、それまでの日本の知ることのなかった近代文明のさまざまな概念と出会う。彼らは、その考え方をいかに日本語に翻訳して日本人の理解し得るところとするのか、すなわち翻訳という仕事に腐心した[7]。

　たとえば、現在「権利」という言葉が用いられている。これは英語の「right」の翻訳語として日本に定着した言葉だが、幕末期、こうした法律・政治的な専門用語は、まず中国で一足先に漢語表現の中に翻訳され、日本はそれをそのまま並行輸入していたのである。

　明治政府の翻訳官であった箕作麟祥は、「支那（中国）訳の万国公法に『ライト』と『オブリゲーション』と云ふ字を権利義務と訳してありましたから、それを抜きました」と述懐している[8]。「right」という英語の翻訳は、ウィートン（Wheaton）という人の「Elements of International Law」（1836）の漢訳書、『万国公法』（1864年）の訳例を引っ張ってきたもので——訳者はウィリアム・マーチンという宣教師——、同訳書中「right」に対しては確かに「権利」という表現が与えられていた[9]。すなわち、当時の東アジアにおいては、未知の西洋法の概念を中国の漢語訳を通してから日本に直輸入しようという姿勢が見られた。

　時期は前後するが、幕臣の津田真道が、文久3（1863）年からその2年後の慶応元年までオランダのライデン大学にてフィッセリング教授の下で国法学を学び、そのノートを『泰西国法論』として慶応2年に発行し、その「凡例」の中で次のように述べている[10]。

　　　（右の如く）ドロワ、ライト、レグトは本来正直の義にて正大直方自立自主の理を伸る意を含む。然れ共諸国慣習の用例其義一ならず。

　引用にある、"ドロワ"は droit、"ライト"は right、"レグト"は regt と記し、それぞれ仏、英、蘭の各国語における「権利」を意味する（仏、

蘭では法も意味する）が、ここで注目すべきは、津田がそれらの語の全部が「本来正直の義」であることを逃さず見抜いている点であろう。この引用に続いて津田は、これらの語がいかに多義的であるかを示すために、様々な日本語への訳出を試みる。それらを列挙するならば、専門用語としての"レグト"は、「権」「分」「正直」「国例」「条例」「世法（義）」「法学」等々と訳し分けられる可能性が示されていた。

今日、「right」は「権利」であると言ってしまえばそれまでだが、英和辞典で親しむこのライトという英語の本来の意味には、「正しさ」とか「道理」というニュアンスが含まれている。上記の津田の理解にもそのことは見て取れる。むしろそうしたニュアンスの方がより日常的な文脈で用いられるのではないだろうか。換言すれば、法律書の中で用いられる専門用語としての狭義の「right」ではなく、もっと通俗的一般的な使用法があろうというわけである。ここに福沢の着眼点があった。

福沢はライトを「通義」と訳した。彼は当時の日本語として最も適当な等価の表現の中に写し取ろうとしたのである。「義」に表象される「正しさ」という意味は、ヘボン博士の『和英語林集成』でも確認でき、ヘボンはその「義」を「justice」という言葉に置換している。この一方で「権利」の「権」はパワー、「力」を表意し、「利」はインテレスト、つまり「利益」につながる。すなわち、「権」と「利」を組み合わせても――これはこれで一つの意味を作り出してはいるのだが――、福沢がこだわった「正しさ」ないしは「義＝道理に通ずる」というニュアンスは全く含まれてはいない。「right」の翻訳語として近代日本語の中に現われた「権利」は、そのもっとも通俗的な意味としての「正しさ（＝right）」を含まないまま今日に伝わってきたと言えるのである。

もっとも、「通義」は外国語のライトと決して同義ではない。福沢は明治3（1870）年に刊行した『西洋事情 二編』巻之一の「例言」で次のように触れざるを得なかった[11]。

（譬へば）訳書中に往々自由（原語「リベルチ」）通義（原語「ライト」）の字を用ひたること多しと雖ども、実は是等の訳字を以て原意を尽すに足らず。

この引用で、「自由」や「通義」が福沢による翻訳語であることがわかるが、問題はそれらの訳字は原意をそのままには示していないことを、翻訳者が率直に告白していることであろう。翻訳語は決して原語に代わることはできない。そもそも、「翻訳を必要とする読者は未知の言語を知らないだけでなく、未知の言語の存在そのものも実は知らないのである」[12]読者が、外国語を解しない当時のきわめて多数の一般の人々であるとすれば、あらかじめそれが翻訳語であることを断ったうえで、その語の担う意味を定義づけなくてはならない。福沢は前述の「例言」において、「通義」について以下のような「註解」を付している[13]。

『ライト』とは元来正直の義なり。漢人の訳にも正の字を用ひ、或は非の字に反して是非と対用せしもあり。正理に従て人間の職分を勤め邪曲なきの趣意なり。

又此字義より転じて、求む可き理と云ふ義に用ることあり。漢訳に達義、通義の字を用ひたれども、詳に解し難し。元来求む可き理とは、催促する筈、又は求ても当然のことと云ふ義なり。譬へば至当の職分なくして求む可きの通義なしと云ふ語あり。即ち己が身に為す可き事をば為さずして他人へ向ひ求め催促する筈はなしと云ふ義なり。

又事を為す可き権と云ふ義あり。即ち罪人を取押るは市中廻方の権なり。

又当然に所持する筈のことと云ふ義あり。即ち私有の通義と云へば、私有の物を所持する筈の通義と云ふことなり。理外の物に対しては我通義なしとは、道理に叶はぬ物を取る筈はなしと云ふ義なり。人生の自由は其通義なりとは、人は生ながら独立不羈にして、束縛を被るの

由縁なく、自由自在なる可き筈の道理を持つと云ふことなり。

　冒頭で「正しさ」を意味の基底に据えつつ、「通義」を用いる多様な文脈（コンテクスト）が実に伸びやかな広がりを示している。まさに"ライト"の翻訳語として生まれた「通義」が切り開く、新しい意味の世界がそこには描かれていた[14]。

　しかし、今日「通義」は「権利」と同義には使われない。福沢のこの訳例は日本の近代史の中で廃れてしまったのである。それは国の法律や官庁で使用される文言である「権利」という言葉に駆逐されたと言っても過言ではない。現在でも日本人同士、「権利」という言葉を互いに振り回すことには躊躇がともなう。諍(いさかい)を好む性質だと思われたくないためか、「権利」は日常用語として決して馴染みやすい言葉ではないのであろう。福沢の翻訳の通俗的な方法は、市井の一般的日本人の理解──目の高さ──に照準を合わせるのに対して、国家主導の近代化路線から制定される法制度や法改革は、常に一般的日本人の生活関係の場における規範の意識と乖離してゆく。「権利」という言葉の定着は、近代的法制改革は常に「官」の次元に推進軸があったことを、そして「通義」という言葉の忘却は、法改革における「民」の視点や存在の軽視を、それぞれ象徴しているように思えてならない。「官」と「民」との二元性、これこそが近代期の日本法が自らに作り込んだ構造的特徴なのである。

（3）福沢の法律観

　この「権利」と「通義」をめぐってもう一つの資料に触れてみたい。その資料とは、明治18（1885）年9月に現在の中央大学の前身、英吉利(イギリス)法律学校が創設され、その開校式に、同じく「英学」を講じる学校だからということで招かれた福沢諭吉が述べた式辞である。この式辞として残る記録には現在2種類ある。一つめは、同18年時の法律雑誌、『明法志林』に掲載されたもの[15]（図10-2）、二つめは、同年9月22日付『時事新報』

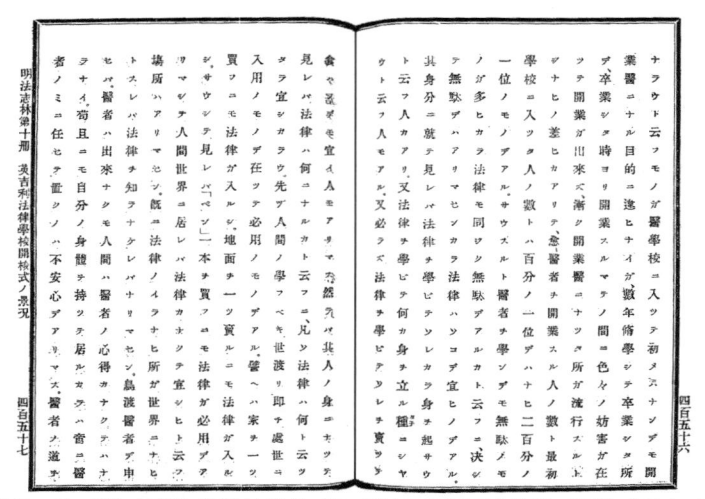

図10-2 「英吉利法律学校開校式における福澤の祝詞」(明治18年9月19日)抄　(『明法志林』第105号、明治18年10月15日刊より)

紙上に掲載されたものである[16]。どちらも福沢が同一の式典に臨んだ同一の内容を記した資料であるが、前者が式辞を披露する福沢の「語り調」をそのままに復元しているのに対し、後者は文語調の格調高い文体で記されていることが大きな違いと言える。

ここで、後者、つまり文語調の資料の中の、

　　蓋し真成の武人は終身刀を抜かず、抜けば即ち必ず敵を切て誤らず。武辺の奥意なり。故に今の諸士もこの真成の武人を学び、法律を以て犬を切る勿れ。常に黙して法理を言はず、言へば則ち必ず法敵を斃して自家の権利栄誉を護るべきなり。(傍点は筆者)

という一文に注目したい。ここには、「権利栄誉」なる言葉が使われているが、同じ箇所を福沢の「語り調」の記録の中に探すなら、次のような文脈を見出せる。

真実(ほんとう)の撃剣家は決して抜きません。生涯刀を抜かん人が多い。そう云う人は抜けば必ず切り損ないません。全体法律の切れることは昔しの武断政治の刀よりも能く切れるもので、今の社会では法律で何んでも殺せます。金持抔を切るのは容易でありますが、其切れる刀を使うには深く学び込んで、矢鱈にすっぱ抜きをしては困ります。

　いわば「封建（武断政治）の世では刀で人を殺すが文明（今）の世は法律で人を殺す」という「刀≒法律」なる喩えの中に、福沢は両者を、自己の生命・身体・財産・名誉が脅かされた最後の手段として用いる道具として位置づけていることがわかる。切れる刀ほどその使用法には熟知が求められるだろうから、法も深く学び込んで、それを用いる術に通暁しなくてはならない。福沢は巧みな比喩によって近代社会における法の果たすべき役割について述べるが、ここで注目すべきは、文語調の式辞文には見えていた「権利（栄誉）」が「語り調」の方には見出せないことである。ただし、そこで語られた内容に遜色はない。おそらく、明治18年当時の日本社会では、「ケンリ」という翻訳語は官庁文書の中には用いられても、未だ一般的には耳に馴染まない「音」だったのではないだろうか。このことから、著述以外の手段において、福沢は日本語として未熟で生硬な外来翻訳語ではなく、軽妙で柔らかい話し言葉で、深みのある含蓄を伝えていったと考えられる[17]。

（4）紛争予防のための法学

　ここで、先に引用した英吉利法律学校の祝辞に今一度立ち戻ろう。

　　凡そ人として己れの権理の大切なるを知る者は、仮令ヘ判事代言人を職業とせざるも、法律一通りの心得はなかるべからず。（傍点は筆者）

この文語調のなかにも「権理」とある。同じく「ケンリ」と読めるこの「権理」の方には、道理に通じるニュアンスが見て取れ、その限りで「通義」と意脈は通じていたのであろうが、「語り調」のテクストには次のようにある。

　　必らず法律を学びてそれを売って食わんでも宜い人もあります。然らば其人の身になって見れば、法律は何になるかと云うに、凡そ法律は何と云ったら宜しかろう。先ず人間の学ぶべき世渡り即ち処世に入用のもので在って、必用のものである。譬えば家を一つ買うにも法律が入るし。地面を一つ売るにも法律が入るし。そうして見れば「ペン」一本買うにも法律が必用でありまして人間世界に居れば法律がなくて宜しいと云う場所はありません。

「文語調」では、法律専門家もそうでない人も、「法律一通りの心得」に通ぜよ、との趣旨がわずか2行に集約されているのに対し、「語り調」では法律の「必用性＝有用性」についての細かな例示が続く。何よりも後者には、文語調にあった「権利」も「権理」も、それらの語の片鱗すら見えない。さらにここでは、先に引用した文語調のパラグラフに続き、

　　若しも然らずして漠然たるは、生命よりも重き権理を守らずして、人事のコレラに向ひ、其予防摂生を忘るゝ者と云うべし。」
　（傍点は筆者）

とある部分に着眼したい。当時コレラが猛威を振るい、罹らないためには医学的知識を少しでも持ち合わせないといけないという内容であるが、福沢は法律も実は同じだということを言っている。この箇所を「語り調」のテクストの中に探すと、

> 医者に一々聞かないでも大抵医者の心得があれば、今日の如き虎列刺病の流行る時分も、一々医者に聞かんでも養生位は出来ましょう。是と同じで、（中略）銘々自分で法律を心得て居なければならん故、法律を以て身を起し家を起すものと思わず、（中略）法律は実に人間必須の学問であるのみならず……（以下略）

と丁寧に説かれている。医学が医者になるためばかりにあるのではないように、法律家になるためだけの法律学ではなく、また予防を目的とした最低限の養生ならばいちいち医者に聞かなくても済ませられるように、裁判沙汰になるような紛争を未然に防止するために万人が法を学ばなくてはならないと述べる。病に罹らないための予防医学に対し、紛争の未然防止を目指す予防法学の必要性が説かれているのである。

　法は万人が学ぶべきである——福沢諭吉が英吉利法律学校の開校式の祝辞で述べたこの言葉により、明治10年代末の私立法律学校（専修学校〔現専修大学〕、明治法律学校〔現明治大学〕、東京法学校〔後、東京仏学校と合併して和仏法律学校を創立。現法政大学〕、東京専門学校〔現早稲田〕）が、法律専門学校（あるいは政治学や経済学と併科）として開設された。そこに学ぶ者の多くが、下級官吏および、代言人（弁護士）を目指したという現実に照らすならば、あまりにも啓蒙的一般論に過ぎるという印象を与えよう。しかし、ここにこそ通俗性を第一義と考えた福沢の法律観・法律論が最も如実に表れていると考えられる。

（5）紛争の処理と自治精神：〝熟談〟のすすめ

　前述のとおり、予防を前提としながらも民事上の紛争は社会の「病理」としてやむを得ず生じてしまうものである。ただし紛争をいかに処理し、解決に導くかの方法はさまざまである。その際、福沢諭吉は「訟を訴えるは訴へずして事を済ますの美なるに若かず」[18]と述べ、紛争を訴訟として

むやみやたらに裁判所に持ち込むのではなく、当事者相互間でまず自主的に交渉して解決すべし、と勧めている。

　裁判所という第三者機関に出向き、そこで専門的な法技術や知識に裏打ちされた裁判官の判決によって紛争が解決される、というイメージは本来まさに近代国家の下の裁判制度の主旨ではあるが[19]、福沢は「人事万端の交渉を訴訟によって決する」[20]ことに懐疑的ですらある。たとえば商談上でいざこざが生じた時、はっきりと黒白勝敗をつける裁判所での決着が、当事者間の事後の取引を断絶させてしまう経済的損失を福沢が考慮の最前提に置いたからである。福沢は当事者が「双方よく条理の在る所を勘弁」し、「互いに熟談」することを何よりも奨励したのである。

　明治10年代半ばの日本は、松方デフレのあおりを受けて、焦げついた債権の回収を目的とした民事訴訟の件数が年間百万件を超えるという時期を迎えていた[21]。多くの人々が裁判所に足を運び、今日よりも慌ただしい「訴訟社会」が間近に到来する、そうした時代背景の下、福沢は次のように述べた[22]。

　　今人民一般の所業を見るに、私に自ら支配することをば知らずして、些細の間違いにても直にこれを政府に持出し、不理屈を述べ不条理を並べ、恥をも知らず面目も顧みず、御憐憫を願ふと云ふ者あれば、御理解を頼むと云ふ者あり。其有様は二三歳の小児が父母の左右に取纏ひ、伊勢街道の乞食が旅人の袂にすがる如し。これを軽蔑せざるを得ざるなり。斯く見苦しき有様を顧みずして唯政府の一方に向て圧制を咎むるは、己が面に自ら泥を塗て隣の人に不平を訴ふるに異ならず。益政府の圧制を招ぐものと云ふべし。（中略）商人社会の面目を揚ぐるの日はなかるべし。（傍点は筆者）

　ここで何よりも注目したいのは、傍点を付した「私に自ら支配することをば知らずして」という部分であろう。福沢は、主張すべき利益が衝突し

合う状況下では、その解決策を直ちに"政府"（＝国の裁判所）に求めるのではなく、「自ら支配する」姿勢、すなわち市民相互における自主的・自治的な利益調整こそがまずは求められるべきだと考えているのである。折しも自由民権運動が興隆していた当時、一方で"政府"の圧制を批判しながら、他方でその政府に対し直ちに紛争の解決にそのイニシアティブを委ね（＝御憐憫）、（相手方との）とりなしや説諭（＝御理解〔和解・調停〕）を求めるのは、恥も面目も知らぬ小児が親にまとわりつくのと変わらない、と実に手厳しく批判している。

　福沢はただ自らの持論を振りかざして批判ばかりしていたわけではなく、自らの考えを実行に移した。明治10（1877）年1月1日に、「自力社会」という団体を開設する。門人早矢仕有的が社主を、高力衛門と穂積寅九郎が社幹をそれぞれ務め、その事務局を丸屋商社交銀私局の一室に置いたこの組織は、社員がまさに商取引のための自治的な運営に尽力するために、具体的な活動の内容を、社則である「自力社会条目」[23]第5条に以下のように定めた。

　　　人間交際の齟齬行違は掛合の粗漏なるより生ずるもの多し。故に社員は商売取引の正に差縺（さしもつ）れに赴かんとして掛合の難きものあらば、これを社に持出して相談を遂ぐべし。然る時は社幹にて其事情を聞き、掛合書の案文を作るか又は代人となりて、直に先方へ面談することあるべし。

　冒頭の「人間交際」とは、「Society」にあてた福沢の訳語である。その趣旨は、およそ社会の紛争（＝齟齬行違）は契約（＝掛合）に粗漏があることから発生するため、社員が商取引上の紛糾に遭遇した場合、その解決のために社幹が「掛合書の案文」の作成や相手方との交渉役ともなるという規定である。要するに、今で言う「完全な契約書」の作成を手伝い、「差縺れ」が深刻な紛争の段階へと進むのを防ぐことを業務の内容として

いることが分かる。ここには、本章の1（4）で触れた福沢の予防法学的センスも活かされていることが見て取れる。この「自力社会」は、いわば商取引における広義のコンサルティングを提供する組織ではあるが、次のような規定（第6条）も見逃せない。

　　　訟庭に於て申立の条理は尤もなれども、手落の為に取て押へらるゝこと多し。即ち其手落とは、願訴の時限を誤り、約定書の体裁を失ひ、不用の文を重複し、緊要の字を遺漏する等なり。故に社幹は社員の為に訴訟の案文を認め、或は訴訟に非ざる尋常の願書届書の類並に商売上又は其他の事に就ての約定書等をも認むべし。

　引用の文末にあるように、「自力社会」は「尋常の願書届書の類並に商売上又は其他の事に就ての約定書」の作成を行うが、それでも紛争の未然防止ができず、訴訟として裁判所に案件が持ち込まれた局面も想定され、そうした訴訟のための準備書面の用意にも力を貸す団体であったことが示されている。
　「自力社会」の組織化に表われるように、福沢は近代的な契約社会の到来に際し、「完全な契約（書）」の締結による取引社会の安定化を図り、実業の活性化を目指すポリシーを基礎として、まだなお生じる取引上のトラブルには、当事者相互間における熟談による交渉段階を想定した。それでも解決できない場合の最終手段として、裁判所における訴訟（＝判決）を位置づけている点が注目される。
　西洋近代法の理念に照らし、かつては、裁判所における判決こそが民事紛争の解決手段の中核に位置づけられるべきとの議論もあったが、平成19（2007）年4月1日より施行された「裁判外紛争解決手続の利用の促進に関する法律」により、和解・調停・仲裁といった裁判所の判決以外の紛争解決の多様な方途があらためて位置づけ直された。裁判所という国家機関において、国家の定めた法律を規準に、裁判官という専門家集団が事柄

の理非曲直を判断し判決を下すという、近代西洋法システムの外観が、政府主導の下、明治日本で瞬く間に整えられていった。福沢はそれを片目で睨みながら、まさに民事的な紛争の解決・解消の過程こそが、国家や政府、それらの諸機関、さらには国家法による直接介入から離れた国民相互の間での自主・自治的精神を涵養する「学校」であると想定していた。本章の冒頭で引用した「慶應義塾改革ノ議案」のなかに見られる、"それぞれ一個の主体がそれぞれの「自己」を保全しながら自らの「職分」を誠実に果たしていく社会像"がそこに重なってくるのである[24]。

(6) 慣習と法典編纂

　以上述べてきたように、福沢諭吉は、人々の日常的な生活規範が問題となる場面での自律的な利益調整を唱導し、国家の法や裁判所は一歩後景に退くべし、という理念を抱いていた。だがこの一方で、『学問のすゝめ』で展開される天賦人権論的センスや国法観、さらに後の交詢社の「私擬憲法案」における立憲制の着想などにおいて、福沢の法政思想に占める国家法の位置づけは実はきわめて大きいものがあった[25]。もともと日本には存在しなかった近代的な制度価値や法治主義といった統治の理念をいかに実現するのか。福沢は、そうした国政―公法的局面で、法の果たす役割については大いなる期待を抱いていた[26]。

　ところが前述の市民相互を規律する私法的局面においては、福沢は国家制定法によるコントロールに対してではなく、自生的な法慣習や慣例に対して親和性を示したのである。明治22（1889）年の「条約改正・法典編纂」という福沢の『時事新報』上の社説（7月18日付）を見ると、「抑も民法の如き大典は皆その国の宗旨習慣より来るものにして、其宗旨習慣が社会上に働きをなせばこそ、始めて之を是非し之を制裁するの法を設くるのみ。」という一文が目に飛び込んで来る。福沢は当時条約改正交渉のために民法典が性急に制定されつつある状況に対し、かなり手厳しい評価を下している。福沢は、日本近代期の法典編纂とは、条約改正といった外政

問題とは馴染まない、純粋に内政的な問題としてとらえていたのである[27]。

2. 慶應義塾における法学教育：その初期の諸相──

慶應義塾では、明治初期の段階からベンサムの立法論やウールシーの万国公法といった、法に関わる書物が原書で読まれていた。ただし、それはあくまで「博ク洋書ヲ読ミ或ハ其文ヲ講シテ人ニ伝ヘ或ハ之ヲ翻訳シテ世ニ示ス」(「慶應義塾社中之約束」明治4年4月以降に制定されたと推定されるもの)[28]ことを旨とした慶應義塾において、いわゆるリベラル・アーツとしての枠であり、固有の法律論・法律学が講じられる場ではなかった。

(1) 夜間法律科

慶應における専門的な法学教育の始まりは、明治12 (1879) 年に開設されたいわゆる「夜間法律科」である。翌13年7月に定められた、当時の慶應義塾のいわゆる学則、「社中之約束」[29]には、この夜間法律科は「邦語ヲ以テ欧米諸国ノ法律ヲ講授スル」目的で設置されたことが明示されている。また「社中之約束」には、「法律科」の名称のみが見られ、夜間法律科の通称は、「毎週月火木金曜日ヲ講授ノ定日トナシ午後七時ヨリ之ヲ始ム」学校であったことに因むものであろう（傍点は筆者）。

当時は、官立の二つの法律学校として、東京大学の法学部と司法省法学校があった。そこでは基本的には、それぞれ英語とフランス語でイギリス法やフランス法などが講義されていた。日本が自前の近代法典を備えるまで、外国語による外国法に準拠した法学教育が行われていたわけだが、慶應義塾では、日本語で講義が聴けたのである。「社中之約束」では、この夜間法律科では「晩学の者」や「洋書を読まざる者」に向けた教育を旨としていることが、あえて謳われていたのである。

この法律学校は、アメリカから帰国したばかりであった相馬永胤、目賀田種太郎、田尻稲次郎、金子堅太郎らが、それぞれの留学先で修めてきた

アメリカ法を日本の若者に教授したいとの希望を抱き、福沢諭吉が慶應の場を提供して開かれたものである。したがって夜間法律科の前出の教育理念は、相馬らから提示されたものとも思われるが、本章の1で述べた福沢の通俗化・一般化を旨とした法思想とも矛盾するものではなかった。近代化過程のただなかにあった日本社会にあって、西洋近代法を日本語で講ずることを正面切ってモットーとできたことの背景には、そこが慶應という場の力も作用していたに違いない。

　なお、この夜間法律科は、わずか1年足らずで閉鎖される。それは、先の相馬ら教師陣が、法律専門の学校を創立するために慶應を去ったからである。彼らは明治13（1880）年に専修学校（現専修大学）を設立するに至る。

(2) 大学部法律科の開設：ウィグモアの教育理念

　慶應義塾における本格的な法学専門教育は、明治23（1890）年1月の大学部法律科の開設を待たなくてはならない。この大学部は文学科、理財科、そして法律科の三科から成っていた。

　この法律科開設にともなってアメリカから慶應義塾に雇用された法律家教師に、ジョン・ヘンリー・ウィグモア（John Henry Wigmore 1863—1943）**（図10-3）**なる人物がいた。この時、文学科にはリスカム、理財科にはドロッパーズという、それぞれやはりアメリカから招聘した専任教師が配置された。ウィグモアを雇用するにあたって、代理署名ではあるが、福沢諭吉との間に交わされた雇用契約書が現在も残っている[30]。なかでもウィグモアは大学部開設にあたって招聘された前出3人の外国人教師の中で一番歳若く（来日時26歳）、その好奇心旺盛で人懐っこい性格から、福沢とも大いに親交を深めた人物であったと言われている[31]。ウィグモアは明治22年10月の来日から同25年の12月に至る丸3年間、慶應で過ごすことになる。

　この主任教師ウィグモアの下、開設後の3年間、大学部法律科の法学教

第10章　福沢諭吉と法文化　219

育は当時の他の法律学校と比較するならば、その教育の理念においても方法においても極めて異色と言っていいほど特徴的な運営がなされた[32]。

まずその理念であるが、明治23年1月の大学部開校式でのスピーチ[33]でウィグモアは、

図10-3 John Henry Wigmore (Copyright 1977 by *Northwestern University Press*)

> 法律を制法のみの相集まりたるものとして学ばんとする人は其性質を誤解するが故に功を奏せざるならん。其原理は広且大にして幾百千の位置に適用するを得べし。蓋し制法は死物にして原理は活動せり。

と述べる。ここの「制法」とは「国家制定法」を指すものであろう。つまり法を国家法規範という形式の次元ではなく、その背後にあって機能するより抽象的・一般的な「原理」に遡って勉強することの必要性が説かれたわけである。そしてその「原理」に至る法学の方法とは、「唯だ記憶を演習するものにあらず才智を研磨するものにして議論の力を鼓舞し推理の能力を鋭敏ならしめ想像力を強くし精神の感覚を拡むるものなり。」と断言される。この高邁な学問的アプローチとしてとらえられた法律学の方法論は、当時日本での法律家（弁護士）や下級官吏の供給源とされた私立法律学校が、結果的には国家資格獲得のための制定法中心教育にならざるを得なかったことに対比して、慶應義塾を場とした法学教育の特色であったと言えよう。そして何よりも、ウィグモアによって示された前述の国家法（制法）の相対化と「原理」に帰納する思考とは、私人間の自治的な交渉

による紛争の自主的解決を試みようとする福沢の思想にも通じている。ウィグモアは先のスピーチの箇所に続けて、「是に於てか吾人は単に制法に依て生活する代りに道理に依て生活すべし。」と述べている。彼は、実際の市民生活上の多様な規範は、決して国家制定法に一元化されないことを確認しているのである。

（3）開設期大学部法律科：ウィグモアによる教育方法

　前述の教育理念の下に、ウィグモアを主任教師とする法律科では、実際にどのような教育が施されていたのか。

　法律科開設初年度、すなわち明治23年次のカリキュラムは、「日本刑法」とあるもの以外に、「英契約法」「英私犯法」「英財産法」「英売買法」「英刑法」「英証拠法」「英民事訴訟手続」「英准契約法」と、全て英（米）法関係の科目が並び、それらについては、ウィグモアがただ一人の専任教師として、一手に引き受けて講義をしていたのである。もちろん授業の使用言語は英語であった。これもまた、大学部法律科の教育方法の際立った異色性と言える。

　と言うのも、大学部法律科が開設されたその年は、大日本帝国憲法の施行のみならず、その他の法領域――民法・商法・刑法・民事訴訟法・刑事訴訟法――においてもそれぞれに法典が完成し、それらが順次公布・施行される時期であったからである。前述のとおり、日本に近代法典が未だ存在しなかった明治初期から10年代後半に至る時期であれば、法律学校では西洋の外国法を教授することが常態であったが、慶應が大学部で法学専門教育を始めた時には、もはや日本の法典を日本語で読み、語り、勉強できる環境が備わりつつあったのである。にもかかわらず、慶應はなぜそうした時流に抗い、外国人による外国法をベースにした、外国語による教育方法を採用したのであろうか。

　この疑問に対し、これまでたとえば『慶應義塾百年史・別巻（大学編）』（1962年）[34]などでは、福沢諭吉の独特の識見であるとか、ここに当時の

慶應における法律科の特徴があるなどと説明されているが、客観的に見るならば、開設期法律科の採用した方針は、当時の現実の要請とあまりにもかけ離れていた。法律科開設後10年の歩みを振り返ってみると、総卒業者数が30名にしか達せず、当時の大手私立法律学校の一つであった明治法律学校の単年度の卒業生が約300名にも上ったことと比較するならば、この数値はきわめてわずかなものであったことがわかる。つまり、慶應義塾は法律の学び舎として人気が奮わなかったということなのである。

(4) 大学部法律科の不振とその理由

ウィグモアは滞日中、アメリカに向けて日本事情に関する数多くのレポートを送っていた。なかでも、ボストンのロージャーナル『グリーンバッグ』誌には、ウィグモアによる日本の法学教育や法律学校の紹介記事が掲載され、そこには慶應義塾の法律科の不振の要因も分析されていたのである。

その要因は三つあった。第一は、入学金、授業料の高さであった。当時の年間平均所得が120円であったのに対し、年間30円という授業料は、確かに高額で、これは他の私立法律学校の約3倍相当の額であった。

第二は、東京にあった七つの私立法律学校を対象とした文部省による「特別認可学校規則（明治21年5月5日、文部省令第3号）」（後に「司法省指定校制（同26年12月、司法省告示第91号）」に代わられる）の適用を受けられないということであった。同規則の適用下にあると、卒業生には文官任用試験の受験資格や卒業生・在校生ともに徴兵猶予といった「特権」が与えられた。従ってこの「特権」が受けられないということは、司法官や行政官への官途が閉ざされ、ただ代言人（弁護士）資格試験の途しかなかった。もっとも、こうした認可を受けるということは、文部省（後には司法省）から学校に対するさまざまなコントロールを受け入れることを意味し、実際に教科カリキュラムの編成や内容、さらに講師の陣容・人事、経営全般等にまで査察が及び、また学事等の細かな報告義務が課され

たのである。

　要因の第三は、入学試験が非常に難しかったということである。義塾内からのいわゆる内部進学者には無試験であった大学部への進学も、外部からの受験生に対しては、算術・代数・幾何・物理・化学・地理・歴史・英語・漢文・日本語作文が課された。この難関ぶりは当時としては帝国大学法科大学のそれに匹敵し得るものとされ、ある私立法律学校の入学資格には「日本語を読み得る者」とあったことと好対照をなす事実として指摘できる。

　周知のように、慶應義塾の開設したのは「大学部」、つまりユニバーシティー・セクションであり、その中に法律科という法学の専門教育課程を置いたわけである。したがって法律科への進学の条件とは、それ以前の普通部課程をいわばカレッジとして、そこの修学・修了要件を満たすとみなすほどに高度な資格能力が課されたのである。このように大学部法律科は、当初はまさしく「私学の自由」に発する独自のポリシーを備えた高度な専門職業教育を旨として発足したのであった。

　ところで、このウィグモアは非常に気骨のある人物であり、上述の要因の第二で述べた「認可校」として国家のコントロール下に置かれることと引き換えに与えられる「特権」など、「奴隷の首飾り」と称してこれを蔑んでいた。とはいえ、当時の私立法律学校はそうした「認可」や「監督」を受けることがむしろ名誉であり、恰好の宣伝材料にもなった。このように設立当初の大学部法律科は、私立の法律学校という側面を強調すると私学・慶應のメンツが立たず、その逆に私学・慶應のタテマエをもってすれば法律学校としての運営に支障をきたすという矛盾を抱え込んでいた。これらが慶應における法学教育運営のつまずきの要因であった。もっとも、大学部法律科も明治26（1893）年には、先に触れた司法省指定校の一つに数えられ、国家のコントロールを受ける法律学校となったのだが、この時すでにウィグモアは慶應を去って帰国し、慶應は私学としての当初の独自性を法学教育に限っては急速に失っていくことになった。

(5) ウィグモアの法学教育の隠された"ねらい"

　ウィグモアを擁した初期大学部法律科の「異色性」は前述のとおりだが、滞日中に彼が行った最も注目すべき仕事として、江戸時代の民事裁判例や民事慣習の英語訳作業に着手したということが挙げられる。西洋法システムの導入に猫も杓子も躍起になっていた当時の日本にあって、封建時代の民事裁判例や慣習などに関心を抱く者はほぼ皆無だったにもかかわらず、アメリカから来た青年法律家は、そうした資料をどうにか手に入れて英語訳することを企図するに至る。日本語に堪能ではなかったウィグモアは、慶應義塾の法律科に集っていた学生を含め、数人からなる翻訳チームを編成し、英語訳を指導した。

　本章の1で述べたように、本来は西洋語から日本語への置換が当時の常なる翻訳の方向性であったわけだが、ウィグモアの仕事はその逆を向いていた。つまり江戸時代の裁判例の中に用いられていた言葉を英語に、しかも法律用語としての専門的な英語に置き換えさせた[35]。これは明治中期の我が国にあってきわめて画期的な作業であったが、学生たちには非常に不評であった。当時の法律科の学生がウィグモア宛の書信の中で「先生は無駄な翻訳ばかりさせて、全然法律を教えてくれない。」といった趣旨で苦情を申し立ててもいる。ウィグモアの真意はどこにあったのだろうか。

　ここには実は隠された意味があると思われる。それは本章の1で福沢諭吉について述べたところと大いに重なるのだが、ウィグモアは法律科を卒業して代言人（弁護士）になっていく若い学生に対し、彼らの将来の顧客（クライアント）が実際に生活する具体的な社会関係の中に息づく規範に目を開かせようとしたのではないだろうか。その規範とは、まさに福沢が「ライト」の翻訳時に名宛とした、市井の人々の間に現実として存在し、機能している規範である。そうした規範の具体的な認識根拠を、ウィグモアは先の徳川時代の裁判資料に見出したわけである。これは当然、西洋法の外観と論理に装われた国家により制定される法規範とは異なり、歴史事実の中に連綿と息づき、人々の現実的諸関係の中に継承されてきた慣習法

規範なのである。福沢もウィグモアも、政府主導の下に破竹の勢いで世に陸続と現される近代法典とは一定の距離を置き、その傍らに忘却された実際の民衆の生活を規律する「生きた」規範に目を向けていたわけである。

　なお、前述のウィグモアの英訳の作業は、ウィグモアの帰米後も継続して行われ、昭和10（1935）年の彼の再来日を挟み、『*Law and Justice in Tokugawa Japan*（徳川日本における法と裁判）』（図10−4①〜③）として、その全編20冊に及ぶ刊行が完了するのは昭和61（1986）年であった。その始まりから94年の歳月を経て実を結んだ大事業であった。

　また裁判例を用いて行う法学教育をケース・メソッド（ソクラティック・メソッド）方式と言うが、これは1870年代のハーバード・ロースクールで開発されたものである。事案解決のための規範を、法典の抽象的原理から演繹操作によって導出するというヨーロッパ大陸型の法思考に対し、個別的な判決事例の集積から、帰納操作によって事案解決のための規範にたどり着く法思考は、主にアングロ・アメリカ型であるとされている。ケース・メソッドとは、後者の法思考の訓練手段として法学教育の場に持ち込まれた事例演習であるが、ウィグモアはこれを母校であるハーバード・ロースクールで学んでいる[36]。このこともあって、彼が大学部法律科で行った法学教育はこのケース・メソッドに拠ったもので、当時の日本では他に類例を見ない稀有な経験を法律科塾生たちは身に刻んだことになる。

　この類推から、おそらくウィグモアは、江戸時代の裁判例の翻訳作業もそうしたケースごとの帰納的思考により、江戸時代の民事法の抽象的な原理の発見につながるものと見込んでいたに違いない。このことは、異国・異文化の法に殊のほか関心を寄せ、後に比較法学の大著を著すウィグモアにとっては、何よりも魅力に溢れた仕事だったのであろう。しかし塾生は、その意義を直ちには理解できず、しかも江戸時代の言葉をアングロ・アメリカ法の概念へと置き換える「翻訳」の仕事は、実に煩瑣をきわめた前人未踏の作業であったに違いない。

　ウィグモアの日本における法学教育が目指した法律家の理想像とは、前

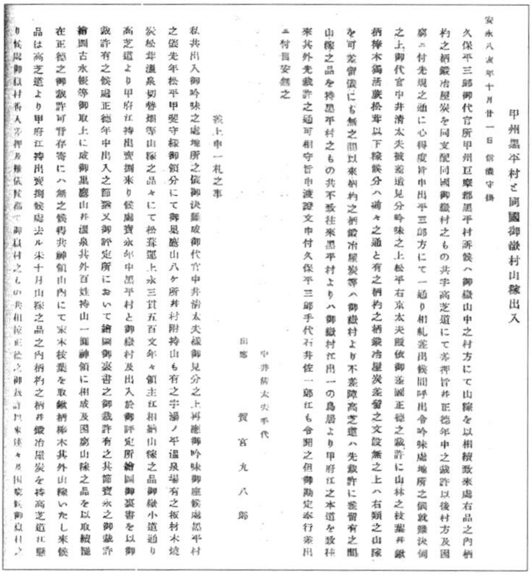

図10-4 ① 原典となる「甲州黒平村と同国御嶽村山稼出入」
(安永8年10月21日付)

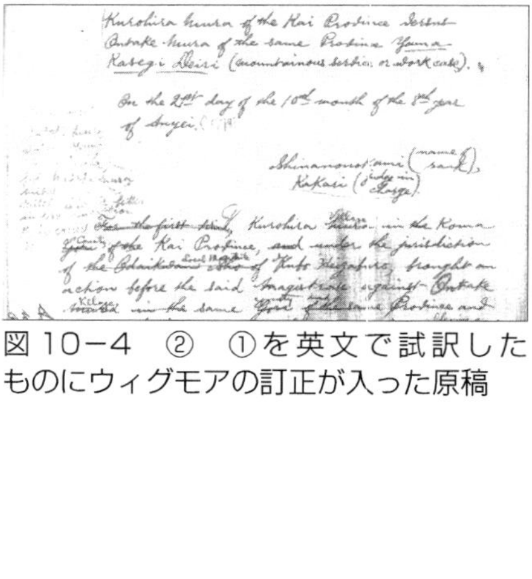

図10-4 ② ①を英文で試訳したものにウィグモアの訂正が入った原稿

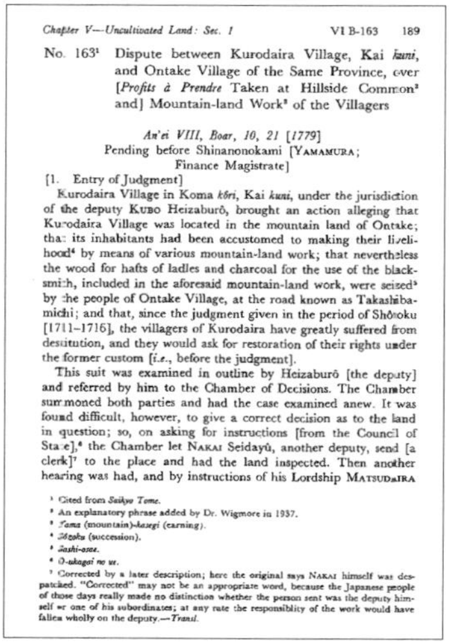

図10-4 ③ J.H.Wigmore ed., Law and Justice in Tokugawa Japan, Part VI-B（Property: Legal Precedents）, The Japan Foundation, Tokyo, 1978 に掲載された当該箇所

述したとおり、顧客の法的ニーズに十分に耳を傾けることができ、かつ国家主導で整いつつあった西洋流の近代法典の論理や体系に通暁した上で、さらにこれらの起源の異なる二つの規範を架橋する能力を併せ持った人材であったはずである。「ケンリ」を語り得ない人々の主張の中に「通義」を感得し、それを近代的法概念としての「権利」として再構成し直して国家法の次元につなげてゆく。またその逆に、専門的な翻訳法律語に溢れる新しい近代的原理を包蔵した法典や法律を、より平易で一般的な言葉に言い換えるなどして、市井の人々の求める法知識を提供するサービスに従事する。こうした任務を自らの課題として担える法律家を、ウィグモアは当時の日本に輩出しようとしていたのではないだろうか。

　国家制定法と従来からの法慣習・法意識が社会生活の中に二元的に乖離した構造を成しているという状況が、法律学の重要課題として学問的考察の対象となるには、大正年間を待たなくてはならなかった。末弘厳太郎氏（東京帝大法科大学教授）はその著『物権法』（1921年）の中で次のように述べている。

　　もし誰れか特志な人があって現在たくさんある日本の法律書を英語なりフランス語なりに訳して欧米人にみせたら、彼らははたして何というだろう。もしも彼らの中に地理も歴史も知らぬ人があったらと仮定したら、その人はきっと日本という国は欧米のどこかに位する一小国にちがいないと思うだろう。

　西洋法を翻訳しそれを模倣することから自国の法制度の近代化に着手した日本は、結局反訳すれば欧米のどこかの国の法律を思わせる法制度を整えたに過ぎない。この引用の後で末弘は続けて、そこに日本らしい「地域的特色」（ローカルカラー）が全く察知できないとして、「一体法律書はそんなものでいいのだろうか」と苦言を呈する。

　末弘は、「法律学には『あるべき法律』を説く部分と『ある法律』を説

く部分とがある。」と述べ、このうち「あるべき法律」とは"裁判規範"を指し、「法典」や「外国法律書」などに依りながら、終局的には裁判の場で明らかにされる、あるべき法の解釈である。これに対し、「ある法律」とは、末弘によれば、「現在この日本の社会に行われつつある法律の何物なるかを説くことを目的とする」。そしてその「ある法律」とは、単に「法典」や「外国法律書」のみによって把握しようとすれば、あたかも「地上に網うって魚をえんとするにひとし」く、「魚は水中に棲むものなるがごとく『ある法律』は実生活の中に内在する。」つまり、この「ある法律」とは、日常の生活に内在する慣習や慣例といった、我々の内にあって我々の行動を方向づける価値基準であり、いわば"行為規範"なのである。これらの"裁判規範"と"行為規範"とが著しく乖離してしまった歴史的要因を、末弘は次のように分析する[37]。

　　明治時代の最も顕著な特色の一つは、国家があらゆる方面において国民を指導せんとしたことである[38]。（中略）次に明治政府の政策ならびに法制の全般に通じて見逃すべからざる一つの特色はその画一主義的色彩である[39]。（中略）まず第一に、明治政府の使った「規準」が上述のとおりだいたい外来のものであったことは、その政策をして画一主義におちいらしむべき大なる原因となった。当時の為政者にとって最も大切な事柄は西洋文明の追随であった。これによって彼と同等の国に成り上がることであった。このゆえに、そのなすところはもっぱら彼の模倣であり追随であって、なんら自発的独創的の規準をもたなかった。すべてはただ外来の規準によってのみなされたのである[40]。

"裁判規範"と"行為規範"との間の甚だしいギャップは、現代期の「日本人の法意識」の特徴を論ずる際の最前提となる重要な基礎認識である（前掲『日本人の法意識』）。現代日本のこのような特殊な法状況が、ま

さに歴史的な現実となる明治中期にあって、ウィグモアは、法律家（特に弁護士）の職務とは、その双方（裁判規範＝国家法と、行為規範＝法慣習・慣例）を相補的に関係付けて、近代化を志向する社会に相応しい法規範の創造的運用にこそあると期待したのである。

まとめ：現代的課題への架橋

　顧客の法的ニーズへの対応は、顧客が「法がどのように見えているのか」を看破できる能力を備えることが前提であろう。前述した法慣習というのは、1890年代当時の日本社会における現行の不文法規範であったことに注意しなくてはならない。自らも弁護士であったウィグモアは、日本各地で国家制定法を凌駕する勢いで存在していた法慣習に考慮して、それを授業の中に反映させたカリキュラムを立てていた法律学校が、当時の日本には皆無であったことをレポートしている。このことから、近代期日本における法改革とは、圧倒的に国家＝政府サイドで推し進められ、そこでは、明治国家から見たあるべき法秩序の方向性は示されたものの、国民の目の高さに立った「法はどのようにあるべきか」という配慮は徹底的に等閑に付されたと考えられる。

　本章の冒頭で述べたように、平成16（2004）年に各地の大学で法科大学院が設立されたが、その一連の司法制度改革の大きな眼目は、国民への司法サービスの拡充から法曹人口（＝弁護士の数、およびその前提としての司法試験合格者数）を増加させるということであった。しかしその後、各地の弁護士会では、法曹人口が急拡大する傍ら、弁護士へのニーズは拡大していないという不満が上がり、法曹人口の増加を抑制するべきであるとの意見も根強く主張されている。実務の法律家の数が増大しても、そもそも顧客となり得る市民層が昔のままの規模であれば、逆に仕事が減ってしまうという危機意識がそこにはある。

　本章では、我が国の近代法の歩みの中で、「法システムのユーザー」と

しての国民を考える契機が圧倒的に乏しく、国民は常に被治者として扱われる傾向にあったことを述べてきた。このような歴史こそが、今日国民が「顧客」として法的サービスを求めて法律家の許を潔く訪ねることができない要因の一つとなっていると考えられよう。つまり、国民は主体的に法をいかに用いるべきか、未だ分からないままにあるのではないだろうか。だとすれば、彼らにはどこからが専門家に任せる領分なのかも見えてはこない。これでは前述のニーズはいっこうに拡大しないままであろう[41]。

　本章の1で、福沢諭吉の「法は万人が学ぶべきである」という、裾野の広い法学啓蒙を紹介したが、この提言は福沢の「通義」という翻訳語と共に歴史の中に忘却されていった。まさか120年後の日本社会においてその真価が問われることになるような重大な問題性が隠れているなどとは、当時福沢以外の日本人はおそらく思いもよらなかったに違いない。

　では、ウィグモアによって目指された、徹底した法律専門家教育の今日的な「応用」に我々は期待を寄せることができるだろうか。なによりも専門職大学院としての法科大学院——特に慶應義塾のそれ——が、21世紀の「ウィグモアの法律学校」であろうとするためには、今一度福沢が述べた趣旨での啓蒙的法学教育を、学部教育段階で自覚的に推進する必要性が出てくるかもしれない。なぜなら、自治・自主的な相互交渉により私的利益の調整を自らの手で配慮し、公共性を主体的に形成してゆく市民的精神にこそ、法を実践知として用いることの意義と効用とが自覚されるからである。このように創設期大学部法律科を支えた福沢とウィグモアの二つの精神は、今日の法状況を考える際にも、大きな課題性と変わらぬ現実性を我々に突きつけてくるのである。

1　岩谷十郎『明治日本の法解釈と法律家』（慶應義塾大学法学研究会叢書83、慶應義塾大学出版会、2012年）を参照されたい。
2　岩谷「法科大学院（ロースクール）の創始と福沢諭吉」（『福沢諭吉年鑑32』福沢諭吉協会、2005年）、pp.85～95

3 『著作集』第 5 巻 p.22
4 なお、岩谷「(連載) 福沢諭吉と法 (1) ~ (6・完)」(『刑政』第 121 巻第 6 号、2010 年~第 123 巻第 2 号、2012 年) に、簡潔に福沢の法思想のあらましを紹介した。
5 阿部隆一「福沢百助の学風 (下)」(『全集』第 3 巻付録) p.1 以下。
6 安西敏三・岩谷十郎・森征一編著『福沢諭吉の法思想―視座・実践・影響』(慶應義塾大学出版会、2002 年)
7 本文以下については、岩谷「法文化の翻訳者―ことばと法と福沢諭吉」(『福沢諭吉年鑑 30』福沢諭吉協会、2003 年) pp.99 ~ 111 に詳論しているので、併せ参照されたい。
8 大槻文彦『箕作麟祥君伝』(丸善株式会社、1907 年) p.101
9 その原典は『日本近代思想体系 15 翻訳の思想』(岩波書店、1991 年) p.3 以下に復刻されている。また同書解説 p.381 以下、ジャニン・ジャン「『万国公法』成立事情と翻訳問題―その中国語訳と和訳をめぐって」も参照されたい。
10 『明治文化全集・第 13 巻』(日本評論社、1957 年) pp.68 ~ 69
11 『全集』第 1 巻 p.486 以下。
12 酒井直樹『日本思想という問題―翻訳と主体』(岩波書店、1997 年) pp.56 ~ 57
13 なお、「自由」については、柳父章『翻訳語成立事情』(岩波書店、1982 年) を参照されたい。
14 その内容分析については、岩谷「デジタルで紡ぐ福沢諭吉のことば―権利・権理・通義」(『Media Net』No.15、2008 年) pp.38 ~ 40 を参照されたい。
15 現在は、『著作集』第 5 巻 pp.363 ~ 369 に復刻され、収録される。
16 『全集』第 10 巻 pp.434 ~ 436
17 福沢における「ことば」の持つ意義について知るために、松崎欣一『語り手としての福沢諭吉―ことばを武器として』(慶應義塾大学出版会、

2005 年）は、きわめて興味深い視点を提供してくれる。

18 「自力社会設立之記」1877 年（石河幹明『福沢諭吉伝・第 2 巻』岩波書店、1932 年）p.414

19 川島武宜『日本人の法意識』（岩波書店、1967 年）、特に p.125 以下。

20 前掲『福沢諭吉伝・第 2 巻』p.411

21 勝田有恒「紛争処理法制継受の一断面―勧解制度が意味するもの」（『国際比較法制研究Ⅰ』ミネルヴァ書房、1990 年）に詳しい。

22 前掲『福沢諭吉伝・第 2 巻』pp.413 ～ 414

23 以下、前掲『福沢諭吉伝・第 2 巻』pp.414 ～ 417

24 詳しくは、岩谷「福沢諭吉とジョン・ヘンリー・ウィグモア―法律専門教育をめぐる二つのヴィジョン」（前掲『福沢諭吉の法思想』所収）にて展開した。

25 近時は、小川原正道『福沢諭吉の政治思想』（慶應義塾大学出版会、2012 年）に、福沢の議会論、憲法論が検討される。

26 小論だが、岩谷「福沢諭吉と法（3） 自存と強制―法律の威を恐怖するを知て其趣旨を吟味するを知らず」（『刑政』第 122 巻第 2 号、2011 年）pp.52 ～ 53 でも触れている。

27 福沢の法典編纂に対する意見や条約改正観については、近時、高田晴仁「福沢諭吉の法典論―法典論争前夜」（『慶應の法律学（商事法）』慶應義塾大学出版会、2008 年）、同「法典延期派・福沢諭吉―大隈外交期」（『法学研究』第 82 巻第 1 号、2009 年）が発表された。また、岩谷「福沢における条約改正論」（『著作集』第 8 巻）も参照されたい。

28 米山光儀解題『慶應義塾福沢研究センター資料（9）慶應義塾社中之約束（影印版）』（慶應義塾福沢研究センター、2004 年）p.15 以下所収。

29 前掲『慶應義塾社中之約束（影印版）』p.54 以下。

30 この契約書については、拙稿「ジョン・ヘンリー・ウィグモアの残した二つの契約書―『日本関連文書』の構造とその研究」（『近代日本研究』第 13 巻、1996 年）p.36 に復刻し、分析を加えている。

31 西川俊作・西澤直子編『ふだん着の福沢諭吉』(慶應義塾大学出版会、1998 年) p.188 に掲げられる、ウィグモアの妻、エンマの言。
32 その全容と意義については、岩谷「ウィグモアの法律学校―明治中期―アメリカ人法律家の試み」(『法学研究』第 69 巻第 1 号、1996 年) に詳しい。
33 全文は、同前 pp.186 ～ 188 に掲げた。
34 「法学部法律学科史」(手塚豊・向井健執筆) p.27 (429)
35 岩谷「ジョン・ヘンリー・ウィグモアにおける日本法研究の端緒―民事慣例類集の英訳者・牛場徹郎関係資料紹介」(『近代日本研究』第 24 巻、2007 年) pp.337 ～ 362 にその過程の一端を示した。
36 柳田幸男・ダニエル・H・フット『ハーバード卓越の秘密―ハーバードLSの叡智に学ぶ』(有斐閣、2010 年) p.9 以下に、1870 年にハーバードロースクールにて導入されたソクラティック・メソッド(ケース・メソッド)の法学教育方法の画期的な意義について触れられる。
37 末弘厳太郎『末弘著作集Ⅳ・嘘の効用』(第 2 版、日本評論社、1980 年) pp.41 ～ 87 に収録される「改造問題と明治時代の省察」(初出 1923 年)を参照のこと。
38 同上 p.51
39 同上 p.59
40 同上 p.60
41 現在、弁護士利用・訴訟利用・裁判所利用の活性化による国民の享受し得る司法サービスの充実化のために、弁護士人口の増加も有意な一要素であるとしながらも、それだけではもたらされない各種の弁護士業務のあり方についての不断の改善の努力が求められている(馬場健一「弁護士増は訴訟増をもたらすか」『法社会学・第 74 号』有斐閣、2011 年、pp.163 ～ 190)。本章において筆者は、まさにこうした日本人と司法をめぐる現代的課題が歴史的にリアルなものとして問題化されるための素材を提供したつもりである。

第11章

福沢諭吉の経済論

はじめに

　福沢諭吉は経済学者であったのだろうか。
　たしかに福沢は、彰義隊の戦の最中に、フランシス・ウェーランドの *The Elements of Political Economy* という経済書を講じていた。幕末に、すでに経済書を講じていたのだから、経済学者であったと言えるかもしれない。
　また福沢は、非常に早い時期から、経済学を学問として高く評価していた。たとえば、『学問のすゝめ』初編では、基礎的なことを学んだ後、さらに一歩進んで修めるべき学問が、五つ挙げられている。その五つとは、地理学、窮理学（現在の物理学）、歴史学、経済学、そして修身学（現在の道徳哲学）で、そこには経済学が入っている[1]。
　あるいは、『文明論之概略』では、知性の中で社会的に意味のあるものを「公智」と分類しているが、その「公智」を示した者の代表例として次のように、一人だけアダム・スミスを挙げている箇所がある。

　　　アダム・スミスが経済の法を論ずるが如くして、自から天下の人心を導き、一般に富有の源を深くすることあるは、智恵の働の最も至れるものと云ふ可し[2]

スミスは近代社会の経済学を創始した人だが、ここでは、そのスミスに「公智」を代表させているのである。この点からも、福沢が経済学を重視していたことは、明らかだろう。したがって、経済学を重視し、経済学を講じていたのだから、福沢は、経済学者だろうと、とりあえずは考えられる。

　しかし、福沢の全業績を見渡すと、経済学についての著作は実はそれほど多くない。『福沢諭吉全集』全21巻をすべて見てみても、体系的に経済の理論、原則を述べたものは2冊しかない。一つは『西洋事情 外編』で、もう一つは明治10（1877）年・13年の『民間経済録』である。そのうち、『西洋事情 外編』はジョン・ヒル・バートンというスコットランドの経済学者の経済書を主体として、他の経済書からの抄録を合わせて翻訳した著作である。しかも、バートンの原書は、前半が社会経済（ソサイヤルエコノミー）、後半が政治経済（ポリチカルエコノミー）となっているが、その前半しか訳してない。前半は、近代社会論に近い内容で、広義の経済学とは言えるが、狭義の経済学とは言えない。このように考えると、狭義の経済書と呼べるのは『民間経済録』1冊だけということになる。経済学を重視していた福沢だが、経済学の著作は意外と少ないことがわかる。

　しかしその一方で、現実の経済問題についての時論は膨大にある。とくに明治15年以降、福沢は『時事新報』という新聞の実質上の社主であり主筆であったが、この新聞で展開されている議論には、時論的な経済論が非常に多い。この点から考えれば、経済学者というよりは経済評論家と言ったほうが良いかもしれない。ところが、この経済評論家としての福沢の議論は、実は、「一貫性がない」と批判される場合もしばしばある。

　一例を挙げれば、鉄道論がある。福沢は鉄道を非常に重視しており、ことあるごとに鉄道に関して論じていた。ところが、それらの議論では、あるときは民営論の立場を採り、別のときは公設・公営論の立場で論じた。また、情況が変わると民営でも公営でもどちらでも良いので、ともかくこ

の事業に取り組める者が進めるべきだと主張した。

このような姿勢は、自由主義か保護主義かといった、当時の経済学の枠組みからすると、節操がないと言えよう。このため、たとえば、同時代人で徹底した自由主義経済論者であった田口卯吉などからは批判されている。このような点から、福沢の議論にはブレがあると、しばしば言われてきた。しかし、この章では、そういう福沢の経済論の背後には、実は一貫したものがあったのではないか、という点を考えてみたい。

以下では、福沢が経済論のなかで、とくに力をこめて議論していた4点、すなわち不換紙幣整理の問題、外債導入による景気刺激、米価問題、銀貨下落の問題を取り上げ、その背後にある一貫性について考えてみたい。

1. 不換紙幣整理の問題

金貨や銀貨に交換できない紙幣のことを不換紙幣と言う。明治10年代当時、世界の多くの先進国では、兌換紙幣（金貨や銀貨に交換できる紙幣）が使われていた。これに対して日本は、明治維新以来、兌換紙幣が望ましいとは考えながらも、金・銀貨が十分にはなく、兌換化はできなかった。非常に多くの不換紙幣を発行して、財政を賄っていたのが実態だったのである。

とくに、明治10（1877）年に西南戦争が起り、その戦費が膨大にかかったことは、不換紙幣の増加に拍車をかけた。また、明治10年前後からは大蔵卿の大隈重信が殖産興業のための積極財政を展開する。この財源としても、不換紙幣が次々に発行されることになる。その結果、はじめは好景気を招き好ましい経済状態であったが、明治13年頃になると、紙幣の価値が下落し始めた。

ちなみに日本は、主に貿易に使うために1ドル銀貨と同品位同重量の円銀貨も発行していた。つまり、銀貨の1円と紙幣の1円とがあったが、紙幣の1円が銀行で必ずしも銀貨の1円に交換できるとは限らない。これが

不換紙幣である。その不換紙幣の価値がどんどん下落をしてしまい、状況が次第に深刻になってきた。明治13（1880）年の場合、銀貨1円を買うためには紙幣1.48円が必要であった。さらに明治14年には、銀貨1円が紙幣1.7円に相当するところまで、紙幣の価値が下がってしまったのである[3]。その結果として、明治13年頃からインフレが起きる。また、紙幣は、銀貨に固定的に結びつけられていなかったので、その価値が不安定で乱変動するという状況も出てくる。いずれも、日本経済に深刻な影響を与えるものであった。

　その結果、この不換紙幣をどうにか整理しなければならない、という課題が出てきた。その解決を引締め政策により試みたのが、明治14年10月に大蔵卿に就任した松方正義であった。不換紙幣を整理するためには、それを回収するための財源が必要である。一方で紙幣の信用を確保するためには、紙幣の発行当局が銀貨を蓄積しなければならず、その財源も必要である。それらの財源をどこから用意したかというと、松方は、増税と軍事費以外の歳出削減で念出し、徐々に紙幣を回収していくことを目指した。しかし、増税と歳出削減を厳しく行った結果、激しいデフレが起きてしまう。明治15年から19年頃にかけて、深刻なデフレの状況が続き、農民や経済界には没落する者が続出することになった。

　以上のような明治10年頃からの紙幣の状況に対して、福沢諭吉はどう考えたのか。最初にこの問題について論じたのは、明治11年に単行本で出した『通貨論』である。当時の大隈重信財政は、紙幣を盛んに発行して経済を促進していくという政策であった。福沢は『通貨論』で、この政策を支える主張を論じている。その主張は、紙幣というのは最も進んだ貨幣であり、それは何も、銀や金に換えられる必要はなく、紙幣を政府がうまくコントロールすればいいという主旨であった。つまり、管理通貨論の立場で、新しい紙幣のあり方を唱えていた[4]。

　ところが、その後紙幣発行が行き過ぎた結果、特に明治13年頃からインフレが進み、紙幣の乱変動が起きるようになると、福沢もその不安定性

に問題があることを強く認識するようになった。そのため、明治15年3月には、明治11年と同じ題名の「通貨論」を、『時事新報』紙上に社説として4回に分けて掲載した[5]。ここでは前の議論とは変わって、不換紙幣を整理しなくてはならないという立場に立ち、それが「燃眉の急務」[6]だという議論を展開している。

　この後、明治15年3月から明治18年まで、紙幣整理の問題について、福沢は、折に触れ『時事新報』の社説で取り上げ続けた。それらの社説では、当時大蔵卿の松方正義が行っていた財政政策、紙幣整理策に真っ向から反対しながら、それに代わるべき政策を説いた。

　松方の政策はどこに問題があるのか。一つは、デフレ政策である点であった。増税と歳出削減をしつつ紙幣発行量を減らしたことが、需要を減退させ人々を非常に厳しい苦境に陥れている。もう一つは、「徐々に」紙幣を回収していくということであった。これが、紙幣の乱変動期間を長引かせて、経済に悪影響を与えていると福沢は考えていた。

　さらに、もう一つは、そのように紙幣が変動していて安定性がないと、経済界にどういう精神が生じるかという論点であった。経済活動を行うには、ある程度の予測ができる状況が必要だが、経済の基準になるべき貨幣そのものが乱変動していると、その予測が立たない。そのため、健全な投資は行われない。投資を行わないで何をするかというと、たとえば、紙幣の相場に賭ける。これは、投資ではなく投機である。つまり、紙幣の乱変動は、マーケットで競争をしながらフェアなルールで営利を目指すという、健全な企業心を損ねる結果となる。福沢は、人々が投機に走らざるを得ないような状況は、「尋常正当なる商売」を妨げており、「商売社会無形の禍も殆ど極に達したるもの」と述べている[7]。

　以上のような問題がある松方の政策に代わり、福沢が強く主張したのが、外債の導入であった。ロンドンなどの外国の市場で国債を発行して、その資金で紙幣を回収し、兌換制を確立する、というものである。その借入額としては、5,000万円と算出している。明治13、14年頃の政府の歳出総額

は大体8,000万から9,000万円だったので、それと比較しても5,000万というのは、当時の日本にとっては非常に大きな額である。そういう多額の外国債を募集して、徐々にではなく、一気に兌換化するべきだと主張した[8]。

これに対して、政府系の新聞からすぐに猛反対が起きた。反対理由の一つは、外債は危険であるというものである。たとえば、エジプトはイギリスをはじめとする西欧諸国から借金をし、その結果として、実質上イギリスの植民地になっているではないか、というような批判が出された。そのほかにも借金による政治はすべきではないという、古くからの質実剛健の政治感覚からの批判もあった。

福沢の『時事新報』は、すぐにその批判に反論している[9]。日本の経済規模から言って、5,000万円の外債発行は可能である。たとえば、1石あたり4円の酒税を1円上げれば、それだけで元利返済は可能になる。しかも日本の経済成長力を見込めば、さらに将来における返済の負担は小さくなる。このように細かな計算をしたうえで、外債を導入することが可能であることを示している。外債を募集することによって、日本は、貨幣の流通量は減らさずに、また、租税の負担も極力増大させずに、さらに、紙幣の不安定期間を最短にして一気に兌換化をすることができる。このような形で、いわば経済の有効需要を守りながら、紙幣の問題を処理する。これが、福沢が考えた解決策であった。

2. 外債導入による景気刺激

外債導入による景気の刺激という主張は、明治18（1885）年12月に『時事新報』紙上に発表された論説「外債論」[10]で論じられているものであり、これも松方財政を批判する議論であった。

明治15年から松方デフレが進むが、明治18年頃には福沢諭吉は、その深刻さは極に達していると考えていた。たとえば、その惨状を、日本経済

が「古来未曾有の衰退におちいりたるもの」[11]という言葉で表している。そうした深刻な不況を起こしている原因は何なのか。根本の原因は、本来ならば導入してしかるべき外債などの負債を、不合理に忌み嫌って増税と歳出削減により不換紙幣を整理しようとしている松方の財政政策にある、と断じている。

　なぜ政府は外債を忌み嫌っていたのか。一つはすでに述べたように、外債は危険であり、返済できない場合には植民地にされてしまうかもしれない、という恐怖感である。これは当時の政治家、国民がかなり強く共有していた感覚であった。福沢は、もう一つ、江戸時代以来の儒学風の政治感覚が残っているという点も挙げている。儒学では優れた指導者・政治家のことを「聖人」と呼ぶが、この「聖人」的な経済感覚では、まず借金は忌み嫌う。借金は良くないことであり、財政が足りないときには借金ではなくて、まず節約、倹約をすべきだと考える。それが福沢の言う〈儒学の聖人風の政治感覚〉であり、このような禁欲倫理、あるいは道徳観によって、合理的な経済的判断ができなくなっている。そのために外債を導入せず、厳しい増税と歳出削減でもって紙幣を整理しようとしているのだとみなした。その結果、いまや極めて厳しいデフレに陥っているのだから、この状況を打開するには外債を導入すべきである。このように論じているのが、「外債論」である。

　「外債」というのは、具体的には、ヨーロッパを中心とする海外で国債を発行することだが、その資金で何をするか。一つは、日本が国内で発行している国債、公債証書を買い戻すことであった。そのことによって資金が市場に流れる。もう一つは、計画だけできている中仙道の鉄道（いまの信越線）を一気に着工する。これも国内に資金が流れる政策と言える。

　さらに、ロンドンの金利は日本の国内金利よりもはるかに低かったのだが、その低金利のまま、民間の経済活動に融資するということも提案している。当時国内では、たとえば、旧大名華族などのところには、実は資金はあった。あることはあったのだが、それが経済的な投資に向かわない。

不況で潰れる企業が続出しているというような経済状況の中で、企業に投資をする者はいないのである。財産のある者は、その資金で何をするかというと、一つは国債を買う。もう一つは、安全な駅逓貯金（現在の郵便貯金）に入れる。その結果として、資金は産業には向かわず、それがまた倒産を増やしていった。そのような金融の閉塞を打開するため、外資を導入して、それを政府がそのままの金利で民間の企業活動に融資をする、ということを主張したのである。

これもやはり、いかにして有効需要と雇用を創出するかということを考えた議論と言える。このことを「外債論」の中では、以下のような非常に印象深い表現で論じている。

> 我輩が外債論を主張して、……外資を利用せんとする其(その)目的は、日本国民をして手を空(むなし)うする禍(わざわい)を免かれしめ、この民を無職業の塗炭(たん)に救はんと欲するに在るのみ。借金を負えば、働く可(べ)き仕事にありつき、又これを払ふの時節もあり。借金せざれば、手を懐にして餓死を待つのみ。餓死と借金といずれか優さる。取捨は当局の人民に任するのみ。[12]

この最終行の「当局」とは政府当局のことではなくて、当事者のことであり、判断はまさに当事者である人民に任せる、という結びである。借金をしても職業があるほうが良いというのが、福沢の主張であることは、もちろん明らかだろう。それは、外債を導入して、当時の松方デフレ下の不況を打開し雇用を創出しようという主張であった。

3. 米価について

次に、米価について福沢諭吉がどう考えていたかとを見てみよう。この問題については、一つは、明治19（1886）年の議論がある[13]。当時、日

本の人口の7割は農民であったが、福沢は、その農民の所得が多いか少ないかが、実は日本経済の根本を左右すると考えていた。その観点からは、農民の所得の大きな部分となっている米の価格は高いほうが良い。つまり高米価を歓迎する議論を展開している。

　なぜそうなのか。金持ちの場合は、所得が少し増えても減っても、それほど消費に使う金額は変わらない。ところが人口の多くを占めている貧しい農民は、少し所得が増えれば、それはたちどころに消費に回り、少し所得が減ればたちまち消費を減すことになる。彼ら1人ひとりの消費は少なくても、とにかく人口の7割だから、その7割の者の消費が増えるか減るかは、日本経済全体にとって非常に大きい影響を与える。そこで米価が問題となるのである。もし米価が下落すれば、農民の所得が減ってしまう。農民の所得が減ると農民の消費が減り、農民の消費が減れば国内の需要が減少する。そのため、米価の下落は、一般の商工業の不景気の原因になる、というのが福沢の認識であった。

　ところが明治19年は、例年にない豊年で、米価の下落が予想されていた。この米価の下落に対して、福沢は『時事新報』の社説で、政府が高い値段で過剰米を買い取り、それを輸出することを勧めている。ただし市場より高い値段で買うのだから、その値段では絶対に輸出はできない。したがって赤字輸出をすることになる。政府が財源を負担して米を買って、それを海外に赤字輸出をすべきである、と政府の市場介入を福沢は求めていた。といっても、この市場介入のための財源はどうするのか。たしかに、当座の財政負担はあるが、米価回復による国内需要の拡大、そしてその需要の拡大による政府の税収の増大で、それはきちんと賄えるとも計算している。もちろん、これは非常時の対応で、一般に採るべき手段ではなく、こういう政策が長期的に可能だとは福沢も考えてはいなかった。赤字輸出を続ければ、その米が日本にまた再び還流してくることは当然あり得ることで、これはまさに短期的な非常手段であった。しかし明治19年の状況では、その非常手段が必要だと主張していたのである。

第11章　福沢諭吉の経済論　　　　243

ちなみに福沢は、日本の米・麦の生産には限界があり、いつまでも当時の価格水準を維持できるものではないと考えていた。当時、日本には関税自主権がなかったので、米・麦は自由に海外から輸入できた。たとえば、麦であればアメリカ産、米であればインド産や東南アジア産が入って来る。しかも、自然条件から考えて、そういう地域で生産される米や麦に、日本の米・麦はかなわないと考えていた。したがって長期的には、米、麦の生産は減らし、国際競争しうる生産物に変えていかなくてはいけない。長期的に国際競争をしうるものは何か。当時にあっては生糸であり、そのためには桑畑が必要である。つまり田圃を桑畑に変えていく必要がある。長期的な展望としては、福沢は、このように考えていた。しかし短期的には、ともかく農民を救わなくてはならないということで、政府の出動を求めていたのである。

　明治23（1890）年には、今度は、天候不順から米が高騰する。これに対して、政府は米価を抑える政策に出た。政府は、この米の高騰は、米商会所という当時の米穀先物取引市場で商人たちが投機的な経済活動をしていることが原因だと考えたのである。そこで、投機的な売買、あるいは買い占めを規制する方向に動き、米商会所に重税を課す、あるいは、そこでの投機的な売買を禁止するという政策を採った。

　しかし、福沢はこの明治23年の高米価抑制策に対しても、真っ向から反対している[14]。当時農民は生産した米を売って、その代金で地租つまり税金を払っていた。従って、米が高く売れるということは、農民にとって実質上税率が低くなるのと同じことであった。ところが、そういう事情に配慮せず、低米価政策を採るということは、重い税金をかけることよりも、あるいは飢饉よりも、農民にとっては厳しいことであると福沢は言う。福沢の試算によれば、当時の全国の米の生産額は大体3,800万石であった。通常は、1石当たり約5〜6円ぐらいであり、仮に1石5円であると総販売額は1億9,000万円になる。ところがそれが1石6円に値上がりしたとすると、その1円の値上がりでもって2億2,800万円の売り上げになり、

差額 3,800 万円が農民の懐に入る。当時、政府は農民保護政策として地租の特別減税を行おうとしていたが、その特別減税額は、1円の米価上昇による農民所得の増加に比べれば、その10分の1にも満たない。特別減税よりは、もっと自由に、たとえば、米価が高いときは高くなるようにしておいたほうがいい、というのが第一の理由であった。

　第二の理由は、次のような自由市場主義的な考え方による。当時の政府には、強欲な投機商、米の相場で儲けているような商人は狡い、悪いと考え、そういう商人の投機を取り締まろうという感覚があった。しかし、この感覚は、江戸時代以来の「古風なる士族学者流」[15]の考え方、あるいは「腐儒の言」[16]であると福沢は言う。そういう感覚で経済政策を行うべきではない。経済の場には、良い商人もいるし悪い商人もいるが、ともに彼等の自由にはならない。詰まるところは市場による均衡価格に落ち着いていくのだと福沢は主張している。先ほどの明治19年の際には政府の市場介入を求めていたが、ここでは福沢は自由市場主義の立場を採っていた。

　第三の理由は、米商会所の機能に関するものである。政府の抑圧策で米商会所、つまり先物取引所が潰れた場合にはどうなるか。これは農民に大変な負担がかかることになる。米商会所の重要な機能として、米の標準価格を示すことがある。標準価格が明らかになっていれば、農民が米を個別の商人に売るときに商人に騙されない。狡い商人といえども、そのような基準価格を踏まえて買い取らなくてはならないということになる。つまり標準価格がなくなると、立場の弱い農民は結局のところ米商人に買い叩かれてしまうのである。

　福沢は、これら三つの理由を挙げて、米商会所を潰していこうという政府の方策に反対をした。この、米価に関する福沢の考え方は、国内需要の観点から農民所得を重視する、という立場だと言える。ただ単に農民が豊かになれば良いということではなく、農民が豊かになることが日本の経済にとって重要なのだ、という考え方であった。

　このような福沢の主張は、経済理論としては、ある意味では一貫性がな

い。低米価に対しては政府の直接的な市場介入を求め、反対に高米価に対しては市場に任せるべきだという自由主義経済論を展開しており、経済学者としてはブレていたかもしれない。しかし、経済論者としては、一貫性が認められる。それは、「日本は農を以て国を立るものなり、農民の休戚(きゅうせき)は一国運命の係る所」[17]と断じているように、日本経済の基礎として米価と農民所得の問題を重視する現実的な考え方を貫いた点であった。

4. 銀貨下落について

　最後に、銀本位か金本位かという問題についての主張を見てみよう。この議論は、明治26(1893)年1月、『時事新報』紙上の「銀貨下落」という論説[18]で、4回に亘って展開されている。

　ちなみに、本章「1. 不換紙幣整理の問題」で、日本の紙幣は不換紙幣であったと述べたが、その後の松方財政の結果として、明治18年に円は銀本位紙幣（銀貨に交換できる紙幣）になった。つまり、どんなときでも紙幣1円は銀貨1円であった。

　しかし、実は当時先進諸国では金本位の国が多い。金本位でなく銀本位だったのはアメリカぐらいで、ヨーロッパ諸国は金本位だった。また、銀貨（銀）と金貨（金）は国際市場で取引されていたが、その相場は、日本の開国後に関して言えば、徐々に銀貨の価値が下がる傾向であった。しかも、金本位国はさらに増え、金の需要は高くなり国際市場で銀のほうが一層弱くなってきていた。そのような傾向の中で、日本は明治18年に銀と円を結びつけ、銀本位にしたのである。

　しかも、その銀貨が明治23年以降はさらに国際市場で急落を始めた。明治23年から26年までの間に、銀貨の価値は、大体30％ぐらい下落している。その結果さまざまな影響が日本経済に及んできた。先進国は金本位国が多く、それらの国々と日本は貿易をする必要がある。しかし、銀が急激に下がる傾向で、金銀相場が変動する。相場が変動すると、危険を考

えて外国為替の絡む投資を躊躇する場合も出てくる。これは、貿易にとってマイナスで、その分だけ商取引も渋滞しかねない。同じ金同士ならばスムーズなのに、金銀で相場があるので、それを考えながら貿易をすることになり、商取引が停滞する面も出てきたのである。

　同じ理由で、金本位国（たとえばイギリス）から日本への投資がしにくくもなっていた。投資しても銀貨が落ちてしまうという可能性があるからだ。また、日本が当時輸入をしなければならなかった機械や軍需品、といったものの輸入価格は高くなってしまう。さらに、円安になっているということから、国内物価の上昇という問題も出てきた。こういった点から、金本位にしたほうが良いのではないかという議論が、とくに大蔵省などを中心に出はじめていた。安定的な金本位にしてしまえば、日本の輸出にとっては厳しいのだが、経済人や企業は安定した外国為替を前提に経済活動を展開できるという議論である。

　あるいは、この場合にも、儒学流、古い士族流の考え方から、銀ばかりどんどん国内に入ってきても仕方がないという議論も出てきていた。銀安であるから、どんどん輸出ができる。ということは、国内のいろいろな有用な品物を海外に出して、食べることも着ることもできない銀を輸入していることになる、というのが儒者流、古い士族流の考え方であった。そういう金銀蔑視の考えから、銀安状況のままにしておくことは好ましくないという、「士族古学流の言」[19]も展開されていた。

　しかしそれに対して福沢諭吉は、銀安歓迎論の立場を採っていた。銀貨が安いということは、銀本位の円が安いということで、第一には輸入が減少する。したがって、いままで輸入していたものを国内製造業が代わって生産できる。ここに一つのチャンスがあると考えた。また、円が安いわけであるから、輸出が増大する。これは、日本品の販路を世界に開いていく好機会であり、日本の工業発達の端緒となる「天与の慶事」[20]である、と福沢は言う。

　このように、銀貨の下落によって国内産業が盛んになり、そして「一国

繁栄の根本」ができてくることになる。その「一国繁栄の根本」とはどういうことなのか。福沢は、次のように述べている。

  内国の工業を盛にして其(その)製造品を自用し又輸出するは、即(すなわ)ち日本国人の労力技芸を内に利用し又外に売ることにして、人口多く事少なく閑居貧に苦しむ其人が心身を活用するの道なれば、其これを売りたる代として受取る所のものは、金にても銀にても又他の品物にても、種類の如何(いかん)を問ふは無益の沙汰(さた)なり。一国繁栄の根本は国人の労力技芸を活用して無より有を生じ、以て自から利するに在るのみ。[21]

 つまり、過剰人口に苦しむ日本では、貧しい人々が職業を得て経済活動ができることこそが「一国繁栄の根本」であり、そのためには収入のあり方は問わないという経済観だ。銀本位に多少問題点はあったとしても、銀貨下落の状態は好ましい、というのが福沢の主張であった。
 この銀貨の問題については、政府は明治26年10月に貨幣制度調査会を設け、福沢の盟友である小幡篤次郎もその委員の一人になった。世論の動向もあり、調査会も、この時点では銀本位を維持するという結論を出すことになる。日本が金本位に変わるのは日清戦争で賠償金を得て、資金の余裕ができた後である。銀本位の問題は、この段階では、最終的な結果が珍しく福沢の主張と一致した事例であった。

5. 福沢諭吉の経済論の基本はどこにあったか──

 四つの問題を取り上げ、福沢諭吉の経済論を紹介してきた。これらを踏まえて、福沢の経済論の基本はどこにあったのか、ということについて考えてみたい。
 第一は、儒学流の経済政策観に対する批判である。儒学流に、政治のあるべき姿を固定的な先入観として抱き、その先入観に基づいて経済政策を

行ってはいけない。経済学に基づいた知性でもって、目的に合った合理的判断をすべきである。そういう点では、福沢の経済論は一貫しているということが第一の点である。

　第二に、経済に関して、官の役割を認めるにやぶさかではない。福沢の経済論は、本章で紹介したもの以外を見ても、全体としては民間の経済活動に期待しており、基本的には自由主義経済論の色彩が強い。たとえば、明治20（1887）年の「経済小言」では、官を、「昔日の士族なり、今の官員なり、国の経済上より見れば等しく不生産の種族にして、他の人民の労力に依頼する者」[22]と、経済上の「不生産の種族」と位置づけている。

　しかし、では政府の役割、官僚の役割はないのかというと、そうではない。福沢は政府、政策、官の役割というものを決して否定はしていない。経済における、主ではないが、従の役割があるということをいたるところで述べている。たとえば外債を導入して経済政策を行う、あるいは、米価を維持するというような場面では政府が出動すべきだと主張していた。また、「はじめに」のところで触れたが、鉄道に関しては、福沢は公営でも建設するべきだとも言っていた。鉄道は経済のリーディング・セクターであり、鉄道を作ることによってその他の経済に及ぼす影響は極めて大きい。従って、鉄道については、公設、公営でもかまわないという考え方であった。その意味で決して政府、官の役割を否定していたわけではない。福沢は自由主義経済論か保護主義経済論かといういわゆる経済学の当時の枠組みに、盲目的に従っている人ではない。そういう経済学と福沢の経済論とは、一線を画していたと言うべきだろう。それが第二の点である。

　第三に、これが一番大きい点だが、福沢の経済論には、終始一貫した目的があった。その目的は何かというと、有効需要を維持し創出して、完全雇用をできるだけ達成するということである。本章で取り上げた、紙幣整理、外債、米価、銀貨、何れの問題に関しても、最終的な目的は有効需要の維持と完全雇用であった。そのための手段としては、あるときは自由主義経済でいいし、あるときは政府の出動が必要と考えた。そこのところで

は福沢は、終始一貫していたと考えられるだろう。

まとめ：なぜ完全雇用を重視したか

　福沢諭吉は、なぜ「完全雇用」ということを重視したのだろうか。
　この問いに答えるには、経済論だけではなく彼の思想の全体を貫く最終目標は何であったかということから考えなければならない。それは一言で表すならば、「一身独立して一国独立する」[23]という言葉に尽きる。これは個人の独立と国の独立が相互に関連して成立すること示したもので、個人と国の両方の独立を同時に目的とするものである。
　「一身独立」すなわち個人の独立とは、それ自体も文明の基本として追求すべきものである。同時にその「一身独立」が国の独立の基礎ともなる。当時は、国の独立も喫緊の課題であり、場合によっては、日本は植民地になってしまうかもしれない状況であった。そうならずに独立を維持していくためには、「一身独立」が必要である。同時に文明のためにも、個人の独立は不可欠であった。このような表裏となる個人と国の独立が、全生涯を貫くテーマであり、その鍵はいかにして「一身独立」が可能になるかということであったと考えられる。とすれば、福沢の経済論もそれを目指していたはずである。
　ではその「一身独立」とはいかなることか。『学問のすゝめ』では以下のように明解に述べている。

　　　独立とは、自分にて自分の身を支配し、他に依りすがる心なきを云う。自ら物事の理非を弁別して処置を誤ることなき者は、他人の智恵に依らざる独立なり。自ら心身を労して私立の活計を為す者は、他人の財に依らざる独立なり。[24]

　一つは、「他人の智恵に依らざる独立」である。自分で物事が良いか悪

いか、進むべき方向はどちらかが考えられ、権威者に頼ることなく、自分でそれが判断できる。そういう「他人の智恵に依らざる独立」のためには自分が知恵を持ってなくてはならない。とくに新しい知恵を持たなければならず、そのためには学問が必要だということになる。また、もう一つは、「他人の財に依らざる独立」だと言う。自分で自分の身を動かして、独立した生活の糧を得る。つまり、殿様から禄をもらって生活するのではなくて、自分で稼いで生活をすることである。このように知性における独立と経済的な独立の両方があって初めて「一身独立」が可能となる。

　福沢の経済論は、当然、個人のこの経済的な独立と関係するものでなければならない。「私立の活計」に資する経済を目指す議論であったはずだと考えられる。

　それでは、どういう人々の「私立の活計」を課題と考えていたのだろうか。旧大名華族のような資産家は、自ら働くわけではないが、とりあえず「他人の財に依らざる独立」はできる。あるいは、三井、住友、鴻池のような江戸時代以来の豪商や地主も、その営みの新旧は別として、「私立」はしていけるだろう。また、官僚などは、その地位待遇に満足していれば、ことさら「私立の活計」は目指す必要もない。

　つまり福沢が、これから一身独立して一国独立を担っていってほしいと考えていた人々は、実はそのような財産や地位のある者ではない。むしろ財産も地位もたいしてないが、たとえば慶應義塾のような所で学んで、新しい知性に挑戦している若者達であった。そういう人々が新たな経済活動に身を投じて「私立の活計」を得ていってほしい。資力はないが、新しい学問を学んだ者が、新たな営利機会に挑戦して、切磋琢磨しながら、下からの力で経済社会を創っていってほしい。これが福沢の構想であったと考えらる。

　もちろん経済は競争の世界であるから、そこでは敗者は出てくる。しかし、松方デフレのようなドラスティックな経済の変化がなければ、その敗者は経験に学び、また敗者復活戦に登場できるかもしれない。そのような

経済活動を学習できる状況が必要と考えていたのではないだろうか。

　このことは、福沢が、福沢英之助という人に宛てた明治5（1872）年4月28日の手紙からも窺える。英之助は「福沢」という姓だが、福沢の親戚ではなく早い時期の門下生であった。ただし、親戚同様と言っても良い付き合いで、実際、福沢の四男をこの英之助の養子にしようと考えたこともあった。そういう点では、正確には親戚ではないものの、非常に親密な交流のあった人である。

　その英之助に宛てた明治5年の手紙で、福沢は英之助の職業相談に乗っている。英之助は幕末に英国に留学したこともあり、英語もできたので、その頃、教師としてそれなりの給与を得ていた。また、その後も、教師として生活していくことが可能な者であった。それにもかかわらず、英之助は福沢に、これから商人として経済界に進むことを相談した。それに答えて、福沢は以下のように書いている。

　　商人としては、とても多分の金は取れ申さず。差向き辛（かろ）うじて口を糊（こ）するのミ。されども一両にても三両にても、随（したが）って、これを得れば、随ってこれを保護するの術も覚え、真に一身独立、自由自在の場合に至る可（べ）き哉（か）。[25]

経済に身を投じれば、まずはごくわずかな収入を得つつ、経済の「術」を覚えることができる。それがやがて経済的な「真」の「一身独立」に至る道かもしれないと述べている。これが、福沢が考えていた「私立の活計」「一身独立」への一つの道だと言っていいだろう。もちろん、後の時代、たとえば明治20年代になれば状況は変わってくるが、福沢が考えていた理想は、徒手空拳ではあるが、新たな知性によって経済界で自分の立場を作っていける者であった。そういう者に、経済の「術」を覚えながら成長できる場を提供するには、どのような状況が良いか。明らかに、松方デフレの状況は好ましくない。松方デフレの激風に曝されては、結局資力

のある者しか生き残れない。生き残った者は潰れた者の財を合わせて、より大きな力を持つ。つまり、激しい弱肉強食の世界となってしまう。そうではなく、完全雇用や有効需要ができるだけ維持された穏やかな変化のなかで、資力のない者も、お互いに競争をし、時には敗者復活戦も経験し、経済を学びながら「一身独立」をしていく。これが、福沢が考えていた日本経済の成長のあり方ということになる。

　このように経済の成長と「一身独立」が並び進むため、福沢はさまざまな経済論の中で、常に雇用を維持あるいは促進できる方策を第一に考えていたのである。そのことを、本章で紹介した「外債論」の中では、経済政策の唯一の目的は「天下一夫も仕事を得ざる者なからしむる」[26]ことであると、明解な言葉で断じている。このように考えると、福沢諭吉の経済論は見事に終始一貫していたと言えるだろう。

(この章は、平成23年5月16日に行われた「福沢先生ウェーランド経済書講述記念講演会」の講演内容をベースとしている。)

1　『学問のすゝめ』初編（『著作集』3巻 p.8）
2　『文明論之概略』第6章（『著作集』4巻 p.134）
3　「通貨論」〈時事新報〉（『著作集』6巻 p.265）
4　『通貨論』（『著作集』6巻 pp.209〜252）
5　前掲「通貨論」〈時事新報〉pp.253〜268
6　同上 p.267
7　「紙幣兌換遅疑するに及ばず」『時事新報』明治17年1月25・26日（『全集』9巻 pp.364〜370）
8　「紙幣引換を急ぐべし」『時事新報』明治16年6月16・19日（『全集』9巻 pp.31〜36）
9　「外債を起こして急に紙幣を兌換するの可否に付東京日々新聞の惑を解く」『時事新報』明治16年6月27〜30日（『全集』9巻 pp.61〜75）

10 「外債論」『時事新報』明治18年12月3〜8日（『全集』10巻 pp.470〜483）
11 同上 p.472
12 同上 p.477
13 「米価騰貴せざれば国の経済立ち難し」『時事新報』明治19年8月2日（『全集』11巻 pp.71〜73）、「米の輸出は農家を利して商売の機を促がすに足る可し」同、明治19年8月3日（『全集』11巻 pp.74〜76）、「米の輸出は永久の策にあらず」同、明治19年8月5日（『全集』11巻 pp.76〜79）
14 「漫に米価の下落を祈る勿れ」『時事新報』明治23年4月18日（『全集』12巻 pp.411〜415）、「米商論」同、明治23年4月23〜25日（『全集』12巻 pp.415〜424）
15 同上「漫に米価の下落を祈る勿れ」p.411
16 前掲「米商論」p.421
17 同上 P.419
18 「銀貨下落」『時事新報』明治26年1月19〜22日（『全集』13巻 pp.632〜644）
19 同上 p.634
20 同上 p.635
21 同上 pp.634〜635
22 「経済小言」『時事新報』明治20年12月5〜9日（『全集』11巻 pp.402〜413）、引用箇所は p.404
23 前掲『学問のすゝめ』3編 p.27
24 同上 p.28
25 福沢英之助宛、明治5年4月28日書簡（『書簡集』1巻 p.235）
26 前掲「外債論」p.471

第12章

福沢諭吉の経営思想・近代企業論

はじめに

　福沢諭吉は日本近代史のさまざまな分野で高い評価を受けているが、日本の経営史、企業史においても、とりわけその思想と教育の面でもっとも重要な人物のひとりであるということができる。また、彼が教えた門下生の中には、慶應義塾を巣立った後、ビジネスの世界に入り、日本を代表する経営者になった者も多い。そのため今日でも、一般に慶應義塾は経済界・産業界との結びつきが強い大学であるというイメージを持たれている（それは、必ずしも良いイメージばかりではないのだが）。そこで、本章では、福沢の実業（ビジネス）に関する思想を彼の著作の一部を引用しながら解説し、それを受けて次章において、福沢の門下生たちの企業者活動について概観する。

1.「会社」という新知識の紹介：『西洋事情』

　幕末、維新期、日本は西洋からさまざまな近代文明を導入した。それらは、ハードの面でいうと、たとえば蒸気機関、さまざまな機械類、電信など、ソフトの面では学問、思想、諸制度など多岐に亘った。そうした中で、今日ではわれわれにとって当たり前になっている「会社」という概念、制

度も、実は近代以前の日本では知られておらず、幕末に西洋から採り入れられた新知識、新制度であった。もちろん、徳川時代にも、商人たちが寄り集まって作った会社に類似した集団のようなものはあったが、現在、もっとも一般的である株式会社というものは存在しなかったし、そのような考え方も全くなかった。それは、幕末、あるいは明治初期に一部の先進的な知識人によって意識的に導入された知識だった。そして、そのような知識人の中で、福沢諭吉こそ、おそらく日本へ最初に「会社」という概念を紹介した人物であったのである。

　福沢が初めて「会社」について言及したのは、『西洋事情 初編』の中であった。『西洋事情』は、周知のとおり『学問のすゝめ』、『文明論之概略』などと並ぶ福沢の代表的著作であり、初編が慶応2（1866）年、外編が慶応4（1868）年、二編が明治2（1870）年に出版された。その内容は、西洋先進国のさまざまな文物や歴史を紹介したものであった。福沢は、初編が出た時点で、すでに2回、外国（アメリカとヨーロッパ諸国）へ渡っており（その後、もう1回渡米する）、それらの地で見聞したことと、それに加えて洋書を読んで得た西洋に関する知識、つまり当時の日本には存在しなかった「社会」、「経済」、「政治」の原理、仕組みを、この著作において一般の日本人にもわかりやすいような文体で解説している。『西洋事情 初編』は、正規版が15万部、海賊版も含めれば20万部あるいはそれ以上は出たとされ、当時の読書人口から考えると大変なベストセラーだったと言える。福沢自身が後に『福沢全集』の諸言でこの著作について「西洋事情は恰も鳥なき里の蝙蝠（こうもり）、無学社会の指南にして、維新政府の新政令も或はこの小冊子より生じたるものあるべし」[1]と述べているように、明治新政府の政治家や役人も西洋の法律や制度についてほとんど知らなかったため、この著作を参考にして法律や制度を作ったとされるくらい、当時において影響力が大変大きかった。

　そこで、『西洋事情 初編』巻之一の目次を見てみると、次のような項目が挙げられている。

政治／収税法／国債／紙幣／商人会社／外国交際／兵制／文芸技術／学校／新聞紙／文庫／病院／貧院／唖院／盲院／癲院／病児院／博物館／博覧会／蒸気機関／蒸気船／蒸気車／伝信機／瓦斯燈

　このように、当時の西洋において欠くべからざる制度、組織、技術が並んでいる。これらの中で、5番目という比較的前のほうに挙げられている「商人会社」という項目こそ、おそらく日本で最初に会社という制度を紹介した箇所なのである。
　以下、本文の前半部分を順に見ていく。

　　　　西洋の風俗にて大商売を為すに、一商人の力に及ばざれば、五人或は十人、仲間を結て其事を共にす。之を商人会社と名付く。既に商社を結べば、商売の仕組、元金入用の高、年々会計の割合等、一切書に認めて世間に布告し、アクションと云へる手形を売て金を集む。[2]

　まず、西洋には「商人会社」というものがあり、それは1人の力（財力）ではできないような大きな商売をするのに、5人とか10人の人々がお金を出し合って作るものであると述べる。そして、その基本的な仕組みは、元金（資本金）、年々の売上、掛かった費用などの会計の数字をすべて記録し、書類に明示した形で公にして、アクション（フランス語で「株式」「株券」を指す言葉）というものを発行して、それを売って事業をするための資金を集めるのだと言っている。なお、ここで「商社」というのは、単に「商人会社」（商人＝ビジネスマンが作った会社）を略した言い方で、今日の貿易商社のことだけを言っているのではない。
　続いて、株式について、さらに詳しい説明がなされる。

その法、例えば商売の元金百万両入用なれば、手形百万枚を作り、一枚の価を一両と定め、自国他国の人に拘わらず、この手形を買うものには商社より年々四、五分の利息を払い、且その商売繁昌して利潤多ければ、右定たる利息の外に別段の割合を与うべしとの約束を為す…（中略）…手形を買たるものは商社より随意に元金を取返すことを得ずと雖ども、若し一時に金の入用あれば世間相対にて手形を売るべし。且その商売よく繁昌して年々定式の利息の外に別段の割合多ければ、手形も自から高価となり、最初百両にて手形百枚を買たるものも、世間売買の相場にて百三、四十両にも売るべし。[3]

　例として、資本金100万両が必要な場合を考えると、1枚1両の株式を100万枚作り、これらを「自国他国の人に拘わらず」つまり地縁、血縁の狭い範囲を超えて外国人であってもかまわないから広い範囲の人に売る。要するに、資本金を小さな単位に分割して、広く浅く薄く集めた方が、資金は集めやすいということだ。この株式を買ってくれた人に対して、会社は毎年決まった率の利息を払う。事業が好調で会社の利益が多く出れば、利息の他に配当を上乗せすることもある。ただし、ここでは、福沢は利息（利子）と配当、つまり社債と株式を混同していると思われる。
　株式の所有者は、会社から自由に出資金を払い戻してもらうことはできないが、市場で売ることができる。業績が良い会社の株式は市場で高値がつく。たとえば、最初100万両だったものが、市場の相場では130、40万両にもなることもある。
　以上の短い文章の中に、会社というものの原理が簡潔にわかりやすく述べられている。それらをまとめると、次のようになる。
①共同出資
　会社とは、数人あるいは多くの人たちが資金を出し合って作る組織であるということ。
②財務内容の公開（会計用語でディスクロージャーという）の必要性

会社は、資本金や収支など財務内容を外部に公開しなければならない。
③資本金の株式への分割
　会社の事業資金である資本金を、株式という小さな単位に分割することによって、資金を広く薄く集めることができる。
④株式の自由売買の保障
　株式は市場で自由に売買できる。これは、いわゆる株式の自由譲渡性といわれる特徴である。また、福沢はそこまでは言っていないが、これによって、会社は出資者（所有者）の交代にかかわらず、事業を継続していくことができる。これを継続企業（ゴーイングコンサーン）という。
　ところで、②の財務内容の公開に関して、福沢は西洋の複式簿記をいち早く日本に紹介したことでも知られている。それが、明治6（1873）年と7年に刊行された『帳合之法』で、アメリカの商業学校で使われていた簿記教科書（*Bryant and Stratton's common school book-keeping*, 1871）を翻訳したものである。「帳合」は、book-keepingに対して福沢が考案した訳語であったが、残念ながらその後は使われなくなり、後から出てきた簿記という語が生き残った。それでも、出版された『帳合之法』は、慶應義塾をはじめ全国の学校で教科書として利用されたわけであるから、福沢と慶應義塾は日本における簿記、会計学教育・研究の元祖と言えるのである。

2. 所有と経営の分離：丸善

　『西洋事情』には書かれていなかったが、福沢諭吉は別のところで、会社というものについてもう一つの重要な原理を日本に導入している。それは、「所有と経営の分離」の原理である。
　「所有と経営の分離」とは、会社を所有している、つまり出資している株主と、実際に経営をしている人が分離していることを指す。なぜ分離するのかというと、会社が大きくなると、その方が効率は良いからである。前述したとおり、会社の事業資金はなるべく多くの人から広く薄く集める

方が集めやすい。しかし、そのような多くの株主が日々の経営に口出しをしていたのでは、会社はうまく回らない。また、出資をする人は、一つの会社だけではなくいくつもの会社に出資している場合がほとんどなので、個々の会社の経営内容についてはよくわからないことも多くなる。よって、出資者はできるだけ有能な人物に（たとえその人物が会社に全く出資をしていなくても）経営を任せて、自分は出資だけを担うほうが合理的なのである。今日、大会社の経営者は、多くの場合、その会社の大株主ではない。彼らは経営者としての能力を評価されてその職に就いているのである。

　福沢がこの原理を実際の会社に適用したと思われる例がある。それが、丸善、今日でも東京・丸の内オアゾに本店を構える書店、洋書輸入業者である。福沢は、この会社の設立に深くかかわった。

　丸善は、元は丸屋商社といい、福沢の門下生、早矢仕有的（天保8〜明治34〔1837〜1901〕年）が福沢の勧めに従って明治2（1869）年に設立した。福沢は洋行した際に、自身や慶應義塾の教科書用に大量の洋書を購入したが、帰国後、東京ではロンドンやニューヨークに比べて洋書の値段が格段に高いことに気が付いた。当時、日本では洋書の輸入は外国商人を通さなければならず、彼らが値段を釣り上げていたのである。また、欲しい洋書が定期的に入ってこないという弊害もあった。そこで、福沢は日本人の手で洋書を輸入する商社を作らなければならないと考えて、弟子の早矢仕に書籍輸入業を起こすことを勧めたのである。

　この会社の設立趣意書ともいえるのが「丸屋商社之記」であり、その執筆者はおそらく福沢であろうとされている。確たる署名がないため断定はできないが、『福沢諭吉全集』（第20巻）にも、福沢作として収められている。

　「丸屋商社之記」の中で特にユニークなのは、社中（社員＝出資者のこと）を「元金社中」と「働社中」という二つの種類に分けていることである。

　元金社中とは、元金（資本金、出資金）を出すだけで、会社の普段の業

務には参加しない社中のことであった。これに対して、働社中は、元金社中と比べると小額の出資金しか出さないが、会社に「身を容るゝ人」つまり日常業務に従事する人のことを指した。また、元金社中は、出資金の処分は自由で、証券（株券とはまだ言われていなかった）を他人にいつでも譲り渡す（売る）ことができたが、働社中は証券を自由に売ることができなかった。ちなみに、福沢は元金社中であった。

　要するに、丸屋商社は「所有（出資）と経営の分離」の原則を制度として取り入れていたということである。つまり、元金社中は出資だけを担い、働社中は主に経営を受け持つということだ。福沢は、この「所有と経営の分離」の原則を、明治2年の時点で、丸屋商社に導入しているのである。当時、日本において他にこのような例は見出せない。

　さらに、この丸屋商社は、日本で初めて有限責任制を導入した会社であったという説がある。これは、玉置紀夫氏（元慶應義塾大学商学部教授）の説で、上記の社中の二つの区分のうち、元金社中は有限責任社員、働社中は無限責任社員であったとされる[4]。有限責任とは、会社の債務（借金など）に対して出資金額を上限として責任を負うことである。これに対して、無限責任は、会社の債務に対して、制限なく責任を負わなければならないことである。たとえば、ある会社に100万円を出資していて、運悪くその会社が1億円の負債を抱えて倒産した場合、有限責任であれば出資した100万円は失うが、たとえ会社がすべての負債を払いきれなくても、出資者はそれ以上の責任を問われない。しかし、無限責任の場合は、それだけでは済まず、会社の負債が残っている限り、出資者は出資金だけではなく個人の財産を差し出してでも弁財しなければならない。

　玉置氏によれば、福沢は丸屋商社の元金社中の規定の中に、有限責任の原理を導入したとされる。上述のとおり、「丸屋商社之記」によれば、出資金の処分に関して元金社中は自由であり、働社中は制限を受けた。さらに、もし会社の災害過失によって一定以上の損耗が出た場合、その責任は働社中にあり、働社中の配分利益を減らすが、元金社中の配分は減らさな

いという規定もあった。これらのことから、玉置氏は、元金社中を有限責任社員と同じものと見なしたのである。

　玉置氏は、「丸屋商社之記」のアイデアの元となったのは、福沢が集めた本の１冊、スコットランド出身で当時有名な経済学者であったJ.R. マッカロック（J.R. McCulloch）が編纂した『商業辞典』（*A Dictionary, Practical, Theoretical, and Historical, of Commerce and Commercial Navigation,* 1832.）であると推測する。そして、この本の中で会社形態と社員について解説している箇所にあった「行動する社員（actual member）」が働社中、「上辺だけまたは休眠中の社員（ostensible or dormant member）」が元金社中に当たるのではないかと考えた。

　会社の形態には、合名会社、合資会社、株式会社という区分があるが、合名会社はすべての社員（出資者）が無限責任社員、反対に株式会社はすべての社員が有限責任社員の会社のことを指す。合資会社は、これらの中間で、無限責任社員と有限責任社員の両方から成る。したがって、玉置氏の説を採るならば、丸屋商社は日本で最初の合資会社ということになる。

　以上見てきたとおり、福沢は『西洋事情』と「丸屋商社之記」によって、幕末、明治維新初期という時期に、おそらく日本でもっとも早く西洋の「会社」の原理、仕組みについて紹介をしただけでなく、それを実地に適用するところまでやったと言えるのである。

　有限責任制は、出資者にとってリスクの上限があらかじめはっきりしているため安心であり、出資しやすい。それゆえ、多くの人々からたくさんの資金が集まりやすく、大きな事業を可能とする制度であった。有限責任制とそれを全面的に採り入れた会社形態である株式会社が、近代の偉大な発明の一つであると言われるゆえんである。

　ただし、株式会社すなわち有限責任制は、その会社と取引をする人やお金を貸し付けている銀行などの立場からすると、無限責任制と比べてリスクが大きい。仮に売掛金や貸付金を持っている取引相手の会社が倒産した場合、その相手が無限責任の場合売掛金などを全部取り戻すことができる

かもしれないが、有限責任の場合全部を取り戻せない可能性が高くなる。その会社の株主は、出資金額までしか責任を負わないからである。このことから、株式会社制度は、無責任な経営を生み出すという批判もある[5]。

3. 会社の普及と発展

　福沢諭吉以外に会社という制度を日本に紹介した人物としては、福地源一郎（桜痴）（天保12〜明治39〔1841〜1906〕年）、渋沢栄一（天保11〜昭和6〔1841〜1931〕年）がいる。2人とも、当時、大蔵省（現財務省）の役人で、海外渡航経験もあった。後に両者とも野に下って、福地は東京日日新聞（現毎日新聞）の社長になり、渋沢は現在のみずほ銀行、王子製紙、東洋紡績など多くの会社の設立にかかわる。この2人が、明治4（1871）年という同じ年に、福地は『会社弁』、渋沢は『立会略則』という小さなパンフレットを発行した。これらは、いずれも会社を作るときの実践的な手引書、ガイドブックのようなものであった。

　このように、何人かの先進的な人物によって、幕末、維新期に「会社」という新知識が紹介されたわけだが、会社の中でもっとも近代的な形態である株式会社、出資者の全員が有限責任社員である会社が、初めて日本に登場したのはいつで、何という会社か、という点については諸説がある[6]。

　第一の説は、明治2（1869）年に設立された「通商会社」と「為替会社」である。いずれも東京、京都、大阪の3都の大商人に政府が命じて作らせた会社で、通商会社は外国貿易を目的とし、為替会社はそれに資金を融通するための会社であった。これらは、資本金、出資という概念を採り入れたことで、日本で最初の株式会社であったという説もあるが、有限責任制や株式の自由売買などに関しては曖昧であったため、株式会社と言うのは早計であるというのが通説になっている。なお、両社ともほどなく業績不振になり、多くの損失を招いて解散した。

　第二の説は、明治5（1872）年に制定された国立銀行条例に基づいて全

国に設立された国立銀行をわが国最初の株式会社とするものである。この条例は、民間人が銀行を作るためのガイドラインのようなもので、アメリカの National Bank Act（1863年制定）をモデルとした。National を「国立」と翻訳してしまったために誤解を招きやすいが、これらの銀行は純然たる民間の銀行である。翌年に第一国立銀行（現みずほ銀行の前身の一つ）が前出の渋沢栄一によって創設されたのを最初として、明治12〔1879〕年の第百五十三国立銀行まで次々と設立された。そして、この条例では、有限責任制を明記し、株式の売買譲渡を認め、明確な取締役会や株主総会の規定も設けられていたので、これらの銀行が日本で最初の株式会社であるというのが一応、経営史の通説になっている。

　ただ、起源をどこに求めるかというのは非常に難しい問題であるから、あまりここにこだわる必要はなかろう。重要なのは、会社という概念は幕末・維新期に福沢ら知識人によって海外から輸入されたものであり、それを実際に作ったのも、渋沢栄一をはじめとする当時の先進的、開明的な人々であったという点である。

　その後、会社はだんだん普及していって、今日でも残っている会社がこの時代に登場してくる。それらは、たとえば抄紙会社（明治6〔1873〕年設立、現王子製紙）、東京海上保険会社（明治12年設立、現東京海上日動）、明治生命保険会社（明治14年設立、現明治安田生命）、大阪紡績会社（明治15年設立、現東洋紡績）などである。また、現在のJR各社も、最初は日本鉄道という民間会社として明治14年に設立され、のち明治39年に日本国有鉄道（国鉄）になって、その後、昭和62（1987）年に分割民営化されて今の姿になった。

　ちなみに明治生命保険を設立したのは、福沢門下の阿部泰三（嘉永2〜大正13〔1849〜1924〕年）らで、福沢も設立のアドバイザーとしてかかわっている。そして、同社の株式の引き受けや、当初の保険契約者も福沢以下慶應義塾関係者が中心となった。

　これらの会社の業績が比較的好調だったため、自分も会社を作ろうとい

う者が次々と出てきて、特に松方デフレ後の明治20年前後には会社設立ブームと言えるような現象が起きた。その結果、会社の総数は明治16（1883）年の1,793社から明治22年には2,389社になった[7]。ごく短い期間にこれだけの会社ができたわけで、先を行く欧米諸国と比べても、その普及のスピードは驚くべきものがあった。こうした会社を基盤として日本の産業革命、経済の近代化が進んでいったわけである。

4. 会社の目的とは

ところで、福沢諭吉は『西洋事情 初編』の中で、「会社」とか、その構成員を指す「社中」という言葉を商人会社の項目以外のところでも使っている。彼は、学校、新聞、あるいは病院など、いわゆる非営利組織も「会社」と言っている。すなわち、会社の適用範囲が非常に広いのである。

たとえば「学校」という項目の中にこのような文章がある。「学校は政府より建て教師に給料を与えて人を教えしむるものあり、或は平人にて社中を結び学校を建て教授するものあり」「この学校の費は租税の如くして国民より出さしむるものあり、或は有志の人、会社を結て自から金を出し、又は国中富貴の人に説て金を集め、貧学校を建ることあり」[8]。また、新聞については「新聞紙は会社ありて新しき事情を探索し之を記して世間に布告するものなり」[9]とあり、さらに病院という項目では、「病院は貧人の病て医薬を得ざる者の為めに設るものなり。政府より建るものあり、私に会社を結で建るものあり」[10]と書かれている。

このように、今日のNPOのような非営利的な組織や公共的な機関にも会社という概念を適用しているのである。これは、西川俊作氏も指摘していることだが、福沢は商人会社に限らず、民間人が集まり共同で何か事業を行うとき、その事業体のことをすべて「会社」と呼んだのである[11]。

その関係で、実は慶應義塾も最初は「慶應義塾会社」と名乗っていたという事実がある。慶應義塾は、慶応4（明治元）〔1868〕年に福沢の個人

的な学塾から「慶應義塾」と正式に名称を定めたが、そのときの設立宣言書とも言える『芝新銭座慶應義塾の記』は、次のような文章で始まっている。

> 今茲に会社を立て義塾を創め、同志諸子相共に講究切磋し、以て洋学に従事するや、事本と私にあらず、広く之を世に公にし、士民を問わず苟も志あるものをして来学せしめんを欲するなり。[12]

また、当時は慶應義塾に入学することを「入社」といった。その時代の新入学者の名簿が「入社帳」で、昭和61（1986）年に義塾創立125年を機に福沢研究センターが編纂し、復刻した。その冒頭に挙げられている「定」書きの末尾には、はっきりと「慶應義塾会社」と書かれている[13]。つまり、慶應義塾も「会社」であり、同志が集まって学問をする結社であるということだ。その名残で、慶應義塾では、今日でも塾生（現役の学生、生徒）、塾員（卒業生）、教職員の関係者を総称して「塾社中」という言い方をする。

これらのことから言えるのは、福沢は会社の目的とは何ぞやと言ったときに、会社の目的は営利ではなく、公益であると考えていたのではないか、ということである。事業によって金を儲けることは、その事業を続けていくための手段であって、会社の目的は、あくまでもその事業を通じて世の中の役に立つこと、すなわち公益に資することである。学校の目的は国民に知識と教養を与え、心身ともに健康な人物を育てることであり、病院のそれは病人に対して医療を提供し治療することであるように、商人会社も、それぞれの事業を通じて人々に便益を与えることが目的である。そのことによって利益を得ることは否定しないが、それが目的になってしまってはいけない。福沢は、必ずしも明言しているわけではないが、上記のように考えていたのではないか。そこで、以下において、このことを窺わせる福沢の著作を紹介していく。

5. 実業の社会的地位の向上：「尚商立国論」

「尚商立国論」は、福沢諭吉自身が発行していた新聞『時事新報』の論説記事として、明治23（1890）年に5回に亘って連載したものである。

「尚商」とは、武事や軍事を尊ぶ「尚武」という従来からあったことばを借用して考案された造語で、広義の商つまり実業を重んじるという意味である。尚商立国論とは、要するに日本はこれまで武を重んじる国であったが、これからは実業を重んじ商工業を盛んにして国富を増進させ、それによって国の独立を確かなものにしなげればならないという主張である。

しかし、当時の日本において、尚商立国は簡単なことではなかった。福沢は次のように言う。

> 抑も朝野士人の議論に於いて、商を尚ぶの要を知ること昔年封建時代の武に於けるが如くならんには、商道に従事する商人を尊ぶこと武道に従事する武人を尊ぶが如くにして、始めて天下に尚商の風を成し、有為の人物も皆争うてこの道に赴き、人物の集るに従ってその道に重きを致し、人と道と相待てますます勢力を増し、社会の上流に商人の地位を出現して、啻に商売の事のみならず、人間万事を支配して以て国を立るの工風を運らすべき筈なのに、維新以来今日に至るまでの実際を見れば、是等の工風に乏しきのみか、時としては逆行の痕跡さえなきに非ず。[14]

世の中に尚商の風潮が広がっていくためには、実業人に対する尊敬が封建時代の武士に対するそれのようになり、優秀な人物が争って実業の道に向かい、実業人が社会の上流の地位につき、単に商売のことだけでなく、人間万事に重きをなして国を立てるようになるべきだが、維新以来の日本の実際を見ると、このようになっていないばかりか、逆行の跡さえ見られる、と福沢は嘆いている。

そして、その理由を次のように述べる。

　　封建の時代に士族と平民と尊卑を区別したるその区別は、維新の社
　会に変形して官尊民卑の区別を生じ、天下の栄誉は恰も官途に専にせ
　られて、平民社会は依然たる旧時の百姓町人に異ならず、維新の法律
　に平民の苗字乗馬を許すが如き、稍やその地位を高めたるに似たれど
　も、是れは唯人民社会の士農工商を相互に平等ならしめたるまでにし
　て、この人民が官途に対しては平等のまゝに更に幾等を下り、官途社
　会と人民社会との間には常に尊卑の分を明らかにして、人生の知徳、
　財産、年齢の如何に論なく、官途に職を奉ずる者は尊くして、民間に
　群を成す者は卑し。[15]

つまり、封建時代の士農工商の身分制度が、維新後は、法律の上では四民平等でなくなったことになっているが、実は形を変えて官尊民卑になって続いている。

そして、「……農工商は依然たる旧時の百姓町人にして一種下等の賤民なれば、賤民の行う事柄も亦自から賤しからざるを得ず」[16]というように、実業を担うのは賤しい民間人であるから、賤しい民が行う実業は社会において軽んじられても当然というわけだ。

ここで福沢は「賤しい」という強いことばを使っているが、これは身分的な賤しさというよりも精神的なそれを指していると言って良いだろう。その意味は、第一に、彼ら民間人が無気力で、官つまり政府に対して卑屈な態度を取り続けていることであり、第二に、実業に従事する者の多くが金銭の事しか考えていないことである。

　　全国無数の富豪大家、稀には卓識高尚の人物なきにあらざれども、
　その多数を平均するときは都て無気力なる平民にして、祖先の遺産に
　衣食する者あらざれば自から家を興したる者にして、畢生の心事は唯

銭に在るのみ。[17]

　ここでは、当時の大多数の実業人について、畢生つまり一生涯の関心事は、ただ銭のことだけ、お金のことしか関心がない人々だと言ってる。

　　抑その銭を得たる上に何事に志すやと云えば、更に又銭を求るの工風するのみにして、僅に自身肉体の慾を満足せしむるの外に精神以上の快楽を知らず、美衣美食、自から奉じて、家屋庭園、以て豪奢を示し、書画骨董の珍奇、自から玩味するの文思風致なしと雖も、之を買うて所蔵するは銭の多きを人に誇るが為めのみ。[18]

　そして、彼らは金を儲けてどうするかというと、さらに金を求める。あるいはそれによって豪華な家に住んだり書画骨董を求めたりということはするかもしれないが、それも何のためかというと、それらを愛でる教養があるわけではなくて、それを買うことによって自分が金持ちだということをひけらかすためだけにそうしている、と金銭的な動機のみの旧来の商人を痛烈に批判しているのである。このことは、強調しておいて良いだろう。なぜなら、当時、福沢は拝金主義で銭儲けのことばかり言っていると一部で批判されることがあったからである。しかし、実際には彼の著作の中には銭もうけが良いということは一言も言っていないし、反対に、ここにあるように金銭目的の人間を強く批判していたのである。

　このように、官尊民卑の陋習（悪習）がある限り、尚商立国を実現することは難しい。それでは、この状況を打ち破るためには、どうすべきか。福沢は、まず官職にある者が虚威を張るのをやめて、率先して一歩でも官民平等の方向に進むことが必要であると言う。元々、尊卑とは相対的な語で、低いものを高くするのも、高いものを低くするのも、結果は同様だが、官にある者が高いところに留まったまま民の者たちが自ら奮い立って高いところに上ってくるのを待つよりは、まず自分の状態を低くして民の方へ

近づく方が早いというわけだ[19]。それによって、実業社会の相対的地位は上昇し、優秀な人物がそこに集まり、そうすればますます実業の重要性が増し、ついには商工業が立国の要素になる日が来るであろうとする[20]。

そして、実際に福沢は自分の教え子たち、つまり慶應義塾の卒業生たちに、官僚になるよりも民の世界へ出て行けと熱心に勧め、その結果、慶應義塾の出身者の多くがビジネスの世界に入っていくことになったわけである。

最後に、官尊民卑の陋習を捨てて尚商立国の前途の障害を取り除こうという福沢の説は、当時においては奇論と思われるかもしれないが、徳川時代に過激な論とされていた廃藩が維新後20余年たって誰も非難する者がいなくなったのと同じように、今から10年、20年後には今日の奇論もきっと当たり前の論になる日が来ることを信じると結んでいる[21]。

なお、のちに福沢および慶應義塾の基本精神を象徴する言葉として知られるようになる「独立自尊」という四字熟語は、この「尚商立国論」の中で初めて使われたとされる。ただし、それは、政府に媚びへつらう当時の商人たちの有様を指して、福沢が「独立自尊の境界を去ること遠しと云うべし」[22]と慨嘆するという文脈においてであった。

6. 新時代の実業の担い手としての「士流学者」：『実業論』──

前節で見たとおり、福沢諭吉は、当時の実業に従事する者たちを金のことにしか関心を持たない旧来型の商人として厳しく批判した。それでは、彼は、明治新時代の実業の担い手はどうあるべきだと考えていたのだろうか。そのことに関して重点的に論じた著作として、本章の最後に取り上げるのが、『実業論』である。

『実業論』は「尚商立国論」の3年後、明治26（1893）年に、同じく『時事新報』に15回に亘って連載されたものをまとめたものである。本書は、一般には、政府による実業への介入を批判し、自由経済と自由貿易を

唱導した書として有名だが、ここでは、民間の実業の担い手に関する記述に焦点を当てて見ていく。

まずはじめの方で、福沢は、開国から 40 年ほどたった当時の日本社会の状況に関して、無形精神上の進歩は著しくて、世界を驚かすものも多いが、一方で、有形実物上の有様はその動きが鈍いと述べる[23]。どういうことかと言うと、この時点の日本では、無形の文化、たとえば政治や法律、学問、教育などは西洋諸国と比べても遅れているどころか、かえって進んでいるところさえあったが、有形実物の面、とくに実業社会、商工業の状況を見ると、その進歩は遅々としていて全く残念だというのだ。周りを海に囲まれる海国でありながら、海外の諸港に向かう定期の郵船もなく、貿易は自国の開港場で外国商人の来るのを待つのみ。国内の商工業者も間接直接に外国貿易に関係しているのにそれらの国のことは何も知らず、帳簿も旧来の大福帳、番頭は年季小僧が年老いただけの者で、外国の新聞は無論のこと、国内のそれすら読まないという有様だった。まさに、実業社会だけが、日本の旧乾坤（旧世界）に留まっていると言えた[24]。

なぜ、このように日本の実業社会の発達は遅れたのか。福沢は、次のように述べる。

　　即ちその次第は実業社会に国中最上の知識を応用せざりしが故なり、士族学者の流が無形の精神を錬磨して学事政事に心酔したるが故なり、その心酔中に他の凡庸をして先鞭を着けしめ恰も自分等の留守中に奇利の余地を遺したるが故なり。[25]

実業が発達しないその理由は、日本の国中の知識人が実業社会に向かわず、あるいは彼らの知識が実業に応用されないためである。「士族学者」という人々（その意味は後述する）が、無形の精神面の錬磨や学問や政治の世界にばかり関心を示すがゆえに、そのすきをついて凡庸な連中ばかりがビジネスの世界に流れ込んでその利益を得ようとしている。だから実業

というものがいつまでたっても社会の中で軽く見られ、実業自体も活発にならないというわけである。

しかし、新しい時代の商工業は外国貿易の刺激に迫られ、ひとつとしてその影響を受けないものはない。内にこもる者は亡んでしまい、進取の気性をもって革新する者のみが成功するだろう。ではそういう状況でどういう人々に今後の商権、実業のイニシアチブを帰するべきか。

> 利口に立廻わりて人の股を潜るが如きは士流学者の短所なれども、能く法に従て紀律を守り大事に臨んで動揺せざるは亦その長所なり。之を喩えば旧商は剣客の如し。一人の敵に対して闘い隙を窺うて切込むの細手段は、或はその腕に覚えもあらんなれども、その技倆を以て紀律正しき軍隊の指令官たらしむべからず。否な、兵卒にも用うべからず。整々の陣、堂々の旗を押し立てて商工の戦場に向い、能く之を指揮し又能くその指揮に従て運動する者は、唯近時の教育を経たる学者あるのみ。我輩は之に依頼し我実業の発達を期する者なり。[26]

実業を戦争にたとえて、旧来の商人は１対１の斬り合いには長けているかもしれないが、紀律を求められる新時代の戦争の指令官あるいは兵卒は任せられない、と言っている。外国を相手にしたこれからの商工戦争すなわちビジネスは、学者＝士流学者に委ねるべきだ。士流学者こそ新時代の実業の担い手だと福沢は言っているのである。ここで、前出の「士族学者」を「士流学者」と言い換えている。

ここに出てきた「士流学者」は、福沢の造語であり、この言葉こそ、本章のキーワードである。「士」とはもちろん武士、サムライのことだが、福沢は、おそらく、出自、族籍にかかわらず精神においてサムライの流儀であるという意味で「士流」と言い換えたのであろう。サムライの精神とは何か。それは武を尊ぶという意味ではない。一言でいうと公益心である。あるいは、独立不羈（他から束縛を受けず、自らの考えで事をなすこと）

の魂である[27]。サムライとは、社会的エリートであり、公に対する責任感を持つ自立した人間こそ、福沢のいうサムライであった。周知のとおり、福沢は、封建社会とくに身分制度を強く否定した人であったが、その一方で、日本の旧来からの士道、サムライの精神の重要性を強調する人でもあった。

　一方の「学者」だが、これは今日のいわゆる研究者、大学教員など、学問を専門の職業とする人よりも広い意味を持つ。福沢のいう「学者」とは、職業が何であれ、当時の新しい教育を受け、新しい学問を身につけた知識人のことを指す。新しい学問とは、徳川時代の儒学などではなく、幕末、維新以降に入ってきた西洋の学問という意味である。

　すなわち、「士流学者」とは、公益心を持ち新しい教育を身につけた、新時代の知識人、インテリゲンチャであった。福沢は、このような新しいタイプの知的エリートたちこそ、新時代のビジネスを担うべきであると言ったのである。そして、このことを実践した実例として、福沢は、三菱会社長の故岩崎弥太郎（天保5〜明治18〔1835〜1885〕年）を挙げる。岩崎は、当時において他の企業家が企てえなかったこと、すなわち士流学者を積極的に採用することによって、一大事業の基礎を築いた。特に慶應義塾の学生でこれに応じた者が多かったのである。

　さらに、福沢は以下ように述べた。

　　今日の実際を視て今後の形勢を察するに、我実業社会の全権は遂に士流学者の手に帰すること復た疑うべからず。仮令い士流その人に帰せざるも、苟も実業の真の発達を見るはその社会の人を悉皆士化せしめたる後の事と知るべし。蓋し実業は貴重にして栄誉の事なり。その事にして斯の如くなれば、之に当る人も亦斯の如くならざるべからず。人品高尚にして廉恥を知る人にして始めて可なり。到底今の所謂町人職人輩に任すべき事柄に非ざればなり。[28]

全実業人が公益心を持ったサムライになって、はじめてわが国実業の真の発達が実現するのだということであろう。

ここで福沢は、前節において見た「尚商立国論」で旧来の商人を批判していることと対比して、ビジネスの目的は金銭ではなく公益である、利より義だということを強調したのだと思われる。銭のことしか考えないような旧来の商人に任せておいてはだめで、新しい時代のビジネスは公益心を持った、しかも学問を身につけたエリートたちが担うべきである。そうしてこそ日本は尚商立国の国になるということだ。これは福沢が色々なところで言っていることであり、あるいはそれは慶應義塾の門下生たちに事あるごとに言い諭したことだと言われている。

まとめ

以上見てきたように、福沢諭吉は近代日本の経営史においても、きわめて重要な人物であった。彼は、当時の西洋の最新の制度であった会社というコンセプトを日本に紹介し、ビジネスの社会的地位を向上させるために官尊民卑の悪習を排して、知的エリートがビジネスの担い手になるべきだと主張した。

また、本章ではあまり取り上げることができなかったが、福沢は、会社制度を単に紹介しただけではなく、いくつもの会社の設立にかかわった。本文中で例に挙げた丸善や明治生命保険がそうであるし、現在の三菱東京UFJ銀行の源流の一つである横浜正金銀行、半官半民の貿易金融専門銀行の設立を、明治11（1878）年に当時の大蔵卿・大隈重信に提案している。他には、山陽鉄道（現JR西日本）にも出資者として、あるいはアドバイザーとしてかかわっている。さらに、福沢は出版・新聞事業も手掛けていた。本文中で何度か触れた『時事新報』がそれで、元々これは明治2年に「福沢屋諭吉」の屋号で書物問屋組合に加入したのが始まりで、明治5年に慶應義塾出版局となり、ここが母体となって明治15年に『時事新

報』を創刊した。そして、「慶應義塾会社」の設立が、福沢にとって最も重要な「起業」であったことは言うまでもない[29]。

しかし、何よりも福沢が明治の実業に対して成した真の貢献は、経営思想の面で、ただ会社を立てて金を儲ければ良いというのでなく、公益心を持った新しいエリートによってそれらの会社の経営が担われなければならないという新しい商道徳を打ち立てて、それを普及させようとした点だと言える。

前出の慶應義塾出版局も、単なるビジネスではなく、慶應義塾の学生たちにそこで実地にビジネスの訓練をさせる、今でいうインターンシップをさせる場として使っているが、それを通じて福沢が学生たちに教えようとしたことは、いわゆるビジネスのノウハウやテクニックではなく、新聞という公器の経営にかかわらせることで、士流学者としての教育をしようとしたのだと思われる。

---

1 『著作集』第 12 巻 p.449
2 同上、第 1 巻 p.26
3 同上
4 以下の記述は、玉置紀夫『起業家福沢諭吉の生涯―学で富み富て学び』（有斐閣、2002 年）pp.107 〜 113 による。
5 奥村宏『株式会社に社会的責任はあるか』（岩波書店、2006 年）pp.38 〜 40
6 以下宮本又郎ほか著『日本経営史〔新版〕：江戸時代から 21 世紀へ』（有斐閣、2007 年）pp.102 〜 103 による。
7 同上 p.103
8 『著作集』第 1 巻 pp.36 〜 37
9 同上 p.38
10 同上 p.40
11 西川俊作「会社」（福沢ことば辞典　その 4）〔『三田評論』2001 年 5 月

号〕p.87
12 『著作集』第 5 巻 p.4
13 福沢研究センター編『慶應義塾入社帳　第 1 巻』（慶應義塾、1986 年）p.141
14 『著作集』第 6 巻 pp.271 〜 272
15 同上 p.272
16 同上 pp.276 〜 277
17 同上 p.277
18 同上 pp.277 〜 278
19 同上 p.282
20 同上 p.284
21 同上 p.288
22 同上 p.278
23 同上 p.292
24 同上 pp.295 〜 296
25 同上 p.299
26 同上 p.304
27 西川俊作「士流学者」（福沢ことば辞典　その 20）〔『三田評論』2002 年 11 月号〕p.88
28 『著作集』第 6 巻 p.309
29 これらに関しては、玉置、前掲書を参照のこと。

第13章

福沢諭吉と「福沢山脈」の経営者

はじめに

　前章で述べたとおり、福沢諭吉は明治の実業、ビジネスに対して、思想、言論の面で大きな影響をもたらした。また、彼自身、いくつかの重要な会社の設立や経営に出資者あるいはアドバイザーとして関わった。しかし、福沢が近代日本の実業に果たした一番大きな役割は、やはり教育であり、多くの優秀な人材を育て、実業界に送り込んだことであった。彼ら福沢門下生の実業家たちは、しばしば「福沢山脈」と呼ばれ、各産業分野における著しい活躍で、近代日本の経済の土台を築いた。

　そこで、本章では、これらの門下生たちが明治のビジネスの世界でどのような活躍をしたのか、彼らの活動には福沢の思想がどのように反映したのかを見ていく。ただし、紙幅の制約から、ここでは代表的な4人、三井財閥の改革を担った中上川彦次郎、三菱財閥の実質的な経営責任者の役割を果たした荘田平五郎、三越（現三越伊勢丹）という日本で最初のデパートの創立に関わった高橋義雄と日比翁助、を取り上げ、彼らの生涯とビジネス活動を概観する。

1. 財閥とは：門下生たちの活躍の場

　門下生たちは、実業のさまざまな分野に入っていったが、その中でも特に彼らの活躍の場となったのが財閥と呼ばれる組織であった。財閥とは、第二次世界大戦前の日本の経済・産業界に非常に大きな存在を示した企業グループのことで、今日の大企業の中にも財閥の系譜を継ぐものが多い。財閥という用語は、1900年前後に登場した造語で、元々は富豪とか金持ちの一族を意味し、昭和の初期頃には彼らが富を独占して日本の経済を牛耳っているという批判的なニュアンスで使われた。それが、戦後は経営史や経済史の分野で価値中立的な学術用語として定着するようになった[1]。森川英正氏（元東京大学教授）の定義では、財閥は次の二つの特徴を備えている企業グループだとしている[2]。

①富豪の家族・同族による封鎖的所有・支配。同族や家族のメンバーが、会社の資産を全部あるいはほとんど全部所有しているということ。

②多角的事業経営体。何か一つの事業ではなくて、いくつか、あるいは非常に多くの、いろいろな分野で事業を展開している。いわゆる多角化をしていること。

　具体的には、明治期の財閥には次のようなものがあった（括弧内は、それぞれの系譜を継ぐ主な現存企業）。三井財閥（三井物産、三井住友銀行、三越伊勢丹、東芝）、三菱財閥（三菱商事、三菱東京UFJ銀行、三菱地所、三菱重工業）、住友財閥（住友商事、三井住友銀行、住友不動産、NEC）、安田財閥（みずほ銀行、明治安田生命）。以上を一般に4大財閥という。それ以外の財閥としては、江戸時代に起源を持つ鴻池財閥（三菱東京UFJ銀行）、明治期に成立した中規模な財閥として、浅野財閥（浅野セメント）、大倉財閥（大成建設、ホテルオークラ）、古河財閥（古河電工、富士通）、藤田財閥（DOWAホールディングス）などがあった。

　これらの中で、特に規模が大きかったのが三井財閥と三菱財閥であったが、両社は創業の経緯が若干異なる[3]。三井の淵源は、延宝元（1673）年、

伊勢松坂(現三重県松坂市)出身の三井高利が江戸に開いた呉服店・越後屋であった。その後、三井は江戸、京都、大坂に呉服店と両替店を次々と開き、特に呉服店は「現銀掛値なし」「店前売り」という革新的な商法で繁盛した。さらに幕府の御用商人にもなって豪商の地位を築き、これが明治時代になって三井財閥に転じた。一方、三菱の起源は三井に比べるとずっと新しく、土佐藩(現高知県)の下級武士だった岩崎弥太郎が、明治維新期に旧藩営の商社を継承する形で発足し、社名を三菱商会、三菱蒸気船会社、郵便汽船三菱会社と変えながら、海運と商事を中心として事業を展開した。そして、明治7(1874)年の佐賀の乱、征台の役、9年の熊本神風連の乱、萩の乱、10年の西南戦争などで明治政府の軍事輸送を請け負ったことを契機に飛躍的に発展した。4大財閥の残りの二つのうち、住友財閥は、徳川時代の銅商および両替商の住友家から発し、伊予(現愛媛県)の別子銅山の経営で後に財閥になる基礎を築いた。安田財閥は、富山藩の下級武士出身の安田善次郎が、幕末に江戸に出て両替商で巨利を得て、維新後に近代的な銀行業に転じたものである。

　財閥およびそれらの創業者一族の中には、後年、学校を作ったり、教育機関に寄付をしたりするものが多かった。たとえば、浅野財閥は神奈川の浅野学園(現浅野中学・高校)、大倉財閥は大倉商業学校(現東京経済大学)を設立したし、安田財閥の創業者・安田善次郎の寄付によって東京帝国大学(現東京大学)の安田講堂が建てられ、三菱財閥の岩崎家は成蹊学園との関係が深い。アメリカでも、大企業の創業者が学校を作るというのはよくあることで、ジョン・ロックフェラー(スタンダード石油社、現エクソンモービル社)のシカゴ大学、アンドリュー・カーネギー(カーネギー・スチール社、現USスチール社)のカーネギーメロン大学などが有名である。財を成した企業家が最後に教育に金を出すというは、洋の東西を問わず見られる普遍的なことなのかもしれない。

　前述のとおり、財閥はその資産を同族・家族よって封鎖的に所有されていることが特徴であった。たとえば、三井財閥であれば、三井家の人々、

三菱財閥は創業者の岩崎弥太郎と彼の兄弟、子供によってほとんどの資産が所有されていた。この点で、財閥は非常に保守的なイメージが強いが、その一方で、経営の実権は、外部から入れた同族以外の優秀な人材に委ねるというパターンが多かった。つまり、前章で説明した、所有と経営の分離である。そして、その場合の外部からの優秀な人材というは、当時の最新の教育を受けた学卒者たちであり、中でも慶應義塾の出身者が多数を占めた。もちろん、東京大学（明治19〔1886〕年から帝国大学）の出身者もいたが、前章で述べたとおり、当時は官尊民卑の風潮が強かったので、東大の卒業生の多くは官界へ入っていった。それに対して、福沢諭吉は積極的に弟子たちを民間に送り込んだ。その主要な行先の一つが財閥であり、門下生たちは、それぞれの財閥の発展を主導し、それを通じて日本の産業・経済の近代化を牽引したのである。以下では、そのような財閥のリーダーの代表として、三井財閥の中上川彦次郎と三菱財閥の荘田平五郎の活躍を見ていく。

2. 中上川彦次郎：三井財閥の改革者

　中上川彦次郎は、安政元（1854）年、豊前国中津（現大分県中津市）に同藩士中上川才蔵の長男として生まれた[4]。彼の母、婉は福沢諭吉の姉であり、したがって彦次郎は福沢の甥に当たった。彼は、明治2（1869）年、15歳の時に砲術修行のために大阪に行き、さらに東京に出て、叔父の福沢が主宰していた慶應義塾に学び、のち教員も兼務したという。4年にいったん故郷の中津へ帰り、中津市学校の教員などをしていたが、5年にふたたび上京し、慶應義塾の教壇に立ち、英語、経済学などを教えた。7年末から福沢の財政的な援助を受けてイギリスに留学する。留学中は、どこか特定の大学に入学して講義を受講するというよりも、工場を見学したり、さまざまな人と交流し、イギリスの社会や産業について見聞を広めた。そこで彼は、政府の高官でヨーロッパ出張中の井上馨の知遇を得る。この時、

井上は、非常に頭の切れる中上川に強い印象を持ったようである。

明治11（1878）年に帰国した中上川は、井上の推薦で工部省（現在の経済産業省の源流の一つ）に入り、のち外務省に移る。ところが、いわゆる「明治十四年の政変」が起きると、中上川はこれに巻き込まれて退官せざるを得なくなる。この政変は、明治政府内で国会開設・憲法制定の方針をめぐる対立から起きた事件で、急進派の大隈重信らと漸進派の伊藤博文らの間の主導権争いで、大隈が敗れて政府から追放されることになったものである。このとき、伊藤らは大隈の背後のブレーンとして福沢がいるのではと疑い、中上川を含め慶應義塾の出身者たちは大隈＝福沢一派として一斉に官界から追われることになったのである。実際、福沢と大隈の関係は非常に親密だった。福沢書簡の中には大隈宛のものが膨大にあり、政府のさまざまなことについて福沢は大隈にアドバイスを送っていた様子が窺われる。そして、こののち、慶應義塾の卒業生たちの多くは民間の企業に入って行くようになるのだが、福沢が門下生たちに官界ではなく民間へ行くことを勧めるようになったのは、この政変が影響しているのかもしれない。

野に下った中上川は、福沢が経営していた慶應義塾出版社（のちの時事新報社）の社長に就任する。その後、明治20（1887）年に山陽鉄道（現JR西日本）が創立した際、彼は荘田平五郎の斡旋でその創立委員の1人に名を連ねて社長になった。

このようにいくつかのビジネスのキャリアを積んだ後、中上川の転機となったのが明治24（1891）年で、この年に理事として三井銀行に入り、翌年には副長になるという形で、同行の実質的なトップに抜擢される。このときに彼を三井銀行に引き入れたのは、前出の井上馨であった。井上は政府の高官であったが、その一方で三井の有力な後ろ楯のような存在でもあった。

前述したように、三井は江戸時代の大商家・越後屋の系譜を継ぐ企業で、江戸時代には幕府の御用商人だったが、維新の時にうまく新政府側に乗り

換えて生き残った。そして、明治9（1876）年には日本初の私立銀行である三井銀行と商社の三井物産を設立し、呉服店と合わせて事業の三つの柱とした。しかしその後、三井銀行と三井呉服店は時代の変化にうまく追いついていけず、特に銀行は明治中期には深刻な経営危機に陥っていた。もし同行が破綻するようなことになれば、日本経済全体にも大変な影響が及ぶことが危惧されたが、当時の三井の幹部たちは守旧的で思い切った手が打てないままでいた。そこで、井上が三井銀行の経営立て直しのために有能な人材を外からスカウトすることになり、中上川に白羽の矢を立てたのであった。

　中上川は、この話を受けていいものかどうか非常に悩み、叔父の福沢諭吉に相談をした。そのとき、福沢は次のような書簡（同年6月24日付）を送って、中上川の背中を強く押した。

　　この大伽藍の掃除に高橋（義雄）にて何の役に立つべきや、唯一個の書記たるに過ぎず。又小泉（信吉）の如来様にても間に合い申さず、差詰め足下にこそこれあるべし[5]

　大伽藍（大きな寺）とは三井銀行の比喩で、この大きいが中身はガタガタになっている大伽藍のような会社の掃除つまり改革をするには、高橋義雄や小泉信吉では力不足だ。それができるのは、お前（中上川）しかいないという熱い励ましである。高橋も小泉も福沢門下の俊英であり、福沢自身も彼らの能力は高く評価していたのだが、その彼らでもこの難事業には間に合わない、中上川しかいないと言っているところに、福沢が彼に対して特別な信頼を寄せていた様子が窺える。この激励の言葉を受けて、中上川は三井銀行に入った。

　当時の三井銀行のビジネスの柱は、一つには政府の官金出納業務を受け持つことによって、この官金を運用して利益を上げることであり、もう一つは、政治家や政府関係者への貸付であった。要するに、どちらも官依存

のビジネスといえた。ところが、明治15（1882）年に日本銀行が設立されると、官金取扱いの大部分は日銀に移され、前述の一つ目の柱は失われてしまった。一方、もう一つの柱であった政府関係者への貸付は、多くが縁故貸付であったことから、返済が滞り不良債権となって、これが三井銀行の経営を圧迫するようになっていた。

　改革を託され三井銀行に入った中上川が、第一に行ったのが、不良債権の徹底的な整理であった。これまで、相手が政府関係者や要人ということで遠慮していたものを、中上川は委細構わず取り立て、回収できない場合は抵当物件の処分を断行した。その中には後の総理大臣になる、当時陸軍中将であった桂太郎、名門の寺である東本願寺、政府の有力者である松方正義の関係者なども含まれていたので、中上川を引き立てた井上も慌ててブレーキをかけるほどであったが、中上川はそれをも無視して債権回収を強行した。

　それと並んで、第二に、中上川は残っていた官金取扱いをすべて辞退し、これまで官金出納を主な業務としていた採算性の悪い支店・出張所を閉鎖した。こうして彼は、三井銀行を官依存のビジネスから脱却させたのである。

　中上川が行った三井の改革の第三は、事業の多角化であった。前述したとおり、三井の事業の柱は、銀行、物産、呉服店であったが、そのうちの銀行（金融）と物産（商業）への依存が大きすぎた。そこで彼は、新しい時代に適応して、三井を新分野、特に工業へ進出させることを企図した。それは主に、銀行の融資先や担保物件となっていた企業を接収したり、それらに役員を送り込んだりする形で進められた。そうして傘下に収めた企業には、鐘淵紡績（カネボウ、現クラシエホールディングス）、王子製紙、芝浦製作所（現東芝）、北海道炭礦鉄道などがあった。また同時期には三井物産が政府から福岡県の三池炭鉱（のち三井鉱山、現三井金属鉱業）の払い下げを受けた。そして、これらの鉱工業企業を統括するために、明治27（1894）年に工業部を設置した。

第四に、新しい人材を登用した。三井は江戸時代以来の伝統的な商家であったので、その従業員はいわゆる子飼いの奉公人であり、経営の中枢を担っていたのは子どもの頃から三井に入り、小僧から始めてだんだん出世して番頭になったというタイプの者たちであった。中上川は、このままでは新時代のビジネスには対応できないと考え、新しい学問を身に付けた学卒者（福沢の言う学者）、特に自身の後輩にあたる慶應義塾の卒業生たちを数多く採用した。そして、こうした人々を銀行の支店長クラスに積極的に登用し、さらに彼らをスピンオフする形で、三井銀行の傘下に収めたさまざまな企業の責任者に出向させた。

　中上川が三井銀行に引き入れた主な慶應義塾出身者には、表のような人々がいた。これらもまた、「福沢山脈」の峰々にあたる人々だったと言えよう。

　ところで、前述のとおり、中上川は三井を改革するために、その事業を

氏名	入行年（明治）	後の主な役職など
津田興二	25年	富岡製糸場所長
村上　定	25年	共同火災保険専務
藤山雷太	25年	大日本製糖社長
小林一三	25年	阪急電鉄・東宝社長、商工大臣
和田豊治	26年	富士紡績社長
武藤山治	26年	鐘淵紡績社長、実業同志会会長
波多野承五郎	27年	三井銀行理事、東神倉庫取締役
鈴木梅四郎	27年	王子製紙専務
柳荘太郎	27年	第一火災海上保険社長
矢田　績	28年	三井銀行監査役
池田成彬	28年	三井銀行常務、三井合名理事、日銀総裁、大蔵大臣
藤原銀次郎	28年	王子製紙社長、商工大臣
平賀　敏	29年	藤本ビルブローカー銀行社長、阪急電鉄社長
日比翁助	29年	三越専務

出典）宇田川勝・中村青志編『マテリアル日本経営史』（有斐閣、1999年）p.27 など。

金融、商業以外の分野に多角化し、特に大規模工業企業の育成を図ったのだが、なぜ彼は、そのような戦略を採ったのだろうか。これについて中上川自身がはっきりと語っているわけではないが、おそらく次のようなことではないかと推測できる。まず、前提として、当時の日本は後発国だったということがある。江戸時代に鎖国体制の下で海外との交流が非常に限られていたのが、幕末の開港によって国を開き、ヨーロッパやアメリカよりはるかに遅く工業化に参加したわけだから、その時点で、日本は西洋諸国から圧倒的に遅れていた。そのため、日本は西洋諸国の経済進出の強い圧力に晒されており、もし対応を誤ればそれらの国の植民地にされてしまうという危機感を、当時の日本の政治家や知識人たち——もちろん福沢はその代表格だった——は抱いていた。従って、日本はとにかく早急に工業化して、西洋諸国に対抗できる国力を整備しなければならない、そのためには、多くの分野で近代的な産業を一気に確立しなければならないと考えられた。ところが、当時見回してみてもそれだけの力、すなわち資金力と人材を有している者はほとんどなく、あえて言えばそれができそうなのは三井や三菱などの財閥ぐらいしかなかったのである。だから中上川は、三井こそ、この難事業、つまりさまざまな事業を一気に展開するというようなことに取り組まなければならないと考え、それを実行したのではないか。

　すなわち、中上川が考えたと思われるのは、国益あるいは公益であったといえる。財閥の狭い、小さな利益のためではなく、公の事業としての多角化だったわけである。ところが、この多角化は、三井の同族からはあまり評判が良くなかった。同族にとっては、先祖から受け継いできた家産を維持し、次の世代に継承することが第一であって、もし失敗したら家産を失ってしまうような危険な事業拡張は望ましくなかったのである。それで、三井の同族は、中上川の急進的な工業化政策にブレーキをかけようとしたが、彼はそれを無視して半ば強引に方針どおりに推進した。

　これがうまく行っていれば問題なかったのだが、不運にもこの多角化の時期と日本経済の不況期が重なったこともあって、三井が傘下に入れた企

業はわずかな例外を除いて大部分が赤字続きで、経営不振をきわめた。さらに、三井財閥のもう1人の実力者で、採算主義を重視する三井物産の益田孝との対立も顕在化した。そのため、中上川は、しだいに三井の中で立場が悪くなり、井上馨の支持も失い、発言権を奪われ孤立していった。そして、工業部も明治31（1898）年に解体されてしまった。そうした心労も重なり、中上川は健康を害し（腎臓炎と診断される）、34年10月7日、わずか48歳で亡くなった。奇しくも、この年の2月3日、彼の最大の理解者であった叔父の福沢諭吉が亡くなっており、おそらく中上川にとってはその精神的ショックも大きかったのであろう。

こうして、中上川による三井の工業化政策は成功を見ず、彼は志半ばに早世した。しかし、彼が蒔いた種は、後に花を開かせた。すなわち、東芝、王子製紙、三井鉱山、三井造船などは、いずれも各業界において1、2位を競う大企業に成長し、なかでも鐘紡は、昭和初期には全産業の中で売上高日本一の企業にまでなった。中上川の企業者活動は、日本を工業化し、国力を充実させ、公益に資するという長期の目的に照らせば、決して無駄ではなかったのである。

3．荘田平五郎：三菱財閥の総帥

次に、三井とともにもう一つの大財閥であった三菱の舵取り役となった荘田平五郎の生涯と企業者活動を見ていきたい。荘田平五郎は、弘化4（1847）年、豊後国臼杵（現大分県臼杵市）で、藩お抱えの儒者（学者）荘田雅太郎の長男として生まれた[6]。平五郎は若いときから優秀で、慶応3（1867）年に藩命によって英学（英語およびイギリスの学問）修行のために江戸に出て学んだり、薩摩藩開成所で学んだりした。その後、上京して明治3（1870）年に慶應義塾に入社（＝入学）したが、その時点で彼は一通りの英学を身に付けていたので、すでに他の塾生に比べると頭一つを抜きん出ていた。それゆえ、まもなく荘田は自ら学びつつ下級生に教える

ようになった。教員と塾生あるいは塾生同士がともに学び、ともに教え合うというこの形態を「半学半教」といい、その精神は今日でも慶應義塾の伝統となっている。

そして明治5年頃には、おそらく荘田は慶應義塾の「塾長」になっている。ただし、この「塾長」というのは、現在のような義塾のマネジメント全般を司る役職ではなく、塾生の総代、あるいは師範代のようなものだったと思われる。当時、彼は英語、数学、「帳合之法」（簿記）などを教えていたと言われている。また、この頃、慶應義塾は大阪（6年）、京都（7年）、徳島（8年）に分校を作ったが（括弧内は設立年）、荘田はこれらのうち、特に大阪慶應義塾と京都慶應義塾の設立に尽力し、実際にそれらの教壇にも立った。

このように荘田は、慶應義塾の教員として活躍していたのであるが、それが明治8年2月、突如、三菱商会に入ることになった。直接のきっかけは、三菱の創始者・岩崎弥太郎のいとこである豊川良平（嘉永5～大正9〔1852～1920〕年）の勧誘によるとされる[7]。豊川は、荘田にとって慶應義塾の後輩あるいは教え子に当たった。荘田の三菱入りに対して福沢諭吉がどのような態度を取ったのかは良くわからないが、福沢が荘田を豊川に推薦したという説もある[8]。この時期の三菱は、三井と違って経営が傾いていたというわけではなかったが、会社を新時代に合わせて近代的な企業へ脱皮させるためには、新しい知識の導入による改革が必要だったのである。ちなみに、豊川はこの後、11年に三菱商業学校を創設し、13年に犬養毅らと『東海経済新報』を創刊、22年に第百十九国立銀行（のちの三菱銀行、現三菱東京UFJ銀行）の頭取に就任し、43年には荘田の後を継いで三菱合資会社の管事になった。

三菱に入った荘田がまずやったことは、社則（三菱汽船会社規則）を作成したことと、会社の経理に西洋流の複式簿記を導入したことであった。後者は、荘田自身が慶應義塾で教えていた「帳合之法」を実際の経営の場に適用したものと言えた。この二つは経営を目に見える形にする、今で言

う「見える化」であり、これらを通じて経営の合理化・近代化を進めようとしたのである。

続いて、荘田は三菱の事業の多角化を図った。これは、中上川が三井でやったことと同様であった。ただし、三井の多角化は、主に銀行の融資先を傘下に入れる形だったため、必ずしも産業的な関連がなく、さまざまな分野の企業に多角化が及んだが、三菱は本体の海運会社を中心に、それと関連する分野、たとえば海上保険、倉庫から銀行へというように、産業的に関連する分野へと多角化していった。こうして、荘田のイニシアチブの下に、明治12（1879）年から20年にかけて、東京海上保険（現東京海上日動火災保険）、明治生命保険（現明治安田生命保険）、東京倉庫（現三菱倉庫）などが設立され、第百十九国立銀行が三菱の傘下に入れられた。なお、荘田はこの間の13年に、最高幹部職である管事に就任し、さらに19年には本社支配人になっている。

このような多角化の延長にあり、荘田が特に力を注いだのが長崎造船所の近代化であった。造船は非常に高度な技術を必要とするため、日本にとってはハードルが高い産業であったが、彼はこれに果敢にチャレンジした。長崎造船所は、もとは幕末に徳川幕府によって創設された造船所を明治政府が引き継ぎ、それを三菱が明治17（1884）年に借り受け、さらに20年に払い下げを受ける形で手に入れたものだった。荘田は30年に造船所長兼任となり、自ら長崎に住み込んで同所の近代化のために陣頭指揮をとった。荘田が行った革新は、積極的な設備投資や最新技術の導入といったハード面だけでなく、労務管理の近代化や熟練工の内部養成、原価計算の導入などソフトの面にも及んだ。その甲斐あって、31年に長崎造船所は、国内初の大型客船「常陸丸」の建造に成功した。このことは、単に三菱という一企業の成果というばかりでなく、日本の工業化の到達度を示すメルクマールの一つともいわれている。なお、同所の系譜を継ぐのが現在の三菱重工業である。

もう一つ、荘田の大きな業績とされているのが、丸の内オフィス街の建

設である。丸の内は、元は陸軍の練兵場であったが、それを政府が財政的な事情などから民間に払い下げるというニュースを、荘田は出張先のロンドンで知った。ちょうどこの時、彼はイギリスの金融中心地であるロンドンのシティを見て、日本にもこのような立派なオフィス街が必要だと考えていたという。そこで、上記のニュースを知るや、すぐさま日本に「すみやかに買い取らるべし」という電報を打ち、その結果、三菱がこれを購入することになった。そして、この場所は三菱系企業の社屋を中心とするレンガ造りのビルディングが立ち並ぶ当時の日本では珍しいモダンなオフィス街に開発され、あたかもこの区域だけロンドンであるかのようだということで通称「一丁ロンドン」と言われるようになった。このように、荘田は西洋のビジネス文化の導入にも功績を遺した人だったと言える。

　荘田は明治43（1910）年に三菱を退職し、実業界を引退する。その後は、悠々自適の老後を過ごし、慶應義塾評議会議長に選任されるなどして、大正11（1922）年に76歳で亡くなった。

　中上川と荘田を比較してみると、まず2人の共通点は、両者とも福沢の言うところの「士流学者」そのものであったということに尽きるだろう。2人とも西洋の新しい学問を身につけて、しかも慶應義塾の教壇に立ってそれを教授までしたという点で正真正銘の学者であった。それとともに、両者はともに財閥という明治時代の大企業を舞台に、西洋諸国と伍することができる国力をつけるという、当時の日本において求められていた公益を追求し、企業や同族の私的な利益を超えて、多角化という困難な事業に積極果敢に挑んだという点で、まさにサムライであった。とりわけ中上川の場合は、財閥同族と衝突しながらも、これを推し進めようとした。中上川も荘田も、ともに福沢にもっとも近い、いわば愛弟子中の愛弟子であった。それゆえ、2人の企業者活動には、福沢の実業思想がストレートに反映されていたと言えるのではないか。

　一方、2人の晩年は明暗を分けた。中上川と比べると、荘田は社内では最後まで順調に仕事を進め、退職後も穏やかな老後を過ごしたという点で

対照的であった。これは一つには 2 人の性格の違いが原因であったと推測される。中上川は、傲慢なところがあり、独断専行で周囲が反対しても強引に事を進める傾向があったと言われる。また、彼はエリート意識が強く、若干周りを見下すようなところもあったため敵も多く、そのことで三井の他の幹部とも摩擦を起こしたのかもしれない[9]。それに対して、荘田は非常に冷静、慎重で、表面上穏やかな性格であった。それとともに、荘田は財閥オーナーである岩崎弥太郎の姪藤岡田鶴と結婚し、同族と血縁関係を結び、良好な関係を築いていた。その点も、財閥同族と衝突した中上川とは違うところだった。あるいは、これは三井と三菱という両財閥の性質の違いが関係していたとも考えられる。三井は江戸時代の大商家に淵源を持つ古い伝統のある財閥だったので、体質的にやや保守的なところがあり、中上川がやろうとした新しいビジネスに対して防御的な反応を示したのではないか。他方、三菱は幕末維新期に生まれた、当時としては新興企業といえる存在だった。それゆえ、三井に比べれば新しいことに対して寛容なところがあったのではないだろうか。

4. 高橋義雄と日比翁助：日本最初のデパートの創始者

最後に、公益としてのビジネスという福沢の思想を実践したもう一つの例として、百貨店事業に関わった 2 人の門下生を取り上げる[10]。

日本で最初の百貨店（デパート）は、20 世紀の初頭に生まれた。明治 37（1904）年 12 月、合名会社三井呉服店は株式会社三越呉服店へ組織を改変し、顧客・取引先へ挨拶状を発送したが、その中で「当店販売の商品は今後一層其種類を増加し凡そ衣服装飾に関する品目は一棟の下にて御用弁相成候様設備致し結局米国に行はるゝデパートメント、ストーアの一部を実現可致候事」という新しい営業方針の表明をした。これが、いわゆる三越（現三越伊勢丹）の「デパートメントストア宣言」で、翌年 1 月には、同じ文面の広告が『時事新報』ほか全国の主要新聞に掲載された。これと

前後して、同店は次々と経営の新機軸を打ち出し、伝統的な呉服店から近代百貨店へ転換した[11]。当時のライバル呉服店であった白木屋、高島屋、松坂屋、松屋、大丸も、三越（三井）にならって相次いで百貨店へ移行した。世界初のデパートと言われるパリのボン・マルシェの登場（1852年）から、ほぼ半世紀後のことである。

　この三井呉服店から三越への百貨店化を先導したのが、慶應義塾出身の2人、高橋義雄と日比翁助であった。そして彼らが行った経営革新もまた、福沢実業思想の具現と言うことができるのである。

　高橋義雄は、文久元（1861）年、水戸藩士高橋常彦の四男として生まれた[12]。彼は、茨城（水戸）師範の中学予備校に入学し、ここで師範学校長の松木直己から大きな影響を受けた。松木は中津出身で福沢諭吉と交流があり、その人と思想に心酔していた。高橋は、明治14（1881）年に慶應義塾に入学したが、その経緯は次のとおりである。当時、福沢は新しい新聞の発行を計画していたのだが（その計画は15年に『時事新報』の創刊によって実現する）、その記者となるべき人材を育成する必要を感じ、旧知の知人たちに、文章に優れた学生の推薦を依頼した。松木もそのような依頼を受けた1人で、彼はそれに応じて自分が知る学生の中から、高橋義雄、渡辺治、井坂直幹、石河幹明の4人を推した。こうして、彼らは慶應義塾に入ることになったのだが、その際、卒業後に新聞事業へ就くことを条件に、彼らの学費は福沢が負担するという、現在の奨学生のような待遇であった。

　明治15（1882）年に慶應義塾を卒業した高橋は、前述の約束のとおり、時事新報社に入社し、論説記者となった。そして、福沢の隣に座り、直接指導を受けた。その結果、高橋はまもなく頭角を現すようになり、その能力は福沢も認めるところとなった。そのことは、福沢が当時、アメリカ留学中の息子たちに宛てた書簡の記述の中にも記されている。

　　水戸の渡辺、高橋は、両人とも文筆達者なり。過日、日本国を北海

に移したる想像図を新報に出して、大いに喝采を得たり。右は拙者の思付にて、その趣向を高橋へ授け、起草の上刪正したる者なり

　　　　　　　　　　（明治16年11月24日付、福沢一太郎・捨次郎宛）[13]

　このように福沢は高橋の記者としての資質を買っていたのだが、高橋自身はビジネスに興味を示し、その準備のために、明治20年に時事新報社を退社してアメリカに留学する。アメリカでは、福沢の息子たちも留学したホープキシーのイーストマン商業学校に入学した。

　翌年、同校を卒業したのち、高橋はアメリカおよびヨーロッパの各地を視察して回った。その際、当時のアメリカを代表する百貨店であったフィラデルフィアのワナメーカーを見学し、商品陳列、経理の方法や店員教育、女子店員の雇用などに非常に興味を覚えたようである。この時の経験が、後の三井呉服店改革の基になったと、後年、彼自身が回顧している[14]。

　高橋は、明治22年に帰国し、一時『時事新報』の記者に復帰するが、翌年、井上馨のスカウトを受けて三井銀行に入る。これは中上川彦次郎より一足先の話であるが、井上が三井銀行立て直しのために何人か選んだ人材の1人として、高橋義雄も同行に招かれたのである。三井銀行に入行した高橋は、26年に大阪支店長に就任した。このとき、彼は同行で初めて女子の行員を採用した。これは前述したアメリカでの見聞を実行したもので、当時の日本では画期的なことであった。

　そして、28年、高橋は同じ三井財閥の中の呉服店の経営改革を託され、同店の理事（実質的社長）に就任する。このとき、三井の淵源でもある呉服店（旧越後屋呉服店）は、銀行以上に経営が傾いていた。同店は、明治維新後の時代の変化に完全に乗り遅れて、三井財閥の中でもお荷物扱いになっていた。高橋は、この立て直しを任されたわけだが、彼自身としては銀行勤務の方が仕事も立派で世間体も良かったので、最初はやや不満に思ったようである。しかし、「新時代の要求に応じて、日本の小売法革新に、我が力を試みて見よう」[15]と思い直し、この難事業を引き受けた。

呉服店に移った高橋は、中上川が三井銀行で行ったように新教育を受けた能力の高い学卒者を積極的にリクルートし、重要なポストに任用した。その中の1人として、同じく三井銀行からスカウトされて呉服店に入ってきたのが日比翁助だった。

　日比翁助は、万延元（1860）年、久留米藩士竹井安太夫吉堅の二男として久留米城下（現福岡県久留米市）に生まれ、明治12（1879）年に日比家の養嗣子となった[16]。彼は、郷里で小学校の教員をしていたが、13年に上京し、慶應義塾に入学した。同窓には池田成彬、武藤山治、和田豊治、波多野承五郎などがおり、彼らは皆、後に実業界に飛躍して、「福沢山脈」に名を連ねることになる。日比は、17年に義塾を卒業したが、その卒業式の訓示で福沢諭吉がこれから実業界に身を投じようとする学生たちに向かって「身に前垂れを纏うとも、心のうちには兜を着ていることをわすれないようにせよ」と言ったことに大変感銘を受けたという。すなわちこれは、商人であるけれど、心の中は武士であれ、まさに士流学者であることを忘れるなという意味であり、福沢が門下生たちに贈ったその言葉が、日比の心にも強く響いたということである[17]。

　慶應義塾卒業後の日比は、最初、麻布天文台に就職し、明治22（1889）年に福沢の推薦で日本橋モスリン協会の支配人になり、さらに29年に中上川彦次郎の招きで三井銀行に入行する。同行では、和歌山支店支配人、本店副支配人などを務めた。そして、31年、前述のとおり、高橋にスカウトされる形で三井呉服店の支配人に抜擢され、高橋と協力して老舗呉服店の改革に取り掛かることになった。日比は後にその時の心境を、「商売繁盛の秘訣」という小論の中で、次のように述べている。

　　……日本の凡ての社会は軍事でも、教育でも、工業でも、凡ての事が皆欧米先進の風に傾いて日進月歩と改良せられて行つて居るが、唯だ日本の小売商ばかりは此進歩の領分から蹴落されて、依然として旧幕の遺風を墨守して居る、之は大に開拓しなくてはならん。此の茫々

たる草原を開拓することは、己れの仕事としては実に愉快な仕事であるわいと此点に目を着けた[18]

　ここには、先に引用した高橋が呉服店入りした時に抱いていた気概と共通するものを見ることができる。
　高橋と日比が三井呉服店で行った改革は多岐にわたるが、その主なものをまとめると次のようになる[19]。
　まず第一に、呉服店の会計方式を、大福帳式の旧計算法から洋式簿記に改めた。これは、中上川と荘田がそれぞれ三井、三菱でやったことと同じで、お金の出入りを「見える化」することは、経営近代化の第一歩なのである。まさに慶應義塾の卒業生の行くところに「帳合之法」＝洋式簿記あり、と言うことができよう。
　第二に、すでに述べたように、新教育を受けた学卒者を採用した。日比もその1人であったが、他にも中村利器太郎、藤田一松など慶應義塾の出身者を多く登用した。しかし、このことは旧来の「子飼い」の店員たちの猛反発を呼び、当時としては珍しいストライキ騒動も起きている。
　第三に、婦人晴れ着の柄に新風を起こし、流行を創出した。従来、女性の着物の柄は、季節、年齢などによる格別の違いはなく、短い周期で移り変わっていく流行という概念はなかったと言われる。ところが、高橋義雄はかつてアメリカ、ヨーロッパを視察していたとき、特にフランスで女性の洋服にモードというものがあることを知り、日本にもこれを採り入れるべきだと考えた。そこで彼は、明治28（1895）年、三井呉服店に意匠部（意匠とはデザインのこと）を新設し、新進の洋画家、日本画家などを嘱託として雇い入れて、彼らに新しい着物の柄の図案を作らせた。そして、それらを商品にして、さらに、当時としては画期的な広告手段——店内で催された「新柄陳列会」、新橋辺りの人気芸者をモデルにした等身大ポスター、日本初の商業PR誌『花ごろも』など——によって積極的に宣伝し、人工的に流行を作り出して、消費者の購買意欲を刺激した。

第四に、商品の販売法を従来の座売り方式から陳列販売方式に改めた。高橋が移籍した当時の呉服店の売場風景は、畳の上に番頭が座って待ち構え、来客が馴染みの番頭を見つけて註文を出すと、後ろに控える小僧に命じて蔵から品物を持って来させて見せるというものだった。商品の見映えをよくするためという理由で、店内はわざと暗くしてあり、またなるべく少ない商品を出して客を満足させるのが有能な番頭とされた。高橋は着任したその年に、このような旧弊を改めるため、実験的に本店の2階に十数台の飾箱（ショーケース）を並べ、その中に各種の呉服物を陳列して客が自由に商品を見て選べるようにした。現在残る、当時の三井呉服店のポスターを見ると、この1階が従来の座売り、2階が新しい陳列販売という店舗の様子がそのまま描かれていて興味深い。その結果、2階の陳列販売の方が圧倒的に消費者の支持を得て多数の客を集めたため、明治33年に本店の座売りを全廃し、全売場を陳列販売方式に切り替えた。これにより、従来あった特定の番頭と得意客の有縁的関係はなくなり、店は「冷やかし」を含む不特定多数の消費者に開放されたのである。

　こうしてさまざまな新機軸を採り入れながら、呉服店の改革が進んでいったが、そうした中、明治32年に高橋義雄は三井鉱山の兼任理事に就任したため、以後、改革の先導役は日比翁助が引き継ぐことになった。

　日比は、店の取扱品目を、呉服に限らず、洋服や装飾品などさまざまなものへ広げていく戦略を採った。すなわち、百貨を扱う店＝百貨店を目指したのである（ただし、この当時は、まだ百貨店という言葉はなかった[20]）。そして、遂に明治37年、前出の「デパートメントストア宣言」によって三越が誕生し、日比はその専務取締役に就任した。

　しかし、この宣言によっていきなり呉服店がデパートになったわけではない。店舗はまだ土蔵造りの2階建てであったし、そもそもこの時点で日比は、デパートメントストアがいかなるものなのかよくわかっていなかった。そこで彼は、明治39年から翌年にかけて欧米各都市のデパート視察の旅に出て、どうやったら三越をもっとデパートらしくできるかを研究し

た。そして、帰国後、取扱商品を一層広げ、店舗を洋風の3階建てに改築し、食堂を併設するなどして、本格的なデパート化への道を進めていった。

　この過程で、日比が新生三越の経営理念として打ち出したのが「学俗協同」であった。学は学問、俗は俗世間、要するにビジネスの世界のことを指す。学俗協同とは、三越のPR誌『時好』によれば、「如何なる事を為すにも、必ず学者の高き意見を聞き、それをば実行に現はすといふこと」[21]とされていた。企業が単に商売をするのではなく、学者のアドバイスを受けながらそれを生かしていくという意味であろう。これは、今日よく言われる「産学協同」とは似て非なる理念である。産学協同が、主に理科系の学問の研究成果をビジネスに応用して企業が利益を上げる、つまり研究者は企業から資金援助を受ける代わりにはじめから成果を市場化することを前提として研究をするという方式を指すのに対して、学俗協同は、学問の広い見識をビジネスというチャンネルを通じて社会に広めていくというイメージである。要するに、産学協同が企業主体、利益優先であるのに対して、学俗協同はあくまで学問あるいは学者の方が主体で、利益を上げることは二の次であると言えよう。

　この学俗協同の理念の下に、日比が明治38（1905）年に組織したのが流行研究会（通称流行会）であった。この組織の目的は、「古今東西の流行を研究し、時代嗜好の向上を図る」こととされ、会員として、童話作家の巌谷小波、農業学者の新渡戸稲造、画家の黒田清輝、作家の森鷗外や内田魯庵、児童心理学者の高島平三郎など、当時の一流の知識人を集めた。そして、彼らに衣装、調度の流行、社会風俗の傾向などについて座談会で研究討議してもらったり、懸賞小説を募集して審査を依頼したりして、それらの成果を三越のPR誌などを通じて公開した。こうした活動は、企業の目先の利益を目的としたものではなく、いわば三越を舞台にした文化活動であった。

　それとともに、三越デパートは、博覧会、展覧会、演奏会などさまざまな文化イベントを開催した。博覧会の中で、日比が特に力を入れたのは、

児童（こども）博覧会（明治42〔1909〕年の第1回から大正10〔1921〕年の第9回まで開催）であった。このイベントでは、外国の子どもの生活を紹介したり、新しい子ども用衣服、調度、玩具などを展示したりして、来場者に向けて新時代の子育てや家庭生活のあり方を啓蒙することが意図されていた。美術展覧会は、日本画、洋画、工芸などの大家の作品を集めて展示するなど、数多く開催された。当時は、東京、大阪などの大都市でも公立美術館の数はそれほど多くなく、百貨店がそれを補う役割を担っていたと言える。そして、音楽に関しては、店員による三越少年音楽隊を編成してクラシック音楽の演奏を習わせ、第1回児童博覧会で初演奏を披露した。その後も店内外で演奏会を開催したが、当時は西洋音楽の演奏はまだ珍しく、少年音楽隊は三越の名物の一つとなった。

　このように、日比は三越デパートを通じて、西洋の新しい生活スタイルや文化、風俗を採り入れ、実際にそれらを見せることによって、人々に普及してこうとした。すなわち、彼は、百貨店を単にものを売るだけのところではなく、文化的あるいは啓蒙・教育的施設にしようと考えていたのではないだろうか。そして、その背後には日比が福沢諭吉から受け継いだ実業思想があったのである。彼は、前出の「商売繁盛の秘訣」で次のように述べている。

> 　翁助不肖なりと雖も福沢門下の一人である。福沢門下の一人たる翁助が三百年来の老舗を経営して一時繁昌を致すのみであつては、親しく薫陶を受けた福沢先生や中上川彦次郎氏に対して地下に合はす顔がない。そこで結局三越呉服店は唯儲けた丈ではいかぬ。儲ける傍ら客の便利を図らねばいかぬ。儲けて客の便利を図ると云ふ丈ではいかぬ。儲けて客の便利を図るの傍ら永遠的国家的観念を以て経営して国家に貢献するところがなければならぬのである。[22]

　これはまさに、福沢が考えた利益は手段であって、ビジネスの究極の目

的は公益であるという内容を、日比が自身の言葉で言い換えているのだと見ることができる。しかも「翁助不肖なりと雖も福沢門下の一人である」と、福沢の門下であるということを強く自覚して、福沢のビジネス精神、ビジネス思想を実際に具現するのだという日比の強い意思が表われている。

その後、三越は大正3（1914）年に地上5階、地下1階の当時「スエズ運河以東最大の建築」と称される本店新館を完成させ、名実ともに百貨店になった。しかし、日比はこの頃から健康を害し、7年に取締役を辞し、以後、療養で過ごした。そして、昭和6（1931）年、72歳で亡くなった。

まとめ

以上、本章では、福沢諭吉門下の4人の実業家を取り上げ、それぞれのビジネス活動を見てきた。4人はいずれも転換期の日本において1企業の狭く小さい利益を超え、日本の近代化と自立という公益を追求して、新しい学問の知識を武器に旧来のビジネスの変革に果敢に挑んだ革新者であった。まさに、福沢が言った士流学者すなわちサムライの精神＝公益心と新しい教育を兼備した新時代のインテリゲンチャの生きた実例であった。

今日、日本のビジネスを取り巻く状況を見ると、相次ぐ企業の不祥事などを契機として、企業は何のためにあるのか、企業の真の目的は何かといったことが繰り返し問われている。そのような時代にこそ、福沢諭吉のビジネス思想とそれを実践した門下生たちのビジネス活動から学ぶことは、十分に意味があることではないだろうか。

1 宮本又郎『企業家たちの挑戦』〔シリーズ　日本の近代11〕（中央公論社、1999年）p.324
2 森川英正『日本財閥氏史』（教育社、1978年）pp.16〜18
3 以下、各財閥の系譜に関する記述は、主に宮本、前掲書による。
4 中上川の伝記については、日本経営史研究所『中上川彦次郎伝記資料』（東洋経済新報社、1969年）、大島清・加藤俊彦・大内力『明治初期の企業家』〔人物・日本資本主義［3］〕（東京大学出版会、1976年）第2章、第3節を参照した。
5 『書簡集』第7巻 pp.89〜90
6 荘田の伝記については、宿利重一『荘田平五郎』（対胸舎、1933年）、森川、前掲書 pp.105〜107、西川俊作「荘田平五郎―義塾教員から三菱商会へ」（書簡に見る福澤人物誌　第5回）〔『三田評論』2004年8・9月号 pp.66〜71〕などを参照した。
7 豊川の伝記については、鵜崎熊吉『豊川良平』（豊川良平伝編纂会、1922年）がある。
8 西川、前掲論文 p.70
9 大島他、前掲書 pp.144〜145
10 以下の記述は、平野隆「高橋義雄・日比翁助―日本最初のデパートの創始者」（書簡に見る福澤人物誌　第19回）『三田評論』〔2005年12月号、pp.32〜38〕を再構成したものである。
11 『株式会社三越85年の記録』（1990年）p.62
12 高橋の伝記については、高橋義雄『箒のあと』上・下（秋豊園、1933年）、高橋箒庵『東都茶会記』五（淡交社、1989年）解説（熊倉功夫）を参照。
13 『書簡集』第4巻 p.42
14 前掲『箒のあと』上 p.132
15 同上 p.252

16 日比の伝記は、星野小次郎『三越創始者日比翁助』（創文社、1951年）などを参照。

17 同上 p.68

18 日比翁助「商売繁盛の秘訣」豊泉益三『日比翁の憶ひ出（続）』（三越営業部、1933年）p.181

19 以下、高橋と日比の改革とその意義に関しては、次の文献も参照。初田亨『百貨店の誕生』（三省堂、1993年）、神野由紀『趣味の誕生：百貨店がつくったテイスト』（勁草書房、1994年）、山口昌男『「敗者」の精神史』（岩波書店、1995年、pp.1～98）

20 英語の department store に「百貨店」という訳語を最初にあてたのは商店経営研究家の桑谷定逸だとされる（浜田四郎『百貨店一夕話』〔日本電報通信社、1949年、p.71〕）。桑谷は1913年に出版された『商略』（同文館）という著書の中で、「百貨大商店」という語を使っている。

21 『時好』（第4巻第2号、1906年）p.12

22 豊泉編、前掲書 p.125

あとがき

　本書は、「近代日本と福沢諭吉」という、慶應義塾大学における講義の経験の中から生まれたものである。

　この名称の講義は、平成16年に福沢研究センターの協力のもと経済学部の科目として日吉にはじめて設置された。当時、多くの学生が学ぶ日吉や三田のキャンパスには、福沢諭吉を取り扱う講義は全く置かれてなかった。また、それ以前においても、特例的な場合を除けば、福沢をテーマとする講義が開講されることはほとんどなかった。ただ、この種の講義がなかったとしても、一世代ぐらい前までは、教師が、それぞれの講義の中でときたま雑談として福沢に触れることがあり、どこかでその名前を耳にして卒業することができた。

　しかし、近年においては、学問の細分化・専門化や教師の大学間移動の活発化などにより、講義の中でそのような話を耳にする機会はほとんどなくなり、慶應に学びながら、福沢諭吉が何者であるか、全く意識せずに卒業する学生が極めて多くなってきた。

　自分の学ぶ大学の創設者だからといって、ことさらその人物に興味を持たなければならないという訳ではないが、近代日本を考える時に福沢諭吉を知らないことは、やはり教養として問題がある。ましてや、慶應に学びながら知らないとすれば、なおさらであろう。

　そのような観点から、「近代日本と福沢諭吉」は全学部の学生が履修できる講義として開講された。開講の当初から、自分たちの学塾の創設者だからといって、ことさら崇め奉るのではなく、近代日本の歴史の中に客観的に福沢を位置づけるというのが、講義の基本的な姿勢であった。また、1人の講師による福沢論ではなく、複数名の講師によるオムニバス講義で多面的に福沢を考えるというのも、開講当初からの方針であった。この講

義は、平成20年からは担当部署が変わり、福沢研究センター設置講義となったが、当初の方針を受け継ぎ現在でも続いている。

一方、その間に、この講義の評判が通信教育部の学生諸君の耳に入り、彼らの間からも同様な講義の開講を望む声が聞かれるようになった。通信教育部学生の場合には、大学キャンパスに来ることが少なく、慶應義塾生としてのアイデンティティーを掴む機会が少ないせいもあり、その分、いっそう福沢への関心が高いということもあった。そのため、平成20年に通信教育経済学部の夏期スクーリング科目として、同じ名称の科目を開講した。翌年には、通信教育の学生諸君がインターネットで受講する「Eスクーリング」の経済学部科目として、この科目を提供することになり、最初に収録された講義は平成24年度までオンラインされていた。しかし、この種の講義は一定期間で内容を見直すことが好ましいものであり、そのため新版の「近代日本と福沢諭吉」を作成し、25年度からオンラインすることとなった。

本書は、その新版Eスクーリング講義の作成を機会に企画されたものであり、同講義の講師陣と本書の執筆者は一致している。また、このような経緯からして、本書は当然、Eスクーリング受講者が教科書として使用できることも、出版の目的の一つとしている。しかし、Eスクーリングは、本来は教科書が必要でない科目である。それにもかかわらず、本書を編んだのは、むしろ、福沢諭吉の思想についての入門編として、できるだけ多くの方々に読んでいただける書物が必要だと考えたからである。執筆者グループとしては、本書により、広く大学外の人々の間にも近代日本と福沢諭吉についての関心が拡がり、いささかなりとも、この問題についての「多事争論」を深めることができればと願っている。

ところで、本書が成立したのは、執筆者のみの力によるものではない。これまでの経済学部、福沢研究センター、通信教育部による「近代日本と福沢諭吉」に出講してくださった講師の方々の影響も大きい。本書においては、成立の事情と紙幅の関係から、それらの方々全てから寄稿をしてい

ただくことはできなかったが、いずれの講義も本書の諸章とは異なったテーマから福沢諭吉を考察したものであり、その内容を読者に提供できないことは誠に残念と言わざるを得ない。しかし、執筆者グループは、それらの講義の経験と内容を間接的に吸収しつつ本書が成立したと考えている。ちなみに、本書執筆者以外の「近代日本と福沢諭吉」出講者は、小野修三君（慶應義塾大学商学部教授）、表實君（同理工学部教授）、樽井正義君（同文学部教授）、坪川達也君（同法学部専任講師）、寺崎修君（同法学部教授）、堀和孝君（慶應義塾福沢研究センター研究嘱託）、松崎欣一君（同名誉教諭）、吉岡拓君（同福沢研究センター研究嘱託・日本学術振興会特別研究員）の諸君であった。また、ゲスト・スピーカーとして、池井優氏（慶應義塾大学名誉教授）、鈴木隆敏氏（慶應義塾大学大学院文学研究科アート・マネジメント分野講師）、清家篤氏（慶應義塾長）、橋本五郎氏（読売新聞特別編集委員）、長谷山彰氏（慶應義塾常任理事）、故服部禮次郎氏（セイコーホールディングス名誉会長）、福澤武氏（三菱地所株式会社相談役）の諸氏にもご参加いただいた。お名前を記し感謝の意を表明したい（（　）内は出講時の役職。50音順）。

　通信教育部からは、本書の基となった「Eスクーリング」講義の作成に関して特別な御配慮をいただき、また本書の出版にもさまざまなご助力を頂戴した。とりわけ、通信教育部事務長大賀裕君、同部前教務担当課長高橋幸久君、Eスクーリング担当の俣田英裕君、平尾和歌君には一方ならぬお世話になった。

　慶應義塾大学出版会の田崎美穂子さんには、企画の段階からご相談に乗っていただき、校正段階では、内容について編集者の視点から多くの適切なコメントをいただいた。また、原稿の提出が常に遅れがちであったにもかわらず、なんとか出版にこぎつけることが出来たのは、編集の最終段階で同出版会の堀井健司さんが休日も返上して仕事を進めて下さった結果と心より感謝している。

　なお本書は、平成24年度慶應義塾学事振興資金よる共同研究「Eラー

ニング講義作成のための福沢諭吉の総合的研究」を基礎としている。末筆ながら、同資金、ならびにこの共同研究プロジェクトの秘書として細かな配慮をしてくださった山根秋乃さんにも御礼を申し上げたい。

（文責　小室正紀）

平成 25 年 4 月 1 日

本書関連福沢諭吉年譜

凡例　＊この年譜には、主に本書で言及されている事項を掲載した。
　　　＊原則として明治改暦以前の月日は旧暦。
　　　＊明治15年『時事新報』創刊以後の著作は、まず同紙に論説・社説などとして掲載され、その後単行書となって刊行されている。この年譜では、そのような場合には単行本刊行時を記載している。
　　　＊『時事新報』掲載の論説は、〈　〉に入れて示した。また、『時事新報』掲載の論説のうち、執筆者が確認できないものは、「○月○日〈論説名〉掲載。」と記述し、福沢執筆と確認できるものは、「○月○日〈論説名〉を執筆掲載。」と記して区別した。
　　　＊▷は福沢の事績の理解に参考となる歴史上の出来事。

年	西暦	事項	
天保5年	1834	12月12日	（西暦1835年1月10日）　大坂中津藩蔵屋敷で父百助、母順の第5子として生まれる。
天保7	1836	6月18日	父百助没（享年45歳）。母子6名で中津へ帰る。
		7月	兄が11歳で家督相続。
嘉永初期			14、5歳頃より私塾に通い漢学を学びはじめる。白石常人に最も多く師事。
嘉永6	1853	▷6月	ペリー艦隊、浦賀に来航。
嘉永7・安政元 （11.27改元）	1854	2月	蘭学を志し長崎へ出る。
		▷3月	日米和親条約調印。
安政2	1855	2月	長崎を去り江戸へ向かうが、兄の赴任地大坂に留まる。
		3月9日	緒方洪庵の適塾に入門。
安政3	1856	9月10日	兄の訃報を受け中津へ帰り、福沢家を継ぐ。
		11月	再び上坂し緒方塾の食客生となる。

安政5	1858	▷6月　　　　　日米修好通商条約調印。 10月　　　　藩命により、江戸に出府し築地鉄砲洲の中津藩中屋敷で蘭学の家塾を開く（慶應義塾の起源）。
安政6	1859	英学への転向を決意し、独力で英語を学びはじめる。
安政7・万延元 （3.18改元）	1860	1月13日　　木村摂津守の従僕として咸臨丸でサンフランシスコへ向け出航（5月4日、帰国）。 11月　　　　幕府外国方に雇われ、翻訳の仕事に従事する。
万延2・文久元 （2.19改元）	1861	この年の冬、中津藩江戸定府上士土岐太郎八の次女錦と結婚。 12月23日　幕府遣欧使節に翻訳方としての随行を下命され、品川出航（翌年12月10日、帰国）。
文久3	1863	10月12日　長男一太郎生まれる。
文久4・元治元 （2.20改元）	1864	10月4日　　幕府に召し抱えられ外国奉行翻訳方を命ぜられる。
元治2・慶応元 （4.7改元）	1865	9月21日　　次男捨次郎生まれる。
慶応2	1866	2月頃、「或云随筆」を草す。 初冬に『西洋事情』初編刊。 11月末か12月初頃『雷銃操法』巻1刊。
慶応3	1867	1月23日　　幕府の軍艦受取一行に加わり、アメリカへ向け横浜出航（6月26日、帰国）。 ▷10月15日　大政奉還。 10月　　　　『西洋旅案内』刊。 11月　　　　『条約十一国記』刊。 12月　　　　『西洋衣食住』刊。
慶応4・明治元 （9.8改元）	1868	▷3月14日　五箇条の御誓文発布。 4月10日　　長女里生まれる。

		4月　　　　芝新銭座に塾を移し仮に慶應義塾と命名する。 5月15日　上野彰義隊の戦に際し砲声を耳にしながらウェーランド経済書を講義。 5月から8月の間に『西洋事情』外編刊。 6月　　　　旧幕府に御暇願を出し、8月に許可される。明治政府の出仕命令を辞す。 7月　　　　「慶應義塾之記」起草。 9月から12月の間に『訓蒙窮理図解』刊。 11月　　　明治政府の出仕命令を再度固辞。 11月から翌年1月頃、福沢の勧めにより早矢仕有的が丸屋商社（後の丸善）を開業。その設立および以後の経営に協力する。
明治2	1869	1月　　　　「丸屋商社之記」起草。 3月　　　　『英国議事院談』刊。 5月8日　中上川彦次郎、義塾に入学。 8月頃、中津藩士を辞す。 初冬に『世界国尽』刊。 11月　　　「福沢屋諭吉」の屋号で書物問屋組合に加入。 この年、『蘭学事始』の出版に尽力。
明治3	1870	1月6日　荘田平五郎、慶應義塾に入学。 3月　　　　「学校之説」起草。 7月26日　次女房生まれる。 閏10月　　『西洋事情』2編刊。 閏10月28日　母を東京に迎えるために中津に赴き、母をともない12月19日に帰京。 この間、11月27日「中津留別之書」起草。
明治4	1871	3月　　　　慶應義塾を三田へ移す。 初夏に『啓蒙手習之文』刊。 ▷7月　　　廃藩置県の詔書が出る。 7月頃より、「中津市学校」の設立に尽力。 10月　　　「ひゞのをしへ」初編起筆。 この年、最初の「慶應義塾社中之約束」を制定。

明治5	1872	2月	『学問のすゝめ』初編刊。
		4月28日	福沢英之助に実業に就くことの検討を勧める。
		5月6日	「京都学校之記」起草。
			晩夏に『童蒙教草』初編刊。
		8月2日	慶應義塾出版局創設。
		▷8月3日	学制公布。
		8月21日	慶應義塾衣服仕立局を開業。
明治6	1873	6月	『帳合之法』初編刊。
		7月	『日本地図草紙』刊。
		8月4日	三女俊生まれる。
		10月	慶應義塾医学所開設（13年に廃止）。
		11月1日	『文字之教』刊。
		11月	『学問のすゝめ』2編刊。
		12月	『学問のすゝめ』3編刊。
明治7	1874	1月	『学問のすゝめ』4編5編刊。
			慶應義塾出版局を慶應義塾出版社に改組。
		2月	『学問のすゝめ』6編刊。
			『民間雑誌』創刊（8年6月終刊）。
		3月	『学問のすゝめ』7編刊。
		4月	『学問のすゝめ』8編刊。
		5月8日	母順没。
		5月	『学問のすゝめ』9編刊。
		6月27日	三田演説会を発会する。
		6月	『学問のすゝめ』10編、『帳合之法』2編刊。
		7月	『学問のすゝめ』11編刊。
		9月	『会議弁』刊。
		12月	『学問のすゝめ』12編13編刊。
明治8	1875	2月	荘田平五郎が三菱商会に入る。
		3月	『学問のすゝめ』14編刊。
		5月1日	三田演説館開館。
		8月20日	『文明論之概略』刊。
明治9	1876	3月	「慶應義塾改革ノ議案」起草。

			3月2日　　　四女滝生まれる。
			7月　　　　『学問のすゝめ』15編刊。
			▷8月　　　　禄制の全面廃止のため金禄公債証書発行条例を公布。
			8月　　　　『学問のすゝめ』16編刊。
			9月13日　　雑誌『家庭叢談』創刊。
			▷10月　　　神風連の乱、秋月の乱、萩の乱勃発。
			11月25日　『学問のすゝめ』17編刊。
明治10		1877	1月1日　　「自力社会」を設立。
			▷2月15日　西南戦争起る。
			4月28日　『家庭叢談』を『民間雑誌』と改名する。
			5月30日　「旧藩情」緒言起草。
			西南戦争終了後、9月から10月頃に「丁丑公論」を執筆。
			11月　　　『分権論』刊。
			12月　　　『民間経済録』初編刊。
明治11		1878	3月1日　　『民間雑誌』を日刊とする。
			▷5月14日　大久保利通暗殺さる。
			5月中旬　『民間雑誌』を廃刊とする。
			5月　　　『通貨論』刊。
			9月　　　『通俗民権論』・『通俗国権論』刊。
明治12		1879	3月27日　　五女光生まれる。
			7月29日より門下生の名前で『郵便報知新聞』に「国会論」を発表（連載10回）。
			8月　　　『民情一新』、『国会論』刊。
			8月頃より外国為替銀行の設立を大隈重信に提案し、その後、横浜正金銀行の設立のために尽力。
			▷9月29日　教育令公布。
			12月　　　慶應義塾に夜間法律科が設置される。
明治13		1880	1月25日　　交詢社発会。
			▷2月28日　横浜正金銀行開業。
			6月　　　慶應義塾医学所廃止。
			8月　　　『民間経済録』2編刊。
			9月頃　　慶應義塾の存続は経営上困難と判断し廃塾

		を決心する。
		9月1日　　日比翁助、慶應義塾に入学。
		11月23日　「慶應義塾維持法案」起草。
		▷12月28日　教育令改正。
明治14	1881	1月　　　　「慶應義塾仮憲法」制定。
		5月20日から6月4日に『郵便報知新聞』に交詢社「私擬憲法案」が発表される。
		6月上旬　　俞吉濬、柳定秀、義塾に入学。
		7月14日　　三男三八生まれる。
		9月3日　　高橋義雄、慶應義塾に入学。
		▷10月12日　参議大隈重信が免官され、それにともない大隈配下の福沢門下生も政府を追われる（明治十四年政変）。
		▷10月21日　松方正義、大蔵卿に就任（25年8月8日まで在任）。
		▷10月29日　自由党結党。
明治15	1882	3月1日　　『時事新報』創刊。
		3月6日　　金玉均に初めて会い、その後の滞日中自宅に泊める。
		3月13-16日　〈通貨論〉掲載。
		▷3月14日　立憲改進党結成。
		▷7月23日　壬午事変。
		▷10月　　　日本銀行開業。
		11月　　　『徳育如何』刊。
		▷11月　　　福島事件。
		この年、高橋義雄、時事新報に入社。
明治16	1883	2月　　　　『学問之独立』刊。
		4月24日　　『慶應義塾紀事』起草。
		6月12日　　長男一太郎・次男捨次郎、アメリカ留学に出立。
		6月16・19日　〈紙幣引換を急ぐべし〉掲載。
		6月27-30日　〈外債を起して急に紙幣を兌換するの可否に付東京日々新聞の惑を解く〉掲載。
		7月24日　　四男大四郎生まれる。

		10月　　　　天保義社の社員間に起こった紛擾を憂慮し、意見書を口授する。 11月14日　長女里、中村貞吉と結婚。 ▷12月28日　徴兵令改正公布。
明治17	1884	1月25・26日　〈紙幣兌換遅疑するに及ばず〉掲載。 ▷10月・11月　秩父事件。 ▷12月4日　甲申事変。 12月下旬　日本に亡命してきた金玉均、朴泳孝、徐光範、徐載弼らをかくまう。
明治18	1885	2月23・26日　〈朝鮮独立党の処刑〉掲載。 3月16日　〈脱亜論〉掲載。 ▷5月　　　日本銀行が兌換銀行券の発行を開始。 8月　　　『日本婦人論後編』刊。 ▷8月12日　教育令再改正。 9月19日　英吉利法律学校の開校式にて演説。 12月3-8日〈外債論〉掲載。 12月　　　『品行論』刊。 ▷12月　　　内閣制度制定。
明治19	1886	2月2日　〈慶應義塾学生諸氏に告ぐ〉を執筆掲載。 ▷3月・4月　学校令公布。 6月　　　『男女交際論』刊。 8月2日　〈米価騰貴せざれば国の経済立ち難し〉掲載。 8月3日　〈米の輸出は農家を利して商売の機を促がすに足る可し〉掲載。 8月5日　〈米の輸出は永久の策にあらず〉掲載。 12月1・2日〈婚姻早晩論〉掲載。
明治20	1887	12月5-9日〈経済小言〉掲載。
明治21	1888	3月　　　『日本男子論』刊。 11月4日　二子一太郎・捨次郎、留学より帰国。 この年、中上川彦次郎、山陽鉄道会社社長なる。
明治22	1889	▷2月11日　大日本帝国憲法発布。

本書関連福沢諭吉年譜　――――　311

		4月18日　長男一太郎、箕田かつと結婚。 7月17・18日　〈条約改正・法典編纂〉掲載。 8月5日　〈文明教育論〉掲載。 11月下旬　二女房、養子の福沢桃介と結婚。
明治23	1890	1月27日　慶應義塾大学部（理財科・法律科・文学科）の設置。 4月1日　「蘭学事始再版の序」起草。 4月18日　〈漫に米価の下落を祈る勿れ〉掲載。 4月23日　長男一太郎、大沢イトと再婚。 4月23-25日　〈米商論〉掲載。 8月27日-9月1日　〈尚商立国論〉を執筆掲載。 ▷10月　教育勅語発布。 ▷11月　第1回帝国議会開会。
明治24	1891	2月　次男捨次郎、林菊と結婚。 11月27日　「瘠我慢の説」脱稿。 この年、中上川彦次郎、三井銀行に入行。
明治25	1892	11月30日　〈教育の方針変化の結果〉掲載。 12月　福沢の援助により北里柴三郎が伝染病研究所を設立する。
明治26	1893	1月19-22日　〈銀貨下落〉を執筆掲載。 3月22日　自宅にて医友の小集を開く。 5月　『実業論』刊。 7月5-7日　〈伝染病研究所に就いて〉掲載。 8月2日　〈相馬家の謀殺事件〉掲載。 8月11・12日　〈伝染病研究所の始末〉執筆掲載。 9月3日　〈相馬事件の被告人〉掲載。 9月　福沢の勧奨と支援により北里柴三郎が結核サナトリウム土筆ヶ丘養生園を開設する。 ▷10月14日　貨幣制度調査会設置。 11月30日　三女俊、清岡邦之助と結婚。 12月14日　大学部法律科が司法省指定校になる。
明治27	1894	▷3月28日　金玉均、上海で暗殺さる。

		3月上旬　　耶馬渓競秀峰を保護のために買う。 6月21日　〈ペスト病原の発見〉掲載。 この月、四女滝、志立鉄次郎と結婚。 ▷8月1日　　日清戦争始まる。
明治28	1895	▷4月17日　　日清講和条約調印。 この年、高橋義雄、三井呉服店理事となる。
明治29	1896	7月24日　　五女光、潮田伝五郎と結婚。 10月16日　養生園の牛乳瓶汚染につき北里柴三郎に強く注意する。 この年、日比翁助、三井銀行に入行。
明治30	1897	1月22日　姉の中上川婉没。 6月19日　姉の小田部礼没。 7月20日　『福翁百話』刊。 12月　　　『福澤全集緒言』刊。
明治31	1898	3月1日　　『福沢先生浮世談』刊。 9月26日　　脳溢血症発症。 12月12日　慶應義塾同窓会主催の病気快癒祝賀会に出席。 この年、日比翁助、三井呉服店支配人となる。
明治32	1899	6月15日　　『福翁自伝』刊。 11月24日　『女大学評論・新女大学』刊。
明治33	1900	2月11日　　「修身要領」発表。 12月31日　慶應義塾世紀送迎会に臨む。
明治34	1901	2月3日　　脳溢血症にて逝去。

索　引

事項・ことば
（＊を付したものは、特に福澤の文章中のことばとして採録した項目。）

●あ行

＊蟻と蠹螽のこと　138
　あるべき法律　227, 228
　ある法律　227, 228
　イーストマン商業学校　292
＊家の美風　62, 64
　英吉利法律学校　209, 211, 213
　維持社中　11
＊一家団欒（家族団欒）　60, 63
＊一家独立　29, 34, 44, 47, 49, 63
＊一家独立して一国独立　28, 33, 86
＊一国独立、一国の独立　29, 33, 34, 44, 47, 49, 62, 64, 81-84
＊一身独立、一身の独立　29, 31, 32-34, 38, 42-44, 47-49, 56, 61-64, 81-84, 250-253
＊一身独立して一家独立　28, 33, 86
＊一身独立して一国独立　17, 81, 250
＊一身にして二生を経る　27
＊医友の小集　119
　岩倉使節団　91, 101
　駅逓貯金　242
＊演説　162-164
　王子製紙　283, 286
　大坂蔵屋敷　1
　大阪慶應義塾　287
　大阪紡績　264
　奥平家　1, 5, 6, 39, 63
＊男大学　59
＊男といい女といい、等しく天地間の一人にて軽重の別あるべき理なし　56
＊男も人なり女も人なり　56
　オランダ語　3, 5, 101
＊女大学　54, 56, 60

●か行

　開化派　12, 188, 189, 191, 192
＊外交　175-177, 179, 186, 196, 197, 201

　外国方　5
　外国債、外債　237, 239-242, 249
＊会社　106, 255, 256, 262, 265
　改正教育令　93, 94
　家業　62, 63
　学者職分論　89, 90
　学制　69, 78, 81, 88, 89, 91, 98, 145
　学制につき被仰出書　70, 74, 78-82
　学俗協同　296
　華族　241
　華族資本　63
＊活計　36, 49, 57, 63
　学校令　94
　鐘淵紡績　283
　株式会社　256, 262-264
　貨幣制度調査会　248
　家禄（俸禄）　1, 6, 10, 30-32, 35, 39, 41-44, 47, 49
　為替会社　263
　漢学　3
＊漢学者の前座　3
＊元金社中　260-262
　関税自主権　244
　完全雇用　249, 250
＊官尊民卑　162, 166, 268, 269, 274, 280
＊官民調和　10, 155, 156, 158, 160, 164, 169, 170, 185
　管理通貨論　238
　咸臨丸　111
　生糸　244
　議院内閣制　9, 157, 160
　北里研究所附属病院　113
　急進主義　81, 89-92, 98
　牛乳瓶事件　116
　窮理学　77, 80, 131, 142, 144, 235
　教育勅語　15, 94, 96-98
　教学大旨　92, 95

314

競秀峰（きょうしゅうほう）　14
京都慶應義塾　287
共和制　157, 161, 167
銀貨　237, 238, 246-249
均衡価格　245
金本位　246-248
銀本位　246-248
銀本位紙幣　246
九鬼家（三田藩）　63
＊国の本は家に在り　61
軍艦受取委員　5
慶應義塾　4, 10, 11, 15, 20, 38, 39, 73, 74, 81, 85, 86, 93, 97, 98, 106-108, 117, 121, 126, 128, 129, 145, 163, 179, 188, 197, 203, 204, 218-224, 230, 251, 255, 259, 265, 266, 270, 273-275, 280, 281, 284, 286, 287, 289, 291, 293, 294
慶應義塾医学所　118
慶應義塾衣服仕立局　57
慶應義塾会社　265, 266, 275
慶應義塾出版局　6, 274, 275
慶應義塾出版社　6, 36, 281
＊経済学　77, 80, 235, 236
ケース・メソッド（ソクラティック・メソッド）　225
遣欧使節　5, 129
＊建置経営　169, 199
遣米使節　5
権利　34, 183, 206, 207, 209, 211, 212, 227
＊権理　211, 212
＊権力の偏重　7, 13, 161
公議輿論　95
＊交際　57, 150, 176, 178
公債証書　241
合資会社　262
交詢社　9, 179, 187, 217
甲申事変　12, 187, 189, 191-195
＊公智　235
交通　153-156, 164, 172, 175, 176, 179, 180, 190
＊公徳　61, 62, 64
合名会社　262
国民皆学　72

国立銀行　264
＊精心は活発、身体は強壮　132
国会開設　8, 10
国会開設運動　157, 163, 167
＊国家の独立　81-83, 87
＊ごつど　126, 127

●さ行
財閥　278, 279, 285, 286, 289
裁判医学　109
＊サイヤンス　20, 23, 150
産業革命　14
ジェンダーバイアス　51
時事新報社説執筆者論争　198
＊自主自由　32
＊自主独立　95
＊士族学者流　245
＊士族古学流　247
事大党　188, 189, 191
＊実学　18-23, 77, 143, 150, 151, 183
＊私徳　61
士農工商　16, 36, 166, 268
芝浦製作所　283
芝新銭座　4, 86, 106, 126
司法省指定校制　222
司法制度改革　203, 229
市民的ナショナリズム　14
＊社会経済（ソサイヤルエコノミー）　236
＊社中　265
＊自由　137, 208
自由教育令　91, 93
十三石二人扶持　1, 30
自由主義経済論　237, 246, 249
修身学　77, 80, 235
自由党　157, 160
＊自由と我儘との界は、他人の妨げをなすとなさざるとの間にあり　127
＊自由は不自由の中にあり　137
＊自由は不自由より生ずるものなり　161
自由民権運動　9, 53, 157, 163, 164, 167, 215
受益者負担主義　82, 83
儒学　3, 35, 48, 51, 77, 79, 150, 151, 241

儒学教育　　11
儒教主義　　93-95, 97, 98, 149, 150, 152, 166, 178, 180, 181, 183, 188, 190, 193
塾長　　287
酒税　　240
彰義隊　　4, 235
＊商人会社　　257, 265, 266
　殖産興業　　237
＊職分　　89, 204, 217
　所有と経営の分離　　259, 261
　自力社会　　215, 216
　私立法律学校　　213, 220, 222
＊私立の活計　　18, 250-252
＊士流学者　　272, 273, 275, 289, 293, 298
＊人間交際　　9, 34, 57, 58, 215
　清国　　12
　壬午事変　　12, 188
＊人天並立　　177, 178, 181, 183, 200
＊信の世界に偽詐多く、疑の世界に真理多し　　128
　清仏戦争　　191
　住友財閥　　278, 279
　世紀送迎会　　119
＊政権（ガウルメント）　　37
＊政治経済（ポリチカルエコノミー）　　236
　精神的自立　　22, 23, 29, 39, 47-49, 56, 61
　精神病者監護法　　109
　西南戦争、西南の役　　8-10, 42, 237
　政府広報紙　　10
　専修学校　　213, 219
　漸進主義　　81, 89, 91, 92, 98
　セント・メアリーズ病院　　110, 111
＊掃除破壊　　169, 199
　相馬事件　　108, 110
　尊生舎　　118

●た行

大学部　　12, 98, 220, 223
大学部医学科　　117
大学部文学科　　219
大学部法律科　　203, 219, 221, 223, 225
大学部理財科　　219
代言人（弁護士）　　213, 222, 224

大日本帝国憲法　　13, 221
兌換紙幣、兌換制　　237, 239
＊多事争論　　155, 156, 158, 160-162, 164, 166, 169, 178, 179, 185, 190, 193, 200
太政官布告　　82
＊駄民権　　162
単婚小家族　　60
男女同数論　　34
男性論　　58-60
男尊女卑　　13
＊知、智　　17, 48, 49, 75, 178
＊治権（アドミニストレーション）　　37
地租　　244
秩禄処分　　6, 10, 30
＊知徳、智徳　　90, 95, 146, 177
地方名望家　　30, 36, 38, 43
仲裁　　216
朝鮮開化派　→開化派
調停　　215, 216
徴兵免除　　11
徴兵猶予　　11
徴兵令改正　　11
地理学　　77, 80, 131, 235
＊通義　　207-209, 227, 230
通商会社　　263
土筆ヶ丘養生園　→養生園
帝国議会　　13
適塾　　3, 4, 85, 101, 102, 107, 112, 118, 165
鉄道　　236, 249
寺子屋　　79, 80, 89
＊天下一夫も仕事を得ざる者なからしむる　　253
＊天下の喰ひつぶし　　31
天津条約　　192
伝染病研究所　　15, 113, 115, 116, 119
天皇　　160, 161
天賦人権論　　78, 79, 217
天保義社　　39-42
東京医学校　　112
東京海上保険　　264, 288
東京専門学校　　213
東京帝国大学　　54, 114, 119
東京法学校　　213

316

＊討論　　162, 163
＊徳　　17, 48, 49, 64, 178
　徳育　　92, 94
＊徳誼を修め、知恵を研くは人間の職分
　　　132
　特別減税　　245
　特別認可学校規則　　222
＊独立自尊　　16, 21, 23, 97, 98, 270
＊独立自尊迎新世紀　　119
＊独立自由にして而も実際的精神　　130
＊独立不羈　　10, 32, 170, 272

●な行
　内安外競　　156, 170
　長崎造船所　　288
　中津　　1, 2, 16, 27, 30, 32, 35, 39, 40, 42, 47, 62, 73, 74, 88
　中津市学校　　39, 40, 42, 73, 74, 280
　ナショナルトラスト　　14
　日清戦争　　196
　日本医学会　　103, 105
　日本銀行　　283
＊日本は農を以て国を立るものなり　　246
　入社帳　　266
＊脳中にある陰の帳面　　51

●は行
　廃塾　　11, 98
＊働社中　　260-262
＊半学半教　　287
　番組小学校　　88
＊万物の霊　　32
＊百巻の万国公法は数門の大砲に若かず
　　　182
　夫婦別姓　　49, 50
　不換紙幣　　9, 237-239, 241, 246
　福沢山脈　　38, 166, 277, 284, 293
　福沢塾　　4
　福沢先生記念会　　117
＊福沢の名跡御取建　　30, 37
　福沢諭吉　　274
＊富国強兵　　83, 86, 129
＊富国強兵の本は人物を養育すること専務に存

　候　　129
＊腐儒の言　　245
＊不偏不党　　170, 171
＊無頼の婦人あるべからず　　57
＊文明　　7, 17, 151-153, 162, 177
＊文明主義　　149-152, 172, 178, 181, 188, 193, 200, 201
　米価　　237, 242-245, 249
　米商会所　　244, 245
　法科大学院　　203, 204, 229, 230
＊報国　　88, 137
　法思想　　205, 219
　簿記　　7, 259
　保護主義、保護主義経済論　　237, 249
　北海道開拓使官有物払下事件　　167
　翻訳御用　　5

●ま行
　松方財政　　240, 241
　松方デフレ、デフレ　　13, 94, 214, 238-242, 251, 252, 265
　丸善　　6, 260, 274
　丸屋商社　　6, 215, 260-262
＊自から古を為し　　19
＊自ら労して自ら食らう　　62
　三田演説会　　163
　三井銀行　　281-284, 292, 293
　三井財閥　　277-280, 286, 292
　三井物産　　282, 286
　三越　　277, 291, 295-298
＊ミッヅルカラックス（ミドルクラス）　　30
　三菱、三菱財閥　　166, 273, 277-280
　ミドルクラス　　30, 35, 36, 38, 40, 43, 47, 65
＊身の独立　　81, 87
　民権家　　36
＊無産の流民　　31
＊無職業の塗炭　　242
＊無偏無党の独立新聞　　10
　明治十四年の政変　　9-11, 93, 94, 98, 167-169, 281
　明治生命保険　　264, 274, 288
　明治法律学校　　213, 222
　明六社　　90

索　引　　317

＊メンタルスレーヴ　150
　桃太郎盗人論　127, 144
＊桃太郎は盗人ともいうべき悪者なり　127
　モラルコード　54
＊モラルスタントアルド　15, 48, 49
　門閥　2, 32, 43, 47
＊門閥制度は親の敵　16
　文部省　69, 83, 91, 222

●や行
　夜間法律科　218, 219
　安田財閥　278, 279
　耶馬溪　14
＊勇気なき痴漢　52
＊有形において数理学と、無形において独立心　130
　有限責任制　261-264
　有効需要　249
　洋学　35, 39, 86, 104, 107, 108, 112, 143
　養蚕製糸業　62
　養生園　15, 113-116, 119
　幼稚舎　129, 145

　横浜正金銀行　274
　予防法学　213

●ら行
＊ライト（right）　207-209, 224
　蘭学　3, 4, 101, 106-108, 110, 119
　理事委員　11
　立憲改進党　157
　立憲君主制　161, 167
　立身　70, 71, 76, 82, 83
＊理のためには「アフリカ」の黒奴にも恐れ入り、道のためには英吉利、亜米利加の軍艦をも恐れず　127, 182
　流行研究会　296
＊歴史　77, 80
　ロイヤルベツレム病院　109

●わ行
　和解　215, 216
＊惑溺　17
　和仏法律学校　213
＊我より古をなす、自我作古　106, 108

人　名

●あ行
　青木昆陽　107
　青山胤通　115, 116
　阿部泰三　264
　飯田三治　113
　池田成彬　284, 293
　井坂直幹　291
　石神亨　115, 116
　石河幹明　102, 198, 291
　板垣退助　157
　伊藤東涯　205
　伊藤博文　9, 10, 92, 168, 192, 281
　犬養毅　168, 287
　井上馨　9, 10, 168, 192, 280, 281, 286, 292
　井上毅　92
　井上哲次郎　54
　岩崎弥太郎　9, 273, 280, 287, 290
　ウィグモア，ジョン・ヘンリー　219-225,

　227, 229, 230
　ウェーランド，フランシス　4, 17, 235
　宇田川榕園　107
　宇田川榛斎　107
　榎本武揚　14
　大隈重信　9, 10, 93, 157, 167, 168, 237, 274, 281
　大槻玄沢（磐水）　103, 107
　緒方洪庵　3, 4, 101, 107, 119
　荻生徂徠　3
　奥平昌邁　41
　尾崎行雄　168
　小幡篤次郎　74, 248

●か行
　貝原益軒　60
　柏木忠俊　131
　勝海舟　14

318

桂川甫周　　107, 108
加藤弘之　　90
金杉大五郎　　113
金子堅太郎　　218
川谷致秀　　54
神田孝平　　103, 105
北里柴三郎　　14, 108, 112-118, 120, 121
北沢楽天　　171
金玉均（キムオッキュン）　　12, 188, 189, 192
木村喜毅　　5
小泉信吉　　282
河野敏鎌　　93
高力衛門　　215
コッホ，ローベルト　　112, 114
後藤新平　　101, 108, 109
小林一三　　284

●さ行
西郷隆盛　　8
堺利彦　　53
渋沢栄一　　263, 264
島田三郎　　93
島津祐太郎　　83, 86, 129
荘田平五郎　　166, 277, 280, 281, 286-290, 294
白石常人（照山）　　3
末弘厳太郎　　227
杉田玄白（鷧斎）　　103, 104, 107, 108
杉田成卿　　107
杉田廉卿　　103, 104
スミス，アダム　　235, 236
相馬誠胤　　108
相馬永胤　　218
徐光範（ソグァンボム）　　12
徐載弼（ソジェピル）　　12

●た行
高木友枝　　116
高橋義雄　　198, 277, 282, 291-295
田口卯吉　　237
竹添進一郎　　191, 192
田尻稲次郎　　218

田中不二麿　　91, 194
棚橋絢子　　54
田端重晟　　114-117
津田真道　　206
坪井信道　　107
豊川良平　　287

●な行
中上川彦次郎　　166, 168, 277, 280-282, 284-286, 288-290, 292-294
長与専斎　　101-103, 105, 106, 108, 109, 112, 113, 118-121
西周　　90
錦織剛清　　108

●は行
バートン，ジョン・ヒル　　6, 236
朴泳孝（パクヨンヒョ）　　12, 188, 189
波多野承五郎　　293
服部五郎兵衛　　30
早矢仕有的　　6, 215, 260
日原昌造　　48
日比翁助　　277, 284, 291, 293-297
福沢一太郎　　123-125, 128, 131
福沢英之助　　252
福沢錦　　5
福沢順　　1, 32
福沢捨次郎　　113, 123, 124, 128, 131
福沢百助　　1, 2, 28, 205
福島四郎　　53
福田英子　　53
福地源一郎　　263
藤田茂吉　　164, 165
藤山雷太　　284
藤原銀次郎　　284
ヘボン，ジェームス・カーティス　　207
ペリー，マシュー・カルブレイス　　3
穂積寅九郎　　215

●ま行
前野良沢（蘭化）　　104, 107, 108
益田孝　　286
松方正義　　10, 238, 239, 283

マッカロック，ジョン・ラムゼー　262
松木直己　291
松木弘安　111
松山棟庵　86, 118, 119
マンスフェルト，コンスタント・ゲオルグ・ファン　112
箕作阮甫　107
箕作秋坪　104, 111
箕作麟祥　206
箕浦勝人　164, 165
武藤山治　284, 293
目賀田種太郎　218
元田永孚　92
森有礼　90, 94, 96

森川英正　278
森村市左衛門　113

●や・ら・わ行
簗紀平　30
山川菊栄　53
山口広江　42
山高しげり　54
愈吉清（ユギルチュン）　12
柳定秀（ユジョンス）　12
与謝野晶子　53
ルソー，ジャン・ジャック　157
和田豊治　284, 293

書籍・著述・刊行物

●あ行
「イソップ物語」　139
『英国議事院談』　6
『女大学評論・新女大学』　13, 53, 56, 60

●か行
「唖口笑話」　171
「外債論」　240-242, 253
『解体新書』　103
「学問今昔の難易」　105
「学問の神聖と独立」　118
『学問のすゝめ』　7, 17, 18, 39, 40, 53, 55, 56, 70, 72-76, 78-83, 85, 87, 89, 90, 127, 128, 136, 169, 179-181, 198, 217, 235, 250, 256
『学問之独立』　11
「学校之説」　143
『家庭叢談』　7
「旧藩情」　2, 8, 16, 40, 41
「窮理図解」　132-134, 136, 144
「教育議」　92
「教育議附議」　92
「教育の方針変化の結果」　96
「京都学校之記」　88
「銀貨下落」　246
「慶應義塾維持法案」　11

「慶應義塾改革ノ議案」　204, 217
「慶應義塾学生諸氏に告ぐ」　20
「慶應義塾仮憲法」　11
「慶應義塾紀事」　20
「慶應義塾社中之約束」　218
「慶應義塾之記」　106-108
「経済小言」　249
「啓蒙手習之文」　139, 143
「国会論」　8, 164, 165

●さ行
『細菌学雑誌』　120
「私擬憲法案」　9, 217
『時事新報』　7, 9-13, 15, 96, 108, 113, 116, 169-172, 183, 185-187, 193, 194, 196-201, 206, 217, 236, 239, 240, 243, 246, 267, 270, 274, 290-292
『実業論』　14, 270
「芝新銭座慶應義塾の記」　266
「修身要領」　15, 54, 97, 98
「尚商立国論」　97, 267, 270, 274
「条約十一国記」　6
「上諭条例」　205
「自力社会条目」　215
「青鞜」　53
『西洋衣食住』　6

320

『西洋事情』　　6, 109, 153, 256, 259, 262
『西洋事情 外編』　　6, 61, 236
『西洋事情 初編』　　256, 265
『西洋事情 二編』　　6, 207
『世界国尽』　　135, 137, 144, 145

●た行

『泰西国法論』　　206
「脱亜論」　　12, 13, 172, 175, 187, 189-198, 201
『ターフルアナトミア』　　104
『男女交際論』　　13, 53, 56, 57
『帳合之法』　　7, 259
「通貨論」　　239
『通貨論』　　9, 238
『通俗国権論』　　9, 164, 182
『通俗民権論』　　9, 164
「丁丑公論」　　8
「伝染病研究所と近辺の住民」　　113
「伝染病研究所に就いて」　　113
「伝染病研究所の始末」　　113
『童蒙教草』　　137, 138
『徳育如何』　　11, 93-95
『徳川日本における法と裁判』　　225

●な行

「中津留別之書」　　32-35, 55, 56
『日本男子論』　　13, 56, 61
『日本地図草紙』　　142
『日本婦人論』　　13, 55
『日本婦人論後編』　　13
『日本婦人論後編』　　55

●は行

『万国公法』　　206
「ひゞのをしへ」　　124, 125, 127, 128
『品行論』　　55
『福翁自伝』　　15, 16, 28, 48, 97, 101, 102, 111, 126, 129, 130, 165
「福翁百話」　　15
『福翁百話』　　18
『福沢全集緒言』　　15, 135, 142
「福沢先生を吊う辞」　　120

『福沢諭吉伝』　　102
『婦女新聞』　　53
『分権論』　　8, 36, 37
「文明教育論」　　95, 96
『文明論之概略』　　7, 16, 17, 27, 48, 87, 128, 150, 167, 169, 177, 185, 235, 256
「ペスト病原の発見」　　116

●ま行

「丸屋商社之記」　　260-262
『民間経済録』　　9, 142, 236
『民間雑誌』　　7
『民情一新』　　8, 9, 152, 154, 155, 158, 164, 165
『明法志林』　　209
『文字之教』　　131, 140

●や・ら・わ行　ABC

「痩我慢の説」　　14
『郵便報知新聞』　　8, 164
『雷銃操法』　　6
『蘭学事始』　　103-106, 108, 112, 118
「蘭学事始再版の序」　　103
『和英語林集成』　　207
「或云随筆」　　130, 143
The Elements of Moral Science　　17
The Elements of Political Economy　　235
The Moral Class book　　137

索　引 ───── 321

著者略歴（執筆章の順）

小室　正紀（こむろ　まさみち）
慶應義塾大学名誉教授。同大学元経済学部長、同福沢研究センター元所長。1973年慶應義塾大学経済学部卒業、1978年同大学院経済学研究科博士課程単位取得退学。博士（経済学）。
主な編著書に『草莽の経済思想』（御茶の水書房、1999）、『幕藩制転換期の経済思想』（編著、慶應義塾大学出版会、2016）、『福沢諭吉書簡集』（全9巻、共編、岩波書店、2001～2003）、『福沢諭吉著作集』第6巻（編著、慶應義塾大学出版会、2003）、『福沢諭吉の手紙』（共編、岩波文庫、2004）、『慶應義塾史事典』（慶應義塾、2008）・『福沢諭吉事典』（慶應義塾、2010）各編集委員など。本書では、第1章、第11章を担当。

西澤　直子（にしざわ　なおこ）
慶應義塾福沢研究センター教授、所長。1983年慶應義塾大学文学部卒業、1986年同大学院文学研究科修士課程修了。
主な編著書に『福澤諭吉と女性』（慶應義塾大学出版会、2011）、『福澤諭吉とフリーラヴ』（慶應義塾大学出版会、2014）、『明治の教養　変容する〈和〉〈漢〉〈洋〉』（共著、勉誠出版、2020）、『近代日本と経済学　慶應義塾の経済学者たち』（共著、慶應義塾大学出版会、2015）、『講座 明治維新9 明治維新と女性』（共編著、有志舎、2015）、『福沢諭吉書簡集』（全9巻、共編、岩波書店、2001～2003）、『慶應義塾史事典』（慶應義塾、2008）・『福沢諭吉事典』（慶應義塾、2010）各編集委員など。本書では、第2章、第3章を担当。

米山　光儀（よねやま　みつのり）
慶應義塾大学名誉教授。田園調布学園大学学長。慶應義塾福沢研究センター元所長。1978年慶應義塾大学経済学部卒業、1983年同大学院社会学研究科博士課程単位取得退学。
主な編著書に『応用倫理学講義6　教育』（共著、岩波書店、2005）、『「教育」

を問う教育学』（共著、慶應義塾大学出版会、2006）、『社会教育の基礎』（共著、学文社、2015）、『慶應義塾史事典』（慶應義塾、2008）・『福沢諭吉事典』（慶應義塾、2010）各編集委員など。本書では、第4章、第5章を担当。

山内　慶太（やまうち　けいた）
慶應義塾大学看護医療学部・大学院健康マネジメント研究科教授、同福沢研究センター所員。慶應義塾常任理事。慶應義塾横浜初等部の開設準備室長・部長を歴任。1991年慶應義塾大学医学部卒業。博士（医学）。
主な編著書に『福沢諭吉著作集』第5巻（共編、2002）、『父　小泉信三を語る』（共編、2008）、『アルバム小泉信三』（共著、2009）、『福沢諭吉　歴史散歩』（共著、2012）、『慶應義塾　歴史散歩　キャンパス編』（共著、2017）、『慶應義塾　歴史散歩　全国編』（共著、以上いずれも慶應義塾大学出版会、2017）、『慶應義塾史事典』（慶應義塾、2008）編集委員など。本書では、第6章、第7章を担当。

都倉　武之（とくら　たけゆき）
慶應義塾福沢研究センター教授。福澤諭吉記念慶應義塾史展示館副館長。2002年慶應義塾大学法学部政治学科卒業、2007年同大学院法学研究科博士課程満期単位取得退学。2004年武蔵野学院大学助手、2006年同専任講師。
主な共編著に『近代日本の政治』（共著、法律文化社、2006）、『1943年晩秋　最後の早慶戦』（共編、教育評論社、2008）、『父　小泉信三を語る』（共編、慶應義塾大学出版会、2008）、『アルバム　小泉信三』（共著、慶應義塾大学出版会、2009）、『近代日本メディア人物誌』（共著、ミネルヴァ書房、2009）、『慶應義塾史事典』（慶應義塾、2008）・『福沢諭吉事典』（慶應義塾、2010）各編集委員など。本書では、第8章、第9章を担当。

岩谷　十郎（いわたに　じゅうろう）
慶應義塾大学法学部教授。同慶應義塾福沢研究センター前所長。慶應義塾常任理事。1984年慶應義塾大学法学部卒業、1989年同大学院法学研究科博士課程

単位取得退学。

主な編著書に『明治日本の法解釈と法律家』(慶應義塾大学法学研究会叢書83、慶應義塾大学出版会、2012)、『法と正義のイコノロジー』(共編著、慶應義塾大学出版会、1997)、『新体系日本史2 法社会史』(共著、山川出版社、2001)、『福沢諭吉の法思想』(共編著、慶應義塾大学出版会、2002)、『新・日本近代法論』(共著、法律文化社、2002)、『福沢諭吉著作集』第8巻(共編、慶應義塾大学出版会、2003)、『慶應義塾史事典』(慶應義塾、2008)編集委員など。本書では、第10章を担当。

平野　隆(ひらの　たかし)

慶應義塾大学商学部教授、慶應義塾福沢研究センター前所長。福澤諭吉記念慶應義塾史展示館館長。1986年慶應義塾大学商学部卒業。1992年同大学院商学研究科博士課程単位取得退学。

主な編著書に『日本経済の200年』(共著、日本評論社、1996)、『明治日本とイギリス—出会い・技術移転・ネットワークの形成』(共著、法政大学出版局、1996)、『近代日本社会学者小伝—書誌的考察』(共著、勁草書房、1998)、『百貨店の文化史』(共著、世界思想社、1999)、『慶應義塾史事典』(慶應義塾、2008)編集委員など。本書では、第12章、第13章を担当。

近代日本と福澤諭吉

2013年6月15日　初版第1刷発行
2025年4月10日　初版第3刷発行

編著者─────小室正紀
発行者─────大野友寛
発行所─────慶應義塾大学出版会株式会社
　　　　　　　〒108-8346　東京都港区三田2-19-30
　　　　　　　TEL〔編集部〕03-3451-0931
　　　　　　　　　〔営業部〕03-3451-3584〈ご注文〉
　　　　　　　　　　〃　　 03-3451-6926
　　　　　　　FAX〔営業部〕03-3451-3122
　　　　　　　振替　00190-8-155497
　　　　　　　http://www.keio-up.co.jp/

本文レイアウト─渡辺澪子
装　丁─────中垣信夫＋杉本瑠美［中垣デザイン事務所］
印刷・製本───株式会社DNP出版プロダクツ

　　　　　© 2013　Masamichi Komuro, Naoko Nishizawa, Mitsunori Yoneyama,
　　　　　Keita Yamauchi, Takeyuki Tokura, Juro Iwatani, Takashi Hirano
　　　　　Printed in Japan　ISBN 978-4-7664-2048-7

慶應義塾大学出版会

福澤諭吉 歴史散歩

加藤三明・山内慶太・大澤輝嘉 著

読んで知る、歩いて辿る「福澤諭吉ガイドブック」

福澤諭吉の自伝『福翁自伝』に沿いながら、中津・大阪・東京・ロンドン・パリなどの福澤諭吉ゆかりの地を辿りながら、彼が生きた時代の背景を知ることができる一冊。史跡めぐり愛好者にもおすすめ。

［主要目次］
- Ⅰ　生い立ち
- Ⅱ　蘭学修業
- Ⅲ　蘭学塾開校
- Ⅳ　円熟期から晩年へ

海外での足跡

巻末付録（カラー）
　中津市内地図・東京都内主要史跡概略図

A5判／並製／200頁
ISBN 978-4-7664-1984-9
●2,500円　2012年11月刊行

表示価格は刊行時の本体価格（税別）です。